AN ASSESSMENT ON THE EFFECT OF
CHINA INCOME DISTRIBUTION SYSTEM REFORM:
From the Perspective of Households

基于家庭视角的
中国收入分配制度
改革效果评估研究

刘　娜◎著

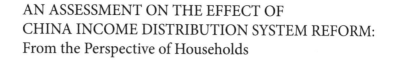

中国财经出版传媒集团
经济科学出版社
Economic Science Press

图书在版编目（CIP）数据

基于家庭视角的中国收入分配制度改革效果评估研究／
刘娜著 . —北京：经济科学出版社，2019.11
ISBN 978 - 7 - 5218 - 0924 - 4

Ⅰ. ①基… Ⅱ. ①刘… Ⅲ. ①收入分配 - 经济体制
改革 - 研究 - 中国 Ⅳ. ①F124.7

中国版本图书馆 CIP 数据核字（2019）第 199844 号

责任编辑：崔新艳
责任校对：齐 杰
责任印制：李 鹏

基于家庭视角的中国收入分配制度改革效果评估研究
刘 娜 著
经济科学出版社出版、发行 新华书店经销
社址：北京市海淀区阜成路甲 28 号 邮编：100142
经管中心电话：010 - 88191335 发行部电话：010 - 88191522
网址：www. esp. com. cn
电子邮箱：espcxy@ 126. com
天猫网店：经济科学出版社旗舰店
网址：http：//jjkxcbs. tmall. com
北京季蜂印刷有限公司印装
710 × 1000 16 开 13.5 印张 240000 字
2019 年 12 月第 1 版 2019 年 12 月第 1 次印刷
ISBN 978 - 7 - 5218 -0924 -4 定价：56. 00 元
（图书出现印装问题，本社负责调换。电话：010 - 88191510）
（版权所有 侵权必究 打击盗版 举报热线：010 - 88191661
QQ：2242791300 营销中心电话：010 - 88191537
电子邮箱：dbts@esp. com. cn）

PREFACE 前言

近年来，无论在城镇内部、农村内部，还是在城乡之间、地区之间，我国居民收入水平仍存在较大差距。传统小农自然经济和宗族自然结构使家庭成为中国历史上承载各项社会、经济、法律活动的基础单位，考察中国收入分配问题忽略家庭层面是有失偏颇的。本书致力于从家庭视角构建一个收入不平等理论分析框架，系统测度了我国家庭收入差距水平、剖析了家庭收入不平等结构，并基于家庭收入指标对我国收入分配制度改革进行了效果评估。

本书借鉴家庭经济学家庭效用函数、劳动经济学明瑟（Mincer）工资方程等对家庭收入估计函数进行了设置。以我国收入分配制度改革为背景，基于理性人"成本—收益"分析构建了一个具有中国特色的家庭收入不平等理论分析框架；利用 CHNS 十期混合截面数据，测算出我国 1989 ~ 2015 年基于家庭总收入的家庭基尼系数位于 0.3968 ~ 0.5084 区间。其间，家庭基尼系数持续攀升且在高位运行，但 2006 年出现峰值后开始缓慢回落。这与国家统计局居民收入基尼系数先升后降的倒"U"型走势相互印证，说明截至本研究考察期末的 2015 年，我国收入差距持续扩大态势确实得到了遏制。基于皮凯蒂（Piketty）百分位数结构分析的研究显示，我国高收入家庭持续占据着社会总收入的较大部分，收入分配结构呈现"倒金字塔"型，农村家庭、中西部家庭、青年户主家庭在社会总收入分配中处于不利地位；基于以家庭人口构成、家庭成员人力资本特征和家庭外部制度、环境因素构建的家庭总收入函数 $Y_{i,t} = f(d_{i,t}, h_{i,t}, r_{i,t})$，笔者分别以医疗保险、养老保险、个人所得税和最低工资制度作为典型，对我国收入分配制度改革的家庭分配效应进行考察。

基于 CHNS 2000 ~ 2011 年五期混合截面数据的 2SLS 回归表明，家庭成员参加政府主导的医疗保险可使家庭总收入获得显著提升。区分不同收入组及城乡分组的考察进一步显示，我国医疗保险体系的增收效应主要集中在低收入家庭，且对农村家庭的收入提升边际上高于城镇家庭。G. Field 分解进一步发现，改革后的新医疗保险体系对缓解我国收入不平等起到了积极作用，但近年来却显现出在收入差距上逐步增大的贡献率；基于 CHARLS 2011～2015 年三期数据的经验研究显示，参加新农保使家庭总收入得到普遍提升、家庭收入不平等状况有所改善。分析表明，高收入组家庭向低收入组家庭转移了收入，其中最低收入组获得了最大收益。60 岁以上老年家庭成员比例越大，家庭从新农保制度中获得的收益就越大。养老保险制度改革对我国收入差距的缓解具有积极向好的调节作用；基于我国 2011 年个人所得税法案和 2018 年个人所得税法案，使用 CHNS 2015 年最新数据对我国个人所得税制度收入分配效应进行的估计和模拟显示，个人所得税制度对我国家庭间收入不平等起到了正向调节作用，有利于缩小收入差距，但其影响效果甚微。基于 MT 分解法进行的成因分析揭示，导致我国个人所得税收入调节效应相对不足的主要原因不是累进性不强，而是平均有效税率过低；基于 CHNS 2004～2015 年五期混合截面数据的 OLS 回归表明，提高最低工资标准将显著提升家庭工资总水平。分位数回归分析还显示，最低工资收入家庭在最低工资制度保障下获得了较大收益。G. Field 分解进一步发现，最低工资标准在显著提升家庭工资收入的同时拉大了家庭间工资收入差距，但其对工资收入不平等的正向贡献呈逐步减小之势。

此外，本书还利用相同数据，以个人为单位加权平均计算家庭人均收入代征个人收入同步测度了我国居民收入基尼系数，并对我国分配制度改革效果进行了考察。对比分析表明，个人层面与家庭层面分析结果在趋势上完全一致。这证实，我国系列收入分配制度改革具有总体显著的增收效应，但各分项制度在平滑收入差距上的作用却不尽相同；在个人之间、家庭之间的竞争博弈外，家庭内部成员之间也可能存在资源博弈问题，影响总体福利水平。笔者以丈夫和妻子为家庭成员为代表，特别考察了家庭收入变化对夫妻全天时间资源配置的影响。研究发现，夫妻双方并不是一个利益共同体，而家庭内部资源的配置是夫妻双方博弈的结果。推而广之，虽然仍存在利他主义等影响，家庭内部资源如何配置根本上是各个家庭成员间相互博弈的结果。因此，在以家庭为单位进行中国收入分配问题研究时，还应进一步研究家庭收入变化对家庭内部成员之间资源配置的影响，以尽可能使所有家庭成员福利水平与家庭总体福利水平同步实现帕累托改进；政策层面，为完善我国收入分配制度改革，本书提出，应从家庭视角制定和评估我国收入调控政策，重视家庭层面因素可能对收入及其不平等产生的影响，同时依据我国家庭收入不平等的典型特征制定和实施收入调控政策。

CONTENTS 目录

第 1 章
引　　言

1.1　研究背景及价值

1.1.1　研究背景

近年来，无论城镇内部、农村内部，还是城乡之间、地区之间，我国居民收入水平仍存在较大差距（李实、朱梦冰，2018；李实，2012）。有学者测度，2007 年全国修正的居民收入基尼系数为 0.485（李实、罗楚亮，2011）。2004～2008 年我国基尼系数分别为 0.451、0.457、0.457、0.456 和 0.477，呈微幅波动变化（胡志军、刘宗明、龚志民，2011），2013 年则下滑至 0.4622（罗楚亮，2017）。国家统计局官方统计数据亦显示，2003 年以来我国居民收入基尼系数持续波动走高，但 2009 年出现拐点后一路下行，整体呈倒 "U" 型走势①。然而，2016 年的居民收入基尼系数 0.465 与 2015 年的 0.462 相比，出现了小幅回升（国家统计局，2017），2017 年为 0.467，也持续了微幅上扬走势（李实、朱梦冰，2018）。严格来讲，收入统计或收入差距测度通常有三个维度：一是按家庭总收入计算；二是按家庭人均收入但以家庭为单位计算；三是按家庭人均收入但以个人为单位加权平均计算（钟伟，2004）。已有中国家庭收入分配研究文献多采用以家庭为单位计算的家庭人均收入测度基尼系数（国家统计局，2017；罗楚亮，2017；李实、罗楚亮，2011；胡志军、刘宗明、龚志民，2011），极少基于家庭总收入进行考察（西南财经大学，2012；Xie and Zhou，2014）。事实上，分配数据的收入定义是与接收单位相对应的，不

---

① 国家统计局. 2003～2016 年全国居民人均可支配收入基尼系数 [DB/OL]. 国家统计局官网. http：//www. stats. gov. cn/ztjc/zdtjgz/yblh/zysj/201710/t20171010_1540710. html.

同接收单位定义可能导致对相同分配不平等程度做出不同估价，且可能导致它在不同时期有不同的表示（Atkinson and Bourguinon，2000）。受传统"家文化"的深刻影响，"家庭成为中国历史上承载各项社会、经济、法律活动的基础单位"（邓伟志、刘达临，1982；周子良，2010）。在当代中国，居民大部分购买行为也都是以家庭为单位进行的（洪兴建、李金昌，2005）。因而，以家庭为单位度量我国收入不平等状况、深入探讨中国收入分配问题将有利于获得更真实、更准确的实际情况。

20世纪末以来，我国面临日益严峻的收入差距形势，收入分配制度改革亦跨步进入了新时期。党的十七大、十八大和十九大均着重强调了社会公平问题，提出通过构建和完善社会民生制度对居民收入进行调节。在1997年、1998年分别筹建城镇职工基本养老保险、城镇职工基本医疗保险的基础上，我国政府大力推进民生保障工程建设。2003年新型农村合作医疗保险开始试点，2005年展开医疗救助制度建设，2007年城镇居民基本医疗保险启动试点。其后，2009年新型农村社会养老保险开始试点，2011年城镇居民社会养老保险启动试点。2013年和2014年又分别启动城乡居民基本医疗保险和基本养老保险制度整合工作，2015年将机关和事业单位也纳入社会养老保险体系。20多年时间内，我国惠及全民的医疗、养老保障制度得到快速推进，并得以全面建立。与此同时，1993年开始建立的最低工资保障制度于2004年在全国范围内得以全面实施，2006年起全国全面废止《农业税条例》。2006年、2008年、2011年、2018年我国共计4次调高个人所得税起征点，2018年还建立起综合与分类相结合的个人所得税制度。

在系列改革迅速推进的背景下，众多学者从多个层面对我国收入分配制度改革效果进行了考察。研究发现，全民保障体系确实发挥了一定的再分配调节作用（王亚柯、李鹏，2019；蔡萌、岳希明，2018；齐良书，2011；谭晓婷、钟甫宁，2010；李时宇、冯俊新，2014；贾洪波，2014；王晓军、康博威，2009；何立新，2007；何立新、佐藤宏，2008），但同时也存在诸如"逆向调节"等问题（蔡萌、岳希明，2018；朱德云、董迎迎，2015；周钦、田森、潘杰，2016；李亚青，2014；解垩，2010；彭浩然、申曙光，2007；侯明喜，2007；信长星，2008；张世伟、李学，2008）。另一些研究则考察了我国个人所得税制度的收入调节效应，发现征收个人所得税对平滑我国收入不平等起到了积极作用（岳希明等，2012；田志伟、胡怡建、宫映华，2017；万莹、熊惠君，2019；徐建烨、马光荣、李实，2013）；但也有文献指出个人所得税制度具有逆向调节收入分配的作用（孙玉栋、庞伟，2017；赵阳阳、王琴梅，

2013）。对初次分配领域进行调节的最低工资制度有力地推进了劳动者工资水平的提升（谢富胜、陈瑞琳，2017；邸俊鹏、韩清，2015；都阳、王美艳，2008；马双、张劼、朱喜，2012），但其对工资收入不平等的影响在不同条件下存在一定差异（张世伟、贾鹏，2014；王弟海，2008）；也有研究表明最低工资制度不利于缓解工资和可支配收入的不平等状况（权衡、李凌，2011；付文林，2014）。然而，这些考察几乎都是以个人为单位进行的，从家庭视角探讨我国收入分配制度改革效果的研究却为数寥寥。

传统"家文化"对国人经济行为决策具有潜移默化的深刻影响。在当前我国人口老龄化日益严峻、人口出生率快速下降的现实背景下，密切关注家庭人口构成、家庭成员人力资本以及人口政策、户籍制度、城乡二元结构等对我国收入不平等的动态影响是现实需要。从家庭层面展开我国收入分配制度改革效果评估，不仅有利于展示更贴近民众感知的政策效果，更可以对以个人为单位展开的效果评估形成补充，为综合制定和调整我国系列收入分配政策提供有益参考。本书拟围绕我国收入分配制度改革的家庭分配效应展开细致考察，将集中探讨三个方面的基本问题。（1）理论上，是否能够构建一个具有鲜明中国特色的家庭收入分析框架？（2）实践上，借助基尼系数、泰尔指数等综合分析指标以及皮凯蒂百分位数结构分析法，能否精确测度并全面展示我国家庭收入不平等的历史走势和现状特征？（3）政策层面，我国系列收入调控政策的家庭收入分配效应如何？其对优化我国的收入调控政策有何积极意义？

1.1.2 理论价值

（1）推进收入分配理论研究的本土化。传统社会小农自然经济和宗族自然结构使家庭成为中国承载各项社会、经济、法律活动的基础单位。本书秉承马克思生产关系决定分配关系的理论思想，把收入分配理论研究放置在中国转型经济背景下，力图凝练中国特色，构建适用于中国国情的家庭收入分配理论。这是对已有中国特色收入分配理论研究的补充，亦推进了收入分配理论研究的本土化。

（2）为中国特色分配问题研究构建一个可借鉴的理论分析框架。本书尊重中国事实，借鉴家庭经济学家庭效用函数、劳动经济学明瑟工资方程等对家庭收入估计函数进行设置。以我国收入分配制度改革为背景，基于理性人"成本—收益"分析构建一个具有中国特色的家庭收入不平等理论研究分析框架，为中国特色收入分配问题研究提供理论依据。

（3）将家庭收入指标引入我国政策效果评估研究。历来我国各项收入调控政策从制定到实施乃至效果评估几乎都是以居民（个人）为单位进行的。然而在根深蒂固的"家文化"影响下，个人收入水平高低不足以表征居民实际福利水平，居民福利更多取决于家庭总体收入水平。因此，本书基于家庭收入指标对我国收入分配制度改革的家庭收入分配效应进行考察，有利于获得更贴近民众感知的政策效果，亦是对已有的基于个人收入进行的效果评估的补充和调整。

（4）将皮凯蒂百分位数结构分析法引入我国收入不平等问题研究。区别于基尼系数等综合指数对收入不平等的总体描述，托马斯·皮凯蒂（Thomas Piketty）在《21 世纪资本论》中提出的百分位数结构分析可更直观地展示收入不平等的梯度结构（Piketty，2014）。本书基于 Piketty 百分位数结构分析法对中国家庭收入不平等展开结构剖析。引进前沿研究方法的引进有助于更为细致、深入地展开研究，具有方法论的意义。

1.1.3　应用价值

（1）有利于全面认识中国收入分配现状。面对严峻的收入差距形势，党的十八大报告、十八届三中全会决定中均明确强调："必须坚持走共同富裕道路"，十九大报告亦要求，到 21 世纪中叶要基本实现全体人民共同富裕目标。考虑中国传统"家文化"的深刻影响，以家庭为单位系统考察我国收入不平等问题实属必要。区分城镇与农村，对比家庭和个人，以家庭总收入、家庭劳动收入、家庭非劳动收入分别测度的基尼系数以及基于收入分位、城乡、地区和户主年龄差异进行的结构分析有利于展示出我国收入不平等的总体趋势和基本特征，为制定更为有效的收入调控政策提供事实依据。

（2）有助于指导我国后续收入分配制度改革。本书基于家庭视角的收入分配制度改革效果研究，首次系统地展示了我国收入分配制度改革背景下收入在家庭之间配置的效果。区分城乡、地区、收入和年龄分组的考察有效展示了我国收入分配制度改革引致的家庭间差异化收入分配效应，为后续制定和实施更为完善、有效的收入调节政策提供了指导。以家庭为单位探讨收入分配问题亦是尊重中国事实，贯彻"以人为本"、建设社会主义"和谐社会"的本质要求。

1.2　中国收入分配制度改革的家庭效应研究综述

1.2.1　中国家庭收入不平等现状研究

收入差距和分配格局是消费品的分配，是收入分配直接效果的体现（马克思，1857）。其中，国民收入分配格局是指企业、政府、居民等部门可支配收入在国民收入分配中的比例以及资本、劳动等要素收入在 GDP 中的份额。据此定义，国民收入分配格局宏观统计指标并不涉及微观统计口径问题，即以居民（个人）为单位还是以家庭为单位进行分配格局分析均不影响描述结果。而在收入分配另一直接效果——收入差距的度量上，不同收入接收单位则可能导致对相同分配不平等程度的不同估价（Atkinson and Bourguinon，2000）。考虑到中国的现实国情，一些文献已从家庭视角探察了我国家庭收入不平等现状。

在家庭收入差距测度上，李实曾使用 CHIPS 数据得出 1995 年我国以家庭总收入测度的基尼系数为 0.409[①]。王海港（2005[a]）利用 CHNS 数据测度出我国 1989 年、1991 年和 1993 年家庭基尼系数分别为 0.427、0.389 和 0.470。然而，这些测度显然缺乏时效性。近期，西南财经大学利用 CHFS 数据以家庭可支配收入测度的 2010 年中国家庭收入基尼系数为 0.61（《中国家庭收入不平等报告》，2012）。但有学者质疑其样本上的偏差和收入指标计算问题引致了对我国收入差距状况的严重高估（岳希明、李实，2013）。谢宇和周翔则基于多种入户调查数据测度出我国 2010~2012 年家庭总收入基尼系数位于 0.53~0.55 区间（Xie and Zhou，2014）。刘穷志、罗秦（2015）还对包含隐性收入在内的我国家庭总收入不平等进行了测度，分析显示我国家庭基尼系数从 2007 年的 0.4987 直线上升到 2011 年的 0.5316。陈宇辉、倪志良（2018）则使用 CHIP 数据，测度出 2013 年我国家庭可支配收入基尼系数为 0.4231；此外，一些文献还对家庭收入不平等的地区差异进行了考察。王海港（2005[a]）基于 CHNS 数据区分农村家庭、城镇家庭、郊区家庭和城市家庭进行的家庭收入基尼系数测度表明，1989 年、1991 年和 1993 年我国四类家庭收入基尼系数呈逐年上升趋势，总体上农村家庭基尼系数最高，郊区家庭次之，城镇家庭相对较低，城市家庭最低。在对城镇家庭收入不平等的考察上，巫锡炜（2011）

[①]　钟伟. 中国的收入不公到底有多严重 [DB/OL]. 新浪财经网. https：//finance. sina. com. cn/financecomment/20040824/1616972260. shtml.

利用 CHIPS 数据分析发现，包括基尼系数、广义熵指数在内的系列不平等度量指标在 1995～2002 年存在着显著的大幅度提升。而张金宝、廖理（2013）利用清华大学中国金融研究中心 2010 年家庭消费金融调查数据估计出，我国地级以上城市居民家庭收入基尼系数位于 0.36267～0.38216 区间。陈宇辉、倪志良（2018）则使用 CHIP 数据测度出 2013 年我国城市家庭可支配收入基尼系数为 0.3390。一些文献也关注了我国农村家庭收入不平等状况。胡塞因等人（Hussain et al.，1994）的研究发现，与许多发展中国家不同，中国农村地区家庭收入不平等状况较城镇更为严重。而维克多（Victor，1996，1997）对中国农村家庭收入变动进行的考察发现，随着中国走向市场经济的制度转换，农户收入变动加快，原有收入分层大大动摇。陈宇辉、倪志良（2018）使用 CHIP 数据测度出 2013 年我国农村家庭可支配收入基尼系数为 0.3969。王子成、郭沐蓉（2016）则进一步细致考察了农民工家庭收入差距，利用中国城乡劳动力流动调查（RUMIC）估计出 2008 年、2009 年、2010 年农民工家庭总收入基尼系数分别为 0.2723、0.2637 和 0.2802。问泽霞、张晓辛、牛利民（2011）利用 CHNS 2006 年微观数据进一步分析表明，农村收入不平等程度与家庭平均收入水平的相关性并不强，省际农村家庭收入不平等大于省内农村家庭收入不平等；家庭工资收入对省内农村家庭收入不平等具有较大的贡献，且其具有不平等促增的作用，家庭务农收入对省内农村家庭收入不平等具有不平等促减的作用，家庭补助收入加大了省内和省际的农村家庭收入不平等。

收入分配差距扩大，并不一定对社会稳定发展带来影响，关键在于社会上不同收入阶层之间的流动性大小。收入流动性大小本质上体现的就是机会平等（权衡，2008）。围绕我国居民家庭收入流动性问题，众多学者展开了深入研究。杨穗、李实（2017）基于家庭人均收入对我国居民家庭 1995～2013 年的代内收入流动性进行了经验分析。研究发现，自 20 世纪 90 年代以来，中国城镇家庭收入流动性整体呈逐步下降趋势，农村家庭收入流动性则先升后降，但后期降幅较大。一些学者特别关注了我国城镇家庭的收入流动性。万相昱、石雪梅、唐亮（2019）以净等价收入（net equivalent income）计算家庭实际收入水平，从收入跃迁的视角对我国城镇居民家庭收入流动性进行的考察发现，我国城镇家庭的收入流动性整体呈现下降趋势，流动性质量轻度降低。洪兴建、马巧丽（2018）基于家庭等值人均收入指标的研究同样发现，我国城镇家庭收入位次流动性逐渐下降。低收入家庭的收入份额有所降低，收入流动没有起到缓解长期收入不平等的作用。另一些学者则围绕我国农村家庭的收入流动性展开探讨。严斌剑、周应恒、于晓华（2014）基于人均家庭收入指标探讨了我国农村家庭流动性，多维收入流动性指标得出的结论都显示中国农村收入流动性在波动中呈下降趋势。最低收入群体呈现收入固化态势，中等收入群体进入低收入群体的概率大于进入高收入群体的概率。陈书伟（2017）则发现，我国农村居民收入流动性主要受农户家庭收入位置变动和农村居民整体收入水平提高的影响，收入位置变动对收入流动性程度的影响仍然是主导因素，但其作用正趋于减弱，农户家庭正呈现分层固化趋势。近年来，虽然我国城乡家庭收入水平保持了较高增长，但收入流动性的下降意味着各收入阶层的固化度在上升，这不利于我国贫富差距的进一步缩小。

还有学者对家庭收入的影响因素进行了剖析，间接展示了我国收入调控政策分配效应的作用路径。巫锡炜（2011）利用 CHIPS 1995 年和 2002 年城镇家庭样本数据，对中国城镇家庭收入不平等情况进行了考察。分析表明，区域和户主受教育程度是城镇家庭总收入不平等最大的影响因素，家庭户类型及户主年龄组别次之，同时户主受教育程度的贡献呈现出随时间推移而增加的趋势。白菊红（2004）则利用 2001 年河南省农村抽样调查数据，以户主受教育程度、户主年龄、户主社会资本度量户主人力资本存量，证实了我国农村家庭户主人力资本存量与家庭收入之间存在密切关系。农村家庭户主的人力资本存量越高，家庭收入水平就越高，家庭收入来源越广，家庭收入结构越合理。其中，家庭工资性收入水平与农村户主人力资本存量之间的正向关系更为明显。曲兆鹏、赵忠（2008）的研究也证实，教育、劳动经验和家庭规模等特征的差异才是影响现阶段我国农村收入不平等的重要因素。基于代际转移视角，陈东、黄旭锋（2015）采用 1989～2009 年 CHNS 数据证实，出生地和户籍等客观环境因素对子女收入产生了显著的正向影响，而家庭可支配收入的代际转移是导致子女收入不平等的最关键因素。此外，王文涛、曹丹丹（2019）对教育同质性匹配婚姻展开的探讨发现，教育同质性婚姻匹配在不同家庭间产生了明显的"马太效应"，进而引致家庭收入差距扩大，但是市场化的提升有助于弱化教育同质性婚配对家庭收入差距的拉大效应。鉴于我国城乡分割的二元结构，还有学者探讨了农村劳动力外出务工的汇款行为对农村家庭收入及其不平等的影响。王子成（2012）利用 2006 年中国综合社会调查数据的研究发现，外出务工对农户家庭农业经营收入、非农经营收入和其他收入均产生了较大的负面影响，汇款只能部分补偿外出务工对农户家庭生产经营所带来的负面影响。但考虑到农村劳动力外出前后家庭规模的变化，劳动力外出务工仍对农户留守家庭成员的人均收入产生了正向影响。

综上所述，学界对我国家庭收入不平等问题已展开了一些研究。但在家庭收入差距的精确测度上，相关研究仍乏善可陈，对家庭收入不平等的内在结构亦缺乏深入剖析。在家庭收入不平等的成因分析上，虽有学者多方探查了可能诱因，但对其影响因素体系并未进行系统整理。本书将尝试以我国微观入户调查数据为支撑，系统展示中国家庭收入不平等现状及其结构特征，同时细致梳理并整合构建中国家庭收入分配问题研究理论分析框架，为完善政府收入调控政策提供参考。

1.2.2 基于家庭视角的具体收入分配制度改革效果评估研究

收入分配的机会平等与一个国家的市场经济以及社会公共政策的完善程度之间具有密切的内在关系（权衡，2004）。对于家庭收入而言，不平等上升的主要推动力不是社会群体构成上的变化，而是不平等的分配体系（巫锡炜，2011）。收入的代际差异亦更多地由政策环境等外生因素引致（张车伟、向晶，2014）。

作为公共政策重要内容之一，社会保障在促进收入流动、调节收入不平等和缓解社会不平等方面发挥着不可估量的作用。缓解中国收入分配差距，关键是要从制度创新、教育和人力资本开发以及公共政策建设等方面入手，促进收入流动（权衡，2008）。

有研究从家庭养老金财产视角衡量了中国养老保险制度改革的再分配功能。结果表明，养老金财产在较大程度上使少数极富有家庭占有的财富向大多数中低财产人群扩散，家庭财产在各个分组间的分配更加均等化（杨震林、王亚柯，2007）。周绍杰、张俊森、李宏彬（2009）使用我国1988～2003年城市家庭调查数据进行的实证分析发现，养老金收入的增长对年老组群家庭的收入增长发挥了重要作用。还有研究发现，新型农村社会养老保险（简称新农保）制度总体上改善了低收入家庭的脆弱性，但其实际影响呈分化之势。新农保制度让处于缴费阶段的农村低收入家庭更加脆弱，且其影响随家庭参保人数增加而上升。与此相反，新农保制度显著地降低了领取阶段农村低收入家庭的脆弱性（沈冰清、郭忠兴，2018）。此外，新农保对家庭代际收入配置存在着一定影响，在增进农村老人福利水平的同时对子女的经济支持有显著的"挤出效应"（陈华帅、曾毅，2013）。在我国医疗保险制度实践中，除城镇职工医疗保险要求强制购买外，城镇居民医疗保险、农村新型合作医疗保险都是自愿参保。在统一的缴费条件下，为防范自愿参保模式带来的"逆向选择"问题，某些地区已经采取了以家庭为单位的参保形式（臧文斌、赵绍阳、刘国恩，2012）。还有学者探讨了家庭赡养系数对个人所得税分配效果的影响。

在保证个人所得税总税收收入基本不变且在扣除标准中考虑赡养系数后发现，中低收入家庭的所得税负担有所减轻，高收入家庭的税收负担相应加重。相当一部分中等收入家庭（占总人口11.44%）的边际税率下降了5个百分点，这对刺激就业有着积极的影响。因此，考虑赡养系数能够使个人所得税更好地体现税收公平并发挥调节收入分配的职能（王鑫、白重恩、吴斌珍，2012），对最低工资保障制度的家庭收入分配效应进行的考察主要围绕贫困率展开，重点关注了我国农村家庭贫困问题。罗小兰（2011[a]）研究了最低工资与我国农村贫困之间的关系，认为最低工资对农村贫困率、贫困深度、贫困强度都具有减少作用，且这种减少作用随地区不同而有所差别。罗小兰（2011[b]）认为提升最低工资可以降低我国农村贫困，但同时最低工资与农村贫困之间存在着"U"型关系，当超过一定阈值后提高最低工资标准非但不能减贫，反而将增加贫困。

　　除养老保险、医疗保险、个人所得税及最低工资保障制度外，还有学者从住房制度改革、普惠金融的推广以及农业结构调整政策等角度考察了我国制度改革的家庭分配效应。何晓斌、夏凡（2012）以中国城镇住房改革为例，从资产转换的角度研究了中国体制转型过程中城镇居民家庭财富积累及分配差距的产生。张传勇（2018）基于2006～2013年四期中国综合社会调查数据发现，住房差异可通过住房产权滋生的资产性收益渠道和住房市值与面积引起的潜在再投资收益渠道等影响家庭总收入，并加剧家庭之间的收入不平等。这一影响具有明显的区域差异，在房价上涨较快的东部地区住房差异对家庭收入的影响程度较大。尹志超、杨阳、张号栋（2017）则基于2015年CHFS京津冀样本数据考察了京津冀金融普惠情况对社区家庭收入不平等的影响。研究发现，京津冀地区金融普惠家庭比非金融普惠家庭收入更高，家庭间收入差距更为突出。金融普惠对各分位点家庭收入的影响随着分位点的提高而呈递减趋势，这成为金融普惠降低京津冀家庭收入差距的内在原因。赵晓峰、张永辉、霍学喜（2012）还以农户家庭调查数据为基础分析了农业结构调整对我国农户家庭收入的影响。研究发现，结构调整对我国农户家庭收入有显著影响，其中，粮食种植收入比重的增加通过减少家庭在其他高附加值产业的获利机会而减少农民收入，工资性收入的增加通过优化劳动力资源配置而提高农民收入，劳动力比重的提高也会增加农民收入。同时，与增加生产性资产相比，扩大土地经营面积对农户家庭收入的作用更加显著。

　　事实上，我国从初次分配到再分配领域的众多制度安排均是以居民（个人）为单位展开制度设计的，因此相关政策的收入调节效果亦重点落在个人福利上。尊重中国现实国情，本书拟考察家庭人口构成、家庭人力资本等因素对我国家庭收入配置的影响，探索收入分配制度改革的家庭效应，以期对现有文献给予有益补充。

1.3 研究思路、主要内容与方法

1.3.1 研究思路与框架设计

家庭是指在婚姻关系、血缘关系或收养关系基础上产生的由亲属构成的社会生活单位。按照规模大小可划分为核心家庭和扩展家庭，其中扩展家庭又分为主干家庭和扩大联合家庭①。家庭成员占有共同财产，拥有共同收支预算，通过劳动分工过着共同的生活（费孝通，2001）。作为微观经济单位，家庭既是一个生产的组织机构，也是亲情的源泉和情感的寓所。家庭经济行为囊括家庭生产（包括自然生产的生育）、投资、收入、支出、分配、交换、消费、供养、继承、家务劳动等诸多方面（童欣，2010），家庭经济行为通常是家庭联合决策的结果（Becker，1965）。诺贝尔经济学奖得主盖瑞·贝克尔（Gary. Becker）认为，家庭不应仅仅被视为从市场购买商品与劳务的、单纯被动的消费者，而是健康、声望等非市场商品的积极生产者。借助经济分析方法，贝克尔对家庭经济行为进行了较为全面的阐述，建立了以家庭为主体的微观经济学体系（Becker，1991）。

本书拟以居住在一起、享用同一收入支出预算的家庭户为研究单位，对我国收入分配制度改革效果展开研究。相关分析将使用的 CHNS、CHARLS、CHIPS 数据均为国内大规模、高质量微观入户调查数据，拥有丰富的家庭和个人收入信息②。其中，样本家庭收入信息涵盖了一个家庭居住在一起、享用统一收入支出预算的所有家庭成员的劳动收入和非劳动收入。在家庭结构上，核心家庭和扩展家庭并存，核心家庭收入支出统计中亦囊括赡养父母的支出信息。为展示收入不平等在家庭和个人层面的差异，也为家庭收入不平等分析提供稳健性检验，本书分别以家庭总收入和以个人为单位加权平均计算的家庭人均收入表征家庭收入和个人收入，展开对比考察。这将有利于展示更真实、更准确的中国收入分配现状，为制定合理的收入调控政策提供参考。

---

① 核心家庭指由一对父母和未成年子女组成的家庭，扩展家庭则包括由一对父母和一对已婚子女（或其他家属）组成的主干家庭以及由一对父母和多对已婚子女（或其他亲属）组成的扩大联合家庭。

② CHNS 数据介绍见第 4 章 4.1.2 部分；CHARLS 数据介绍见第 6 章 6.2.1 部分；CHIPS 数据介绍见第 4 章 4.2.3 部分。

本书沿着"分析框架→总体效应→典型个案效应→政策建议"的基本思路展开。第一步,基于家庭经济学、劳动经济学,结合家庭社会学、文化学构建家庭总收入估计函数。第二步,利用微观入户调查数据系统测度中国家庭收入差距、全面剖析家庭收入不平等结构。第三步,以医疗保险、养老保险、个人所得税和最低工资制度为典型,从家庭层面对我国收入分配制度改革的分配效应展开评估。此外,也围绕家庭内部资源博弈展开了专题考察。第四步,结合理论与实证分析结果就如何有效缩小家庭间收入差距提出可行性政策建议。研究的技术线路如图 1 - 1 所示。

1.3.2　主要研究内容

第 1 章,引言。详细阐明研究背景、目的与意义,对相关文献展开综合梳理并给予述评,说明本书的研究规划、创新与不足。

第 2 章,中国收入分配制度改革历程回顾。本章基于政策演进视角,区分平均主义分配阶段、按劳分配政策的恢复和实施阶段、效率优先兼顾公平阶段和效率与公平相协调阶段,对我国收入分配制度改革进行了历程回顾。其后,基于工资制度、农村收入分配制度以及个人所得税、医疗保险、养老保险和最低生活保障制度概括展示了直接影响家庭收入的我国主要分配制度改革进展情况。

第 3 章,中国家庭收入不平等分析框架。本章对收入不平等测度指标及统计口径相关研究进行了概述。在搜集国内外文献资料基础上,基于家庭经济学、劳动经济学,结合家庭社会学、文化学理论,对中国家庭收入估计函数进行了设置。并以我国收入分配制度改革为背景,基于理性人"成本—收益"分析构建了一个具有中国特色的家庭收入不平等理论分析框架。

第 4 章,中国家庭收入不平等的度量。本章基于 CHNS 1989~2015 年十期混合截面数据,利用基尼系数、辅以泰尔指数,对样本家庭各调查年份的总体收入差距、劳动收入差距、非劳动收入差距等进行了详细测度;同步考察了居民(个人)收入差距,区分考察了城镇样本和农村样本。其后,基于上述分析结果总结了各项家庭收入差距指标的总体特征和基本趋势,对比了个人与家庭、城镇与农村在收入差距变化趋势上的异同。此外,利用 CHNS 1989~2015 年十期混合截面数据,基于皮凯蒂百分位数结构分析就我国家庭收入不平等的内部结构进行了剖析;区分考察了不同收入分位、城镇与农村及东、中、西部地区差异,全面展示了我国家庭收入不平等结构分布状况。为进一步挖掘不同家庭的典型特征,本章还基于组群分析方法对处于不同年龄段户主家庭的收入分布状况进行了展示。

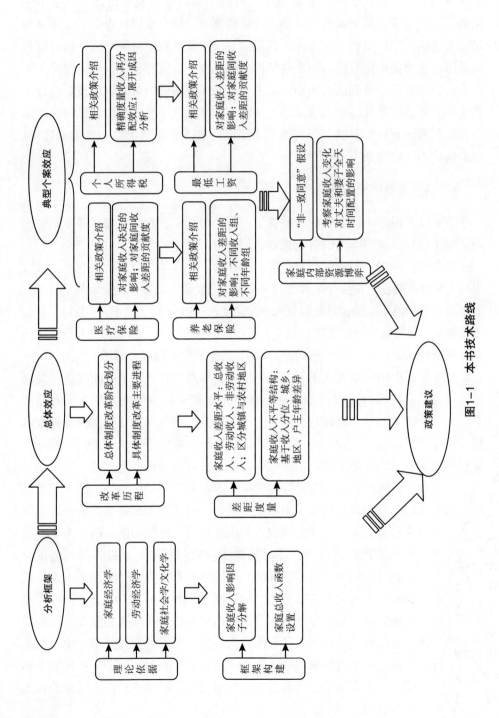

图1-1 本书技术路线

　　第5章，中国医疗保险制度改革的家庭收入分配效应评估。本章首先从城镇职工医疗保险制度、城镇居民医疗保险制度、农村合作医疗保险制度、城乡医疗保险制度"二合一"改革四个层面对我国医疗保险制度改革历程进行了简要回顾。其后，基于 CHNS 2000～2011 年五期混合截面数据就医疗保险制度改革对家庭收入及其差距的影响进行了分析。利用 CHNS 数据中城镇职工医疗保险、城镇居民医疗保险、农村合作医疗保险及公费医疗参保数据，以"社区参保家庭占比"为家庭"是否参保"的工具变量，就家庭是否参加医保对家庭总收入决定的影响进行了 2SLS 回归分析。在家庭总收入回归分析结果基础上，本章还利用 G. Field 分解技术就家庭是否参与医保对我国家庭间收入不平等的贡献度进行了分解，考察了其在不同调查年份的差异影响，展示了参与医保对收入不平等贡献的动态变化。另外，为展示我国医疗保险制度改革在家庭和个人两个层面的差异效果，医疗保险制度改革的个人收入分配效应也被同步考察。

　　第6章，中国养老保险制度改革的家庭收入分配效应评估。本章首先从城镇职工养老保险制度、城镇居民养老保险制度、农村合作养老保险制度、城乡居民基本养老保险制度四个层面对我国养老保险制度改革历程进行了简要回顾。其后，利用 CHARLS 2011 年、2013 年和 2015 年三期数据对家庭成员新农保"是否参保"变量与家庭总收入之间的关系展开了经验研究。统计分析区分了不同收入水平和不同年龄构成家庭之间的差异，以便探查我国养老保险制度改革对不同家庭收入水平决定的差异影响。接下来，本章从初始收入和再分配收入两个层面分别测度了基尼系数的变化情况，并利用马斯格雷夫—辛恩指数（MT）、再分配系数（R）和相对贫困率（PR）等指标考察养老保险制度改革对我国家庭收入提升的改善效果。为辨别养老保险制度改革增收效应在不同年龄构成家庭间可能存在的差异影响，本章还进一步区分考察了不同成员年龄构成家庭的收入改善状况。另外，为展示我国养老保险制度改革在家庭和个人两个层面的差异效果，养老保险制度改革的个人收入分配效应也被同步考察。

　　第7章，中国个人所得税制度的家庭收入分配效应评估。本章首先区分雏形阶段、摸索发展阶段、初步探索阶段和深入改革阶段，按照时间顺序对我国个人所得税制度改革历程进行了简要回顾。其后，使用 CHNS 2015 数据，基于 2011 年个人所得税法案对我国个人所得税制度的收入分配效应进行了估计。借助马斯格雷夫—辛恩指数（MT）分析，精确度量了 2011 年个人所得税法案下我国个人所得税制度的收入再分配效应。同时，基于 MT 分解法，将此收入再分配效应分解为横向公平效应和纵向公平效应，展开了成因探讨。此外，本章还进一步基于 CHNS 2015 相同样本数据模拟了我国 2018 年个人所得税法案下的收入分配效应，并将 2018 年个人所得税法案下的模拟结果与 2011 年个人所得税法案下的测度结果进行了对比分析。为展示在家庭和个人层面的差异效果，我国个人所得税制度在两个层面的收入分配效应被同步考察。

第 8 章，中国最低工资制度的家庭收入分配效应评估。本章首先对我国最低工资制度的建立和发展进行了简要回顾。其后，基于 CHNS 2004～2015 年五期混合截面数据就提高最低工资标准对家庭工资总收入及其差距的影响进行了 OLS 回归分析，分位数回归被用于考察最低工资标准提高对不同工资收入水平家庭可能产生的差异化影响。基于家庭工资总收入回归分析结果，本章利用G. Field 分解技术就提高最低工资标准对我国家庭间工资收入不平等的贡献度进行分解，考察了其在不同调查年份的差异影响并展示了最低工资标准提升对家庭工资总收入不平等贡献的动态变化。另外，为展示最低工资制度在家庭和个人两个层面的差异效果，最低工资标准提升的个人收入分配效应也被同步考察。

第 9 章，家庭收入变化与夫妻间资源配置博弈。家庭事实上并不是一个黑箱。在个人之间、家庭之间的竞争博弈之外，家庭内部成员之间亦存在着资源配置问题。本章以丈夫和妻子为家庭成员代表，基于"非一致同意"假设，辅以性别福利视角，考察了家庭收入变化对丈夫和妻子全天时间配置的影响。利用中国家庭动态跟踪调查（CFPS）2010 年数据，区分家务、工作、闲暇和个人照料四类活动，本章首先考察了家庭非劳动收入变化对夫妻时间利用模式的影响，以探查当家庭经济状况变化时，丈夫和妻子如何调整自己的个人时间配置。其后，基于时间利用性别距指标，进一步考察了家庭经济状况变化可能对夫妻时间配置相对变化的影响，以探查夫妻性别分工的可能变化。本章研究的终极目的是，验证家庭内部成员之间关系的假设基础，家庭成员之间究竟是完全的利益共同体，还是"各自为政"？对这一假设展开的验证为后续精准测度及评估家庭收入分配效应奠定了理论基础。

第 10 章，主要结论与政策建议。本章归纳总结了本书在理论框架构建、家庭收入分配效应研究、政策效果分析上的结论，并有针对性地提出了对策建议。

1.3.3　研究方法

（1）跨学科综合分析法。在家庭研究视角的选取及家庭总收入函数设置上，本书以家庭经济学、劳动经济学为基础，遵循家庭效用函数、明瑟工资方程等理论方法探索家庭收入分配问题。同时，广泛借鉴家庭社会学、文化学对中国"家文化"及其影响下居民行为决策的相关论述，充实中国家庭收入分配问题研究。本书跨学科综合分析融合了家庭经济学、劳动经济学、家庭社会学和文化学，有利于对具有中国特色的收入分配问题展开系统研究。

（2）比较分析法。在收入特征描述、收入差距测度及收入分配制度改革效果考察上，本书以家庭总收入和以个人为单位加权平均计算的家庭人均收入分别代征家庭收入和个人收入，展开家庭、个人两层面对比分析。此对比分析有利于深入揭示家庭收入基本特征及其与个人收入的异同，便于展示收入分配制度改革在家庭与个人层面的差异效果，同时亦是对本书家庭收入分析进行的稳健性检验。

（3）经验与实证分析方法。在医疗保险、养老保险、个人所得税和最低工资制度改革的家庭收入分配效应探讨上，本书基于可得数据，分别运用经验分析法和实证分析法对具体制度改革的收入分配效果展开了考察。为避免居民参保自选择效应可能引起的结果偏误，在医疗保险制度改革效果考察中，本书采用了"社区参保家庭占比"作为家庭"是否参保"的工具变量展开 2SLS 回归分析。因养老保险制度体系存在当期和长期两个层面的分配效应，笔者区分不同收入组和不同年龄构成，利用基尼系数（G）、马斯格雷夫—辛恩指数（MT）、再分配系数（R）、相对贫困率（PR）等指标对养老保险制度改革的家庭收入分配效应进行了经验分析。借助 MT 指数分析和 MT 分解法，本书分别基于 2011 年个人所得税法案和 2018 年个人所得税法案对我国个人所得税制度的收入再分配效应进行了估计和模拟，并展开了成因分析。为探明不同收入分位上可能存在的差异，分位数回归被用于考察最低工资标准提高对不同工资收入水平家庭的差异化影响。另外，G. Field 分解技术被广泛用于基于回归分析的收入不平等贡献度研究。

1.4 研究的创新与不足之处

1.4.1 创新之处

（1）突破个人层面从家庭视角全面考察我国收入分配制度改革效应。家庭联合决策可以对家庭生产、家庭消费等家庭经济行为做出理性安排。然而，现有中国收入分配制度改革效应研究大多是从个人层面展开探讨，忽略了传统"家文化"背景下中国普遍实行家庭联合决策这一事实。本书从家庭视角考察我国收入分配制度改革效应是一种全新尝试，同时基于相同数据展开的个人层面改革效应分析亦是对家庭层面分析的对比和补充，有利于更全面地展示我国收入分配制度改革效应。

（2）采用有别于综合指数分析的皮凯蒂百分位数结构分析法对收入不平等展开研究。与李实和罗楚亮（2011），胡志军、刘宗明和龚志民（2011），谢宇和周翔（Xie and Zhou，2014），罗楚亮（2017）等利用基尼系数这一综合指标对我国收入不平等进行总体描述不同，本书基于皮凯蒂百分位数结构分析来展示我国收入不平等在不同收入分位人群间的差异，考察了我国收入调控政策在不同分位人群间的差异效果。这不仅有助于全面认识我国收入不平等状况，客观评价我国收入调控政策，也将对已有文献形成有益补充。

（3）研究发现，20世纪90年代以来中国家庭总收入基尼系数呈先升后降的倒"U"型走势，且家庭收入不平等结构上表现为高收入家庭对社会总收入的集中聚敛。本书基于CHNS数据的统计分析发现，20世纪90年代以来我国家庭总收入基尼系数持续上升，但在2006年出现峰值后缓慢回落，总体呈现倒"U"型走势。这与国家统计局公布的2008年出现峰值（0.491）、2015年仍在0.462徘徊的居民收入基尼系数（国家统计局，2017）走势基本一致，这从另一个侧面证实了，截至本研究考察期末的2015年，我国收入差距扩大态势确实得到了遏制。皮凯蒂百分位数结构分析揭示，我国家庭收入不平等主要体现在高收入家庭对社会总收入的集中聚敛，其中最低收入家庭收入损失较大，中等收入家庭收入则表现得相对平稳。事实上，我国家庭收入差距持续扩大伴随着社会总收入向高收入家庭聚集，而家庭收入不平等的改善也与部分收入从高收入家庭向低收入家庭回流有关。缓解我国收入不平等应着重推进增低控高，促使收入结构由"倒金字塔"型向"橄榄"型转变。

（4）提出制定收入调控政策时应克服家庭视角盲区，确保政策执行效果与预期目标一致。对具体分配制度改革进行的家庭效应研究显示，总体上，我国以个人为出发点制定和实施的系列调控政策并未在家庭层面产生乐观而显著的影响。在家庭人口构成、家庭人力资本积累等因素的中介作用下，某些政策的实施效果受到了一定影响甚至偏离了政策初衷。因此，在制定收入调控政策时应克服家庭视角盲区，充分考虑家庭联合决策可能对政策目标产生的偏离影响，同时从个人和家庭两个层面对政策执行效果进行预估，确保政策执行效果与预期目标一致。

1.4.2 不足之处

（1）在家庭收入指标分析上还有待补充与完善。对家庭层面收入进行考察时，家庭总收入和以家庭为单位计算的家庭人均收入是学界通常采用的两种指标。本书中，我国家庭收入不平等的度量和收入分配制度改革效果考察均基于家庭总收入指标，没有考察以家庭为单位计算的家庭人均收入。在未来的研究中笔者将进一步补充相关分析，加入以家庭为单位计算的家庭人均收入指标的相关考察。

（2）仅基于民间入户调查数据进行的测度和考察在精确度上仍有所欠缺。因更为详尽的官方统计数据未予公开，本书分析只能基于 CHNS、CHARLS、CHIPS 三个民间入户调查数据。与国家统计局官方数据相比，民间数据在样本量、抽样代表性、数据质量控制上还存在一定差距。同时，受数据基础的严格限制，本书在家庭收入不平等度量和收入分配制度改革效果分析的方法上未能使用最前沿的方法，精确度上仍存在欠缺。笔者将在努力获取更优质的调查数据后更新相关研究，以展示更为精准的研究结果。

（3）在家庭收入分配理论总体框架构建上仍不够具体化。收入分配制度本身是一个复杂的体系，在层次上囊括了初次分配和再分配，具体运作上包括企业分配、财政分配、税收分配、工资分配和社会保障分配等，体制上包括财税体制、工资体制、社会保障体制等，机制上包括收入形成机制、财税调节机制等。要将多种设计迥异的分配制度集成起来，以一个复合收入函数展示各项制度改革的综合收入分配效应显然是难以穷尽的，也缺乏可操作性。笔者拟在后续研究中立足单项收入分配改革制度，进行更为具体化的理论分析框架构建。

第2章
中国收入分配制度改革历程回顾

　　自1956年社会主义改造基本完成以来，我国个人收入分配政策体系伴随时代发展经历了一个从无到有、不断改革、逐步完善的过程。在我国收入分配制度改革历程研究上，国内学者主要按各阶段的分配方式和分配政策（洪银兴，2018；张亮，2019；何花，2011；杨晖，2008；杨宜勇、池振合，2008）、经济体制的划分（温锐、武力，2007；李定，2010）以及具体分配制度的演变（胡莹、郑礼肖，2018；高书生、宋军花，2005；崔军、朱志钢，2011）展开研究。本章将首先基于政策演进视角对我国收入分配制度改革进行阶段划分和历程回顾，其后沿着工资制度、农村收入分配制度、个人所得税制度以及医疗保险、养老保险、最低生活保障制度回顾直接影响家庭收入的主要分配制度改革进展。

2.1　政策演进视角下中国收入分配制度改革的阶段划分

2.1.1　平均主义分配阶段：1956～1978年

　　从1956年社会主义改造基本完成到1978年12月党的十一届三中全会召开之前，我国处于计划经济时期。1956年在分配领域全面确立了按劳分配原则，实行与计划经济体制相适应的单一按劳分配制度。在农村，实行集体所有、集体劳动、统一经营、按劳动日计算工分的统一分配模式（工分制）。在城市，1956年全国实行了工资改革。全国党政机关工作人员实行统一职务等级工资制，事业单位统一实行职务、职称等级工资制，国营单位按行业和企业规模分别制定各类职工的工资等级表，工人实行五级或八级等级工资制。至1957年3月，城市职工端国家"铁饭碗"的制度基本形成。

　　人民公社时期，普遍推行供给制，分配上的平均主义实行不久便出现了破坏农业生产力、挫伤广大农民生产积极性等不良后果。为了纠正分配方面的错误思想，1958 年 11 月～1959 年 7 月初，开始取消供给制，恢复按劳分配原则，反对平均主义和吃大锅饭。由此，采取了多种措施和政策，如取消过去的供给制，实行以"工分制"为主要内容的"按劳分配"制度；恢复社员的自留地；彻底取消公共食堂；退赔人民公社化运动中平调社队和社员个人的各种财物和劳动力等。"工分制"的按劳分配制度仍带有浓厚的平均主义色彩，其作用的发挥仍然是有限的。

在农村人民公社实行供给制同时，城市国营单位和国家机关也开始推行供给制与工资制相结合的分配制度。1958 年 11 月，在全国一些地方试行了半供给制半工资制，同时对计件工资制和奖励制度进行了限制。由于受到多种因素的影响，1958 年底这种制度便以失败而告终，大多数企业不到半年时间就恢复了原来的工资制。国民经济调整时期，邓小平主持制定《国营工业企业工作条例（草案)》（简称《工业七十条》)，对企业实行一定程度上的放权、自主，强调企业要实行严格责任制和全面经济核算，贯彻按劳分配原则，反对平均主义，改进了企业的工资制度。但由于"左"倾思想影响，按劳分配没有得到很好的贯彻。

2.1.2 按劳分配政策的恢复和实施阶段：1979～1991 年

从 1978 年 12 月党的十一届三中全会到 1992 年 10 月党的十四大召开之前，我国处于破除平均主义、落实按劳分配制度的改革时期。针对计划经济时期分配制度存在的弊端，我国从 1978 年开始在城镇和农村分别进行收入分配制度改革。在此期间，城镇企业按劳分配制度改革主要表现为工效挂钩和实行结构工资制，农村收入分配制度改革主要表现为实行家庭联产承包责任制。对按劳分配原则的落实为我国宏观经济的恢复和发展奠定了坚实基础。

1978 年 12 月，邓小平同志在党的十一届三中全会上题为《解放思想，实事求是，团结一致向前看》的重要讲话中明确阐释，社会主义收入分配的主要原则是按劳分配。全会亦强调，各级人民公社必须坚持贯彻按劳分配原则，薪酬必须按照劳动的数量和质量计算，建立并完善与之相应的奖惩制度，从根本上纠正平均主义带来的消极影响。会议首先以农村为突破口，要求切实贯彻按劳分配原则，发展农村生产。党的十一届三中全会明确指出："公社各级经济组织必须认真执行按劳分配的社会主义原则，按照劳动的数量和质量计算报酬，克服平均主义""人民公社各级经济组织必须认真执行各尽所能、按劳分配的原则，多劳多得，少劳少得，男女同工同酬。加强定额管理，按照劳动的数量和质量付给报酬，建立必要的奖惩制度，坚决纠正平均主义。"[1] 这是改革初期党和国家重要文件中首次出现有关收入分配的论述。它昭示着，党和国家在分配领域开始拨乱反正，重新强调按劳分配原则，反对平均主义。1980年3月以后，各地开始实行生产责任制和定额计酬制，此后"缴够国家的，留够集体的，剩下都是自己的"的分配方式成为农村贯彻按劳分配原则的一种实现形式。

1984年10月召开的党的十二届三中全会通过了《中共中央关于经济体制改革的决定》，总结了党的十一届三中全会后农村经济体制改革的成功经验，提出经济体制改革的重点要由农村转向城市。该决定深刻剖析了平均主义的思想根源及其危害，强调要在企业内部拉开工资差距，充分体现按劳分配原则。这对破除平均主义具有重要指导意义。该决定还提出社会主义经济是"公有制基础上的有计划的商品经济"的论断，对分配制度的改革产生了重大影响。会议还首次提出要让一部分地区和一部分人通过诚实劳动和合法经营先富起来，而后带动更多的人走向共同富裕。

党的十一届三中全会以来，按劳分配制度在我国得以全面恢复和实施。然而改革开放后，全民所有制和集体所有制为主体、多种非公有制经济为补充的经济现实启示，有必要对单一的按劳分配制度进行适当调整。1987年10月党的十三大报告首次提出要"以按劳分配为主体，资本、经营收入等其他分配方式为补充"[2]开展分配工作。这一原则的确立是对非劳动所得合法性的松绑，也是对劳动力以外其他生产要素参与分配的肯定。但为保障全体社会成员共同富裕的实现，党和国家进一步强调，在大力发展社会生产力的同时应防止贫富两极分化，防范利益矛盾冲突对社会经济全面发展可能产生的制约影响。

2.1.3　效率优先兼顾公平阶段：1992~2007年

从1992年10月党的十四大到2007年10月党的十七大召开之前，为顺应改革开放以公有制为主体、多种所有制共同存在的经济现实，我国实行了"以按劳分配为主体、多种分配方式并存"的分配制度，发展了"按劳分配与按生产要素分配相结合"的分配思想，其后"确定劳动、资本、技术和管理等生产要素按贡献参与分配的原则"。在效率和公平的关系上，继短暂提出"兼顾效率和公平"之后实行了"效率优先、兼顾公平"的分配原则。对适应

---

①②　引自《中国共产党第十一届中央委员会第三次全体会议公报》（1978年12月22日通过）。

社会主义市场经济的分配方式的探索，理顺了分配方式与生产方式的关系，有效调动了社会成员对创造财富的积极性，使宏观经济实现持续、快速、健康发展。但在尊重效率、允许合理拉开收入差距的前提下，收入不平等及其引致的其他社会问题逐步显现。

1992 年党的十四大将建立社会主义市场经济体制确立为我国经济体制改革的目标。分配制度上，党的十四大依然坚持了十三大提出的"以按劳分配为主体，其他分配方式为补充"的分配方式，但首次就效率与公平的关系进行了阐释，提出收入分配要"兼顾效率与公平"。随着经济体制改革的不断深入，收入分配制度也在不断创新。不久，于 1993 年举行的党的十四届三中全会通过了《中共中央关于建立社会主义市场经济体制若干问题的决定》，指出："个人收入分配要坚持以按劳分配为主体、多种分配方式并存的制度。""体现效率优先、兼顾公平的原则。"该决定用"多种分配方式并存"代替了"其他分配方式为补充"的提法，同时在公平与效率的选择上，突破党的十四大"兼顾效率与公平"提法，正式提出"效率优先、兼顾公平"的原则。该决定还指出"劳动者的个人劳动报酬要引入竞争机制，打破平均主义，实行多劳多得，合理拉开差距。"同时，继续"坚持鼓励一部分地区一部分人通过诚实劳动和合法经营先富起来的政策，提倡先富带动和帮助后富，逐步实现共同富裕。"实践中，允许合理拉开收入差距的提法确实起到了良好的激励作用，但也为我国后来收入差距持续扩大埋下了伏笔。

随着收入分配理论的不断发展和资本等非劳动生产要素所获收入比例的不断上升，党中央总结中华人民共和国成立以来特别是改革开放以来的经验，在 1997 年 10 月召开的党的十五大上首次提出"把按劳分配和按生产要素分配结合起来""允许和鼓励资本、技术等生产要素参与收益分配"等新的分配思想。在马克思主义经典著作中，社会主义社会除劳动要素以外的生产要素是不能参与分配的，因为土地、资本等生产要素是同私有制联系的，是私有制度下的分配方式。然而，社会主义市场经济条件下存在多种所有制形式和多种经营方式，依据马克思主义与中国实际相结合的基本原理，实行按生产要素分配成为必然。把按劳分配与按生产要素分配结合起来符合社会主义市场经济的需要，是社会主义分配理论的重大突破。

进入 21 世纪，我国社会主义市场经济体制已基本确立，开始进入全面建设小康社会的新阶段。2002 年 11 月召开的党的十六大在分配制度上进一步提出"确定劳动、资本、技术和管理等生产要素按贡献参与分配的原则，完善按劳分配为主体、多种分配方式并存的分配制度。"这既肯定了劳动在创造财富过程中发挥的关键性作用，又肯定了资本等不可或缺的其他要素对生产的贡献，它们都参与了财富的创造，因此都应参与分配。此外，党的十六大对效率和公平的关系进行了丰富和发展，强调"坚持效率优先、兼顾公平，既要提倡风险精神，又要落实分配政策，既要反对平均主义，又要防止收入悬殊。"同时，比较明确地论述了效率和公平如何统一的问题，提出"初次分配注重效率，发挥市场的作用，鼓励一部分人通过诚实劳动、合法经营先富起来。再分配注重公平，加强政府对收入分配的调节职能，调节差距过大的收入。"①这是对20世纪90年代以来我们在贯彻"效率优先、兼顾公平"原则时出现的一些现实问题进行的总结和反思，体现了党中央在收入分配体制改革中坚持正确处理效率与公平关系的基本原则。其最终目的不仅是为了合理有效地拉开收入差距，使收入分配充分发挥激励社会生产力的作用，还为了防止由于收入差距的持续加大引发社会不稳定。针对我国居民收入日益扩大的现实情况，党的十六大报告还提出要着力扩大中等收入者比重，即通过"提低"提高低收入群体收入水平，通过"扩中"促进中等收入者在全体社会成员中的平均增长，通过"控高"加大对高收入群体的收入调节力度。"调高、扩中、提低"成为党和国家解决我国收入差距过大等影响社会和谐稳定发展问题的新战略。

2.1.4 效率与公平相协调阶段：2008年至今

2007年10月召开的党的十七大在分配领域延续了按劳分配与按生产要素分配相结合的思想，同时进一步把生产要素按贡献参与分配的"原则"上升为"制度"，提出要"健全劳动、资本、技术和管理等生产要素按贡献参与分配的制度"。然而，随着宏观经济的快速发展，收入差距过分扩大、贫富分化、社会不公现象凸显，如何实现效率与公平相协调成为重要的现实课题，党的十七大将效率和公平的关系上升为"初次分配和再分配都要处理好效率和公平的关系，再分配更加注重公平"。同时，党的十七大、十八大还积极倡导通过构建和完善社会民生制度对居民收入进行调节，覆盖全民的医疗保险、养老保险等基本保障制度改革全面铺开，成为新时期收入分配调控政策的新亮点。

2007年10月召开的党的十七大把"确定劳动、资本、技术和管理等生产要素按贡献参与分配的原则"改为"健全劳动、资本、技术和管理等生产要

---

① 引自江泽民同志代表第十五届中央委员会向党的十六大所作报告《全面建设小康社会，开创中国特色社会主义事业新局面》，2002年11月14日。

素按贡献参与分配的制度"。将生产要素按贡献参与分配的"原则"上升为"制度"是逐步形成中等收入者占多数的合理收入分配格局的客观要求。鉴于分配制度改革所带来的个人收入分配差距扩大以及我国经济转型期市场体制仍不够完善的现实,党的十七大还首次明确提出"初次分配和再分配都要处理好效率和公平的关系,再分配更加注重公平"。这一新提法明确摒弃了长期以来"效率优先、兼顾公平"的提法,对公平与效率的关系进行了新的定位,是党和政府解决收入差距逐步拉大问题的政策要点和着力点。面对收入分配差距拉大趋势还未根本扭转的现实国情,党的十七大明确提出要逐步提高居民收入在国民收入分配中的比重,提高劳动报酬在初次分配中的比重,并首次提出了"创造条件让更多群众拥有财产性收入"。与此同时,党的十七大还提出要"加快推进以改善民生为重点的社会建设",加快建立覆盖城乡居民的社会保障体系,保障人民基本生活。这初步展示了党和国家通过社会民生制度建设调节收入分配的思想导向。

2012 年 11 月党的十八大顺利召开。面对城乡区域发展差距和居民收入分配差距依然较大、社会矛盾增多的现实,党中央再次明确,要坚持社会主义基本经济制度和分配制度,调整国民收入分配格局,加大再分配调节力度,着力解决收入分配差距较大问题,使发展成果更多更公平惠及全体人民,朝着共同富裕方向稳步前进;提出要继续深化收入分配制度改革,努力实现居民收入增长和经济发展同步、劳动报酬增长和劳动生产率提高同步,力争提高居民收入在国民收入分配中的比重、提高劳动报酬在初次分配中的比重,千方百计增加居民收入以实现发展成果由人民共享。党的十八大还首次明确提出了"国民收入倍增计划",主张要"多渠道增加居民财产性收入"。在效率与公平关系问题上,党的十八大依然延续"初次分配和再分配都要兼顾效率和公平,再分配更加注重公平"的思路,阐述上进一步深化为"完善劳动、资本、技术、管理等要素按贡献参与分配的初次分配机制,加快健全以税收、社会保障、转移支付为主要手段的再分配调节机制"。在社会民生制度建设上,党的十八大继续提出"在改善民生和创新管理中加强社会建设",并正式明确了"社会保障是调节社会分配的一项基本制度"。至此,以社会民生制度建设来调节收入分配的思想得以正式确立。

2017 年 10 月党的十九大隆重召开。在肯定党的十八大以来城乡居民收入增速超过经济增速、中等收入群体持续扩大,脱贫攻坚战取得决定性进展、六千多万贫困人口稳定脱贫骄人成绩的同时,党中央也清醒地认识到我国现阶段城乡区域发展和收入分配差距依然较大,未来脱贫攻坚任务依然艰巨。在收入分配及再调节方面，延续了党的十八大政策方向，明确 2020 年以前全面建成小康社会决胜阶段仍需"坚持按劳分配原则，完善按要素分配的体制机制，促进收入分配更合理、更有序"；要"鼓励勤劳守法致富，扩大中等收入群体，增加低收入者收入，调节过高收入，取缔非法收入"；继续"坚持在经济增长的同时实现居民收入同步增长、在劳动生产率提高的同时实现劳动报酬同步提高，拓宽居民劳动收入和财产性收入渠道"。习近平总书记更要求全党要深刻领会新时代中国特色社会主义思想的精神实质和丰富内涵，在各项工作中全面准确贯彻落实，履行好政府再分配调节职能，缩小收入分配差距。

2.2 直接影响家庭收入的主要分配制度改革进程

由于我国绝大多数分配制度均以居民（个人）为单位设计，因此相关政策的调控目标亦重在改善个人福利。然而，家庭是不同类型劳动力的组合，当家庭某成员就业状况发生变化时，为保持家庭消费的相对稳定，同一家庭中的其他劳动力可能被迫改变劳动供给，从而引起家庭联合劳动供给的变化，进而对家庭收入配置产生影响。已有研究证实，通过劳动供给的家庭联合决策，家庭规模、家庭户类型等因素将对家庭收入水平产生显著影响，甚至可能引致家庭收入不平等（曲兆鹏、赵忠 2008；巫锡炜，2011；丁赛、董晓媛、李实，2007）。有鉴于此，以居民（个人）为单位展开的制度设计也将通过劳动供给的家庭联合决策作用于家庭总收入，即我国收入分配制度改革存在着家庭分配效应。

收入分配是一个由若干制度相互连接构成的复杂体系，层次上囊括初次分配和再分配，具体运作上包括企业分配、财政分配、税收分配、工资分配和社会保障分配等。然而，在这一庞大的收入分配制度体系中，并不是所有制度都会对居民及其家庭收入产生直接影响。从收入来源看，初次分配领域中的工资制度、农村收入分配制度直接决定着劳动者的劳动收入，再分配领域中的个人所得税制度及医疗保险、养老保险、最低生活保障制度则直接影响着居民及其家庭的转移收入。上述制度的改革演进无疑会对居民家庭收入水平产生重要影响。本节将尝试沿着我国收入分配制度改革的具体进程，展现直接影响家庭收入的主要分配制度改革进展。囊括工资制度、农村收入分配制度以及个人所得税、医疗保险、养老保险和最低生活保障制度的我国收入分配制度改革进程如图 2 - 1 所示。

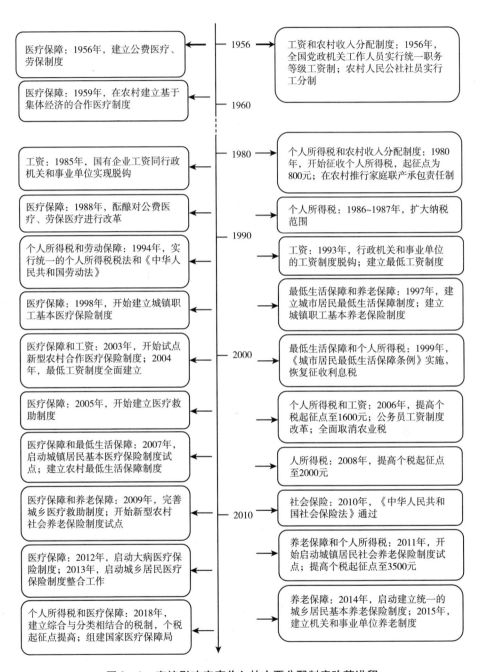

图 2-1 直接影响家庭收入的主要分配制度改革进程

2.2.1 工资制度改革

1956 年，全国党政机关工作人员实行统一职务等级工资制；事业单位统一实行职务、职称等级工资制；国营单位按行业和企业规模分别制定各类职工的工资等级表，工人实行五级或八级等级工资制；明确了工人的起始工资。

1985 年，国有企业工资同行政机关和事业单位实现脱钩；国有企业实行工资总额和经济效益挂钩，行政机关和事业单位实行以职务工资为主要内容的结构工资制；规定了国有大中型企业工人的起点工资。

1993 年，建立最低工资制度。劳动部于 1993 年印发了《企业最低工资规定》，这标志着我国开始建立规范的最低工资制度，行政机关和事业单位的工资制度脱钩。行政机关实行的是职级工资制，事业单位则实行体现其特点的工资制度，即根据事业单位所处行业，分别实行专业技术职务等级工资制、职务岗位工资制、艺术结构工资制、体育津贴和奖金制、行员等级工资制等。

2004 年，最低工资制度全面建立。2003 年 12 月 30 日，劳动和社会保障部第 7 次部务会议通过了修改后的《最低工资规定》，该规定于 2004 年 3 月 1 日开始正式实行。至此，我国最低工资制度全面建立。

2006 年，公务员工资制度改革。改革后，公务员工资由职务工资和级别工资组成，其中职务工资按现任职务执行相应职务工资标准，级别工资档次按照现任职务、任职年限和套改年限重新确定。

2.2.2 农村收入分配制度改革

1956 年，农村人民公社社员实行集体所有、集体劳动、统一经营、按劳动日计算工分的统一分配模式（工分制）。

1980 年，在农村推行家庭联产承包责任制。各地相继实行生产责任制和定额计酬制，"缴够国家的，留够集体的，剩下都是自己的"的分配方式成为农村贯彻按劳分配原则的一种实现形式。

2006 年 1 月 1 日起全面废止农业税条例，取消除烟叶以外的农业特产税，全面免征牧业税。

2.2.3 个人所得税制度改革

1980 年，开始征收个人所得税。纳税的主要对象是来华工作的外籍人员，个人所得税起征点为 800 元。

1986 ~ 1987 年，扩大纳税范围。根据我国改革开放的新形势，国家相继出台了个体工商户所得税和个人收入调节税。

1994 年，实行统一的个人所得税税法。纳税人不仅包括在华工作的外国人，而且包括本国公民；不仅包括个体工商户和有特殊职业的高收入者，而且包括越来越多的工薪收入者。

1999 年，恢复征收利息税，明确把储蓄存款利息作为个人所得税的应税项目。

2006 年，提高个人所得税起征点，把个人所得税免征额从 1980 年的 800 元提高到 1600 元。

2008 年，提高个人所得税起征点，把个人所得税免征额从 2006 年的 1600 元提高到 2000 元。

2011 年，提高个人所得税起征点，把个人所得税免征额从 2008 年的 2000 元提高到 3500 元；减少超额累进税率级别、调整个人所得税税率。

2018 年，建立综合与分类相结合的个人所得税制。首次增加子女教育支出、继续教育支出、大病医疗支出、住房贷款利息、住房租金和赡养老人支出 6 项专项附加扣除。个人所得税起征点由每月 3500 元提高至每月 5000 元。同时，优化调整了税率结构，扩大了较低档税率级距。

2.2.4　医疗保险制度改革

1956 年，建立公费医疗、劳保医疗制度，为国家工作人员、企业职工提供免费或基本免费的医疗预防服务。

1959 年，在农村建立基于集体经济的合作医疗制度。

1988 年，酝酿对公费医疗、劳保医疗进行改革。

1998 年，开始建立城镇职工基本医疗保险制度。国务院于 1998 年发布了《关于建立城镇职工基本医疗保险制度的决定》。

2003 年，开始试点新型农村合作医疗保险制度。2003 年 1 月，国务院办公厅转发卫生部、财政部、农业部《关于建立新型农村合作医疗制度的意见》。

2005 年，开始建立医疗救助制度。

2007 年，启动城镇居民基本医疗保险制度试点。2007 年国务院颁布《关于开展城镇居民基本医疗保险试点的指导意见》，启动我国城镇居民医疗保险试点工作。

2009 年，完善城乡医疗救助制度。《关于进一步完善城乡医疗救助制度的意见》发布，拟用 3 年左右时间在全国基本建立起资金来源稳定，管理运行规范，救助效果明显，能够为困难群众提供方便、快捷服务的医疗救助制度。

2012年，启动城乡居民大病医疗保险制度。《关于开展城乡居民大病保险工作的指导意见》发布，进一步采取措施减轻城乡居民大病医疗负担。

2013年，启动城乡居民医疗保险制度整合工作。

2018年，组建国家医疗保障局。国务院机构改革方案出台，决定组建国家医疗保障局，开启医保改革新征程。

2.2.5　养老保险制度改革

1997年，开始建立城镇职工基本养老保险制度。国务院于1997年正式颁布《关于建立统一的企业职工基本养老保险制度的决定》。

2009年，开始新型农村社会养老保险制度试点。国务院于2009年9月颁布《关于开展新型农村社会养老保险试点指导意见》，决定2009年在全国选择10%的县（市、区、旗）开展新农保试点。

2011年，开始启动城镇居民社会养老保险制度试点。2011年6月国务院颁布《关于开展城镇居民社会养老保险试点的指导意见》，明确我国城镇居民社会养老保险基本框架，同年7月1日试点工作正式启动。

2014年，启动建立统一的城乡居民基本养老保险制度。国务院印发《关于建立统一的城乡居民基本养老保险制度的意见》，部署在全国范围内建立统一的城乡居民基本养老保险制度。

2015年，建立机关和事业单位养老制度。国务院颁布《关于机关事业单位工作人员养老保险制度改革的决定》，决定建立机关和事业单位养老制度，实现了职工养老保险与机关事业单位工作人员养老保险的并轨。

2.2.6　最低生活保障制度改革

1997年，开始在全国建立城市居民最低生活保障制度。1997年9月国务院颁布《关于在全国建立城市居民最低生活保障制度的通知》，要求1997年底以前已建立该项制度的城市要逐步完善，尚未建立该项制度的要抓紧做好准备工作；1998年底以前地级以上城市要建立起这项制度；1999年底以前县级市和县政府所在地的镇要建立起这项制度。

1999年，城市居民最低生活保障制度纳入法制化。1999年9月28日国务院通过《城市居民最低生活保障条例》并予发布，极大地推动了城市居民最低生活保障工作的开展。

2007 年，开始在全国建立农村最低生活保障制度。2007 年 7 月，国务院颁布《关于在全国建立农村最低生活保障制度的通知》，决定 2007 年在全国建立农村最低生活保障制度。

此外，为平稳地展开各项制度改革，我国在劳动和社会保障立法工作方面也取得了重要进展。20 世纪 90 年代，在国有企业制度改革、企业职工大规模下岗失业的现实背景下，1994 年 7 月 5 日全国人大第八届八次会议依据宪法制定并颁布了《中华人民共和国劳动法》（于 1995 年 1 月 1 日正式实施，简称《劳动法》），以法律的形式确定了劳动者的主要权利和义务，制定了劳动就业方针政策以及录用职工时劳动合同的订立、变更与解除程序，工作时间与休息时间制度，劳动报酬制度，劳动卫生和安全技术规程等制度规定，保护了劳动者合法权益。21 世纪初，在党和政府主导加快健全以社会保障等为主要手段的再分配调节机制的政策背景下，2010 年 10 月第十一届全国人民代表大会常务委员会第十七次会议审议通过了《中华人民共和国社会保险法》（于 2011 年 7 月 1 日正式实施），规范了社会保险关系，维护了公民参加社会保险和享受社会保险待遇的合法权益。劳动法和社会保障法是在中国特色社会主义法律体系中起到支架作用的重要法律，两部法律的颁布和实施为保障和改善民生提供了坚实的法律基础。

从直接影响家庭收入的主要分配制度改革进程可以看到，中华人民共和国成立后于 20 世纪中叶形成的、与人民生活息息相关的原有收入配置和社会保障体系自 20 世纪 80 年代开始陆续进入改革进程。其中，工资制度、医疗保险制度和养老保险制度改革涉及频度较高，2000～2010 年几乎每年都有至少一项新政出台。这充分说明，我国近年来步入了改革深水区，党和政府"千方百计提高居民收入""要加快健全以社会保障等为主要手段的再分配调节机制"的设想也正在积极落实。可以预期，系列新政在经历一段执行期后必将对我国家庭收入水平产生重要影响。

事实上，从受益层面来看，我国收入分配制度体系中并不乏直接以家庭为单位执行的收入调控政策。譬如，最低生活保障制度。国家对家庭人均收入低于当地政府公告的最低生活标准的人口给予一定现金资助，以保证该家庭成员基本生活所需。低保申请人必须以家庭户为单位向户口所在地的居（村）委会提出书面申请。此外，在医疗保险制度设计上，2003 年面对农村开始试点的新型农村合作医疗亦设置了农村居民以家庭为单位参保的规定。而在个人所得税制度改革上，我国个人所得税制度也由之前的分类税制转向综合和分类相结合的税制。现行 2018 年个人所得税制度已充分考虑纳税人家庭抚养负担，增加了子女教育支出、继续教育支出、大病医疗支出、住房贷款利息、住房租金和赡养老人支出 6 项专项附加扣除，其中子女教育支出、住房贷款利息和住房租金等项目均以家庭为单位进行附加扣除。鉴于中国传统"家文化"的深刻影响以及存在于众多领域的家庭联合决策行为，我国收入分配制度改革的分配效果将不仅仅局限于个人层面，对收入分配制度改革的家庭效应展开研究实属必要。

本书将致力于从家庭视角考察我国收入分配制度改革效果。在众多陆续铺开的制度改革中，笔者选取了医疗保险制度、养老保险制度、个人所得税制度和最低工资保障制度作为典型对我国收入分配制度改革的家庭效应进行研究。

之所以选取此四种制度改革为例，原因有三点。

其一，相对其他制度改革，医疗保险、养老保险、个人所得税及最低工资保障制度是对居民个人收入、家庭收入产生广泛且深远影响的制度变革。医疗保险制度、养老保险制度和个人所得税制度覆盖面较广、影响程度较大，是我国近年来收入分配制度改革的重点领域，同时也是我国政府用于调节再分配的重要民生制度，因此在再分配领域，本书选取医疗保险、养老保险、个人所得税制度展开收入分配制度改革的家庭效应研究。此外，初次分配领域中的最低工资保障制度亦是政策影响面较广的保障制度，且其制度本身便是对工资分配的直接调节，因此也被作为典型，纳入本书收入分配制度改革的家庭效应研究。

其二，近年来，党和政府主导通过构建和完善社会民生制度对居民收入进行调节，而医疗保险、养老保险、个人所得税及最低工资保障制度均为我国最基础的民生保障制度。党的十七大、十八大及十九大都着重强调了社会公平问题，主导通过构建和完善社会民生制度对居民收入进行调节。我国"十二五"规划也曾明确指出，要加快健全以社会保障等为主要手段的再分配调节机制。自相应制度建立以来，医疗保险、养老保险、个人所得税和最低工资保障制度在对收入配置的影响上展现了一贯稳定的调节效果。因此，本书选取这四种制度展开我国收入分配制度改革的家庭效应研究。

其三，医疗保险、养老保险、个人所得税和最低工资保障制度在微观层面的改革效果易于量化，且较其他制度改革而言，其微观数据易于采集、可得性较强。基于医疗保险、养老保险、个人所得税和最低工资保障制度展开家庭分配效应研究，可通过走访调研获取一手数据，或借助国内大规模微观调研数据匹配宏观经济信息展开研究，操作执行上更为便利。

2.3 本章小结

从 1956 年社会主义改造基本完成到 1978 年党的十一届三中全会召开之前，我国处于计划经济时期。在此阶段，我国以马克思按劳分配思想为理论依据，在社会主义公有制前提下建立了按劳分配制度。但是，由于不具备马克思所说的按劳分配的前提条件，无法真正贯彻按劳分配原则，因此实践中实行的是带有严重平均主义色彩的不公平的收入分配制度，导致居民收入来源单一，平均主义现象严重，劳动者缺乏激励，生产效率低下。

从 1978 年党的十一届三中全会到 1992 年党的十四大召开之前，我国处于破除平均主义、落实按劳分配制度的改革时期。针对计划经济时期分配制度存在的弊端，我国从 1978 年开始在城镇和农村分别进行了收入分配制度改革。在此期间，城镇企业按劳分配制度改革主要表现为工效挂钩和实行结构工资制，农村收入分配制度改革主要表现为实行家庭联产承包责任制。对按劳分配原则的落实为我国宏观经济的恢复和发展奠定了坚实基础。

从 1992 年党的十四大到 2007 年党的十七大召开之前，为顺应改革开放以公有制为主体、多种所有制共同存在的经济现实，我国实行了"以按劳分配为主体、多种分配方式并存"的分配制度，发展了"按劳分配与按生产要素分配相结合"的分配思想，其后"确定劳动、资本、技术和管理等生产要素按贡献参与分配的原则"。在效率和公平的关系上，继短暂提出"兼顾效率和公平"之后实行了"效率优先、兼顾公平"的分配原则。对适应社会主义市场经济的分配方式的探索理顺了分配方式与生产方式的关系，有效调动了社会成员对创造财富的积极性，使宏观经济实现持续、快速、健康发展；但在尊重效率、允许合理拉开收入差距的前提下，收入不平等及其引致的其他社会问题逐步显现。

2007 年召开的党的十七大在分配领域延续了按劳分配与按生产要素分配相结合的思想，同时进一步把生产要素按贡献参与分配的"原则"上升为"制度"，提出要"健全劳动、资本、技术和管理等生产要素按贡献参与分配的制度"。然而，随着宏观经济的快速发展，收入差距扩大、贫富分化、社会不公现象凸显，如何实现效率与公平相协调成为重要的现实课题。党的十七大将效率和公平的关系上升为"初次分配和再分配都要处理好效率和公平的关系，再分配更加注重公平。"同时，党和政府还积极倡导通过构建和完善社会民生制度对居民收入进行调节，覆盖全民的基本医疗保险、养老保险等基本保障制度改革全面铺开，成为新时期收入分配调控政策的新亮点。

我国收入分配制度通常以居民（个人）为单位展开设计，然而其政策效果通过劳动供给的家庭联合决策可以作用于家庭总收入，即我国收入分配制度改革存在着家庭分配效应。但是，在我国庞大的收入分配制度体系中，并不是所有制度都会对居民及其家庭收入产生直接影响。从收入来源看，初次分配领域中的工资制度、农村收入分配制度直接决定着劳动者的劳动收入，再分配领域中的个人所得税制度及医疗保险、养老保险、最低生活保障制度则直接影响着居民及其家庭的转移收入。上述制度的改革演进无疑会对居民家庭收入水平产生重要影响。

对直接影响家庭收入的主要分配制度进程进行的回顾展示出，中华人民共和国成立后于 20 世纪中叶形成的原有收入分配及医疗保障制度体系自 20 世纪 80 年代开始陆续进入改革程序。其中，工资制度、医疗保险制度和养老保险制度改革涉及频度较高，且 2000~2010 年成为改革推进的密集期，个人所得税制度自 2006 年至今频繁调整。基于制度覆盖面、政策导向和数据可得性等原因，本书选取医疗保险制度、养老保险制度、个人所得税和最低工资保障制度改革作为典型对我国收入分配制度改革的家庭效应展开研究。

第 3 章
中国家庭收入不平等分析框架

对我国收入分配制度改革的家庭分配效应展开细致考察必须基于坚实的理论基础，但现有理论体系并未在家庭收入不平等研究上形成完整的理论分析框架，尤其是在我国独具特色的传统文化背景下。本章将借鉴家庭经济学家庭效用函数、劳动经济学明瑟工资方程等对家庭收入估计函数进行设置；并以我国收入分配制度改革为背景，构建一个具有中国特色的家庭收入不平等理论分析框架。

3.1 收入不平等测度指标与统计口径

3.1.1 收入不平等测度指标概述

不平等的度量旨在根据由伦理原则、引人入胜的数学构思或简单的直觉得出的标准，给出收入分配比较的含义；对收入不平等程度的判断很大程度上依赖于所采用的度量指标（Cowell，2000）。在收入不平等测度文献中，基尼系数和泰尔指数是最为常见的，从社会福利层面考察不平等的阿特金森指数亦是极富特色的重要指标。风靡全球的《21世纪资本论》作者托马斯·皮凯蒂还提出使用"收入分布表"剖析收入不平等内部结构。以下对上述收入不平等测度指标进行简要介绍。

1. 基尼系数

基尼系数基于概率分布的队列方法（the parade approach based on probability distribution）构建（Cowell，2000），用概率分布函数相关指标或图形来刻画总体收入。基尼系数本身只是统计学或数学概念，其定义是在由分配者和分配对象两个累积百分率构成的坐标系中，洛伦兹曲线与绝对平均线之间的面积与洛伦兹三角形面积之比。基尼系数取值范围为0到1，数值越大表示收入分配越不平等。而就基本原理来讲则只有两种：或者由洛伦兹曲线上有限的点连接成不连续的折线以近似地代表该曲线，或者用一条连续的拟合曲线来代表它（秦晖，2000）。基尼系数的转移敏感性并不依赖于收入水平的高低，而是依赖不同收入水平之间的人口数量，它对众数附近的转移较为敏感。

基尼系数通过图形展示最为直观（见图 3-1）。图 3-1 中设正方形边长为单位 1，横轴和纵轴分别表示按收入高低排序后的人口累计百分比和对应的收入累计百分比，那么对角线 OC 表示绝对平均线，折线 OPC 表示绝对不平均线，洛伦兹曲线（Lorenz Curve）位于上述两条线之间，越接近对角线 OC 表示收入分配的差距越小。基尼系数表示为图中区域 A 与区域（A＋B）面积之比，即 $G = S_A / (S_A + S_B)$。

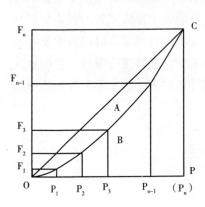

$$G = \sum_{i=1}^{n-1} (F_{i+1}P_i - F_iP_{i+1})$$

$$= \frac{n+1}{n} - \frac{2}{n^2\bar{y}} \sum_{i=1}^{n} (n+1-i)y_i$$

$$= \frac{2}{n} \frac{\sum_{i=1}^{n} iy_i}{\sum_{i=1}^{n} y_i} - \frac{n+1}{n}$$

$$= \frac{1}{2n^2\bar{y}} \sum_{i=1}^{n} \sum_{y=1}^{n} |y_i - y_j| = \frac{2cov(y,i)}{n\bar{y}}$$

图 3-1　基尼系数

资料来源：洪兴建，李金昌．如何正确测算我国居民收入基尼系数［J］．南开经济研究，2005（4）：54．

从计算 S_B 的角度看，大体上可分为离散方法和连续方法两种，前者即计算洛伦兹曲线下系列小梯形（含小三角形）的面积之和，后者即用一个函数 f（p）来拟合洛伦兹曲线，然后计算（洪建兴、李金昌，2005）。

徐宽（2003）将计算基尼系数的具体方法归为四种，即几何法及其变形、基尼平均差法、协方差法和矩阵法。国内也有学者提出基尼系数计算的简易公式（胡祖光，2004）。国外学者还在不同时期就基尼系数群类分解性问题进行过相当多的论证，现在已达成共识，即基尼系数不满足可分解性。在中国收入差距测度实践中，学者多以家庭人均收入（国家统计局，2017；李实等，2017；李实、罗楚亮，2011；胡志军、刘宗明、龚志民，2011）和个人总收入（李权葆、薛欣，2013）为基础测度基尼系数，极少采用家庭总收入进行测度（西南财经大学，2012；Xie and Zhou，2014）。事实上，只要比较数据的统计口径一致（例如不是甲按户而乙按人），就是符合规范的（秦晖，2000）。

2. 泰尔指数

泰尔指数是从信息量与熵（entropy）的概念考察不公平性和差异性。其最大优点在于可将总体差异分解为组内差异和组间差异，从而为观察和揭示组内差异和组间差异各自变动方向和幅度以及各自在总差异中的重要性及其影响提供了方便。与基尼系数一样，泰尔指数亦基于收入集中度测度法对收入差距进行度量，其测度值仅有相对意义而没有绝对意义。泰尔指数的取值范围不仅限于 0~1 区间，可以趋近无穷大，其数值越大表示收入越不平等。

泰尔指数具体包括广义熵测度（generalized entropy class of measure，GE 指数）、泰尔测度（Theil measure）和泰尔"第二"测度（Theil's second measure）（Sen and Forster，1997）。其测算公式分别对应以下三个公式。其中，x_i 是第 i 组的人均收入；$\bar{x}_i$ 是所有观测样本收入的平均值，为小组人口占总人口的比重；A > 0，是常数。GE 指数（公式 1）可视为含泰尔测度在内的多项收入不平等测度指标的广义表达式。容易证明，当 c→1 时，广义熵测度变为泰尔测度，当 c→0 时，广义熵测度变为泰尔"第二"测度。所以，泰尔测度和泰尔第二测度是广义熵测度的序数等价形式。满足适当条件时，GE 指数还可转换为变异系数和阿特金森指数（Shorrocks and Slottje，2002；Cowell，2000）。有学者指出泰尔指数对样本的规模比较敏感，因此相对于抽样调查，更应采用全户调查数据（邢鹂、樊胜根、罗小朋、张晓波，2009）。

$$I(x;n) = \begin{cases} \dfrac{A}{nc(c-1)} \sum_{i=1}^{n} \left[\left(\dfrac{x_i}{\bar{x}} \right)^c - 1 \right], c \neq 0,1 \\ \dfrac{A}{n} \sum_{i=1}^{n} \dfrac{x_i}{\bar{x}} \log\left(\dfrac{x_i}{\bar{x}} \right) \\ \dfrac{A}{n} \sum_{i=1}^{n} \log\left(\dfrac{\bar{x}}{x_i} \right) \end{cases}$$

3. 阿特金森指数（the Atkinson Index）

阿特金森指数（简称 A 指数）基于艾琳—珍妮特方法（the Irene and Janet approach）而构筑（Cowell，2000），是将不同个体收入表达成已知的有限个体集合的形式，常与社会福利函数相关联。阿特金森指数符合判断收入分配不公平程度测定指数是否优良的匿名性（anonymity）、齐次性（homogeneity）、人口无关性（population independence）、转移原则（transfer principle）和强洛伦兹一致性（Strong Lorenz-Consistent）五条公理性原则（刘志伟，2003），同时具有可分解性。阿特金森指数可分解为组间指数、组内指数和残差项三部分。当收入平均分配时，A指数等于0；随着不平等程度的增加，A指数趋近于1。

阿特金森指数定义为：

$$A(\varepsilon) = 1 - \frac{y_\varepsilon}{\mu}$$

其中，μ 为全体样本的平均收入，$\mu = \bar{y} = \frac{1}{n} \sum_{i=1}^{n} y_i$。$y_\varepsilon$ 则为事先设定的一个等价敏感平均收入，其含义为：当每个人享受到这样一个等价敏感收入时，社会总福利相当于收入实际分布时的社会总福利值（Atkinson，1970）。y_ε 的计算公式为：

$$y_\varepsilon = \left[\sum_{i=1}^{n} f(y_i) y_i^{1-\varepsilon} \right]^{\frac{1}{1-\varepsilon}}$$

其中，n 是样本数目；y_i 为第 i 组的收入观测值；$f(y_i)$ 为第 i 组人口占总人口比例的密度函数；ε 表示人们对收入不平等的厌恶程度，其取值范围 $0 < \varepsilon < +\infty$，通常取 $\varepsilon = 0.5$，1，2。当为连续函数时，

$$y_\varepsilon = \left[\int_{y_i}^{1-\varepsilon} dF(X) \right]^{\frac{1}{1-\varepsilon}} = \left[\int_{y_i}^{1-\varepsilon} f(x) y_i^{1-\varepsilon} dx \right]^{\frac{1}{1-\varepsilon}}$$

当观测值是个体数据，即每组的容量为 1，亦即第 i 组的收入即为第 i 个人的收入时，阿特金森指数又可表示为：

$$A(\varepsilon) = 1 - \left[\frac{1}{n} \sum_{i=1}^{n} \left(\frac{y_i}{\bar{y}} \right)^{1-\varepsilon} \right]^{\frac{1}{1-\varepsilon}}$$

阿特金森指数随着 ε 的变化而变化，ε 越大，A 指数趋向低值；ε 越小，A 指数趋向高值。

4. 收入分布表

已有收入不平等测度指标多采用某一数值量化收入的不平等，不能就收入不平等的内部结构进行必要解剖和分析。托马斯·皮凯蒂在《21世纪资本论》中创新性地提出利用表格描述收入不平等，将不同收入分位群体的收入占社会总收入的比值以阶梯结构展示出来，从而对不平等结构的变化（changes in the

structure of inequality）进行精准描述。他将可能发生的收入不平等简要分为低
不平等（low inequality）、中等不平等（medium inequality）、高不平等（high
inequality）和非常高不平等（very high inequality），并以 1970～1980 年代斯堪
的纳维亚半岛国家（包括挪威、瑞典、丹麦）、2010 年的欧洲、2010 年的美
国和 1910 年的欧洲，以及 2030 年的美国为例进行了展示（见表 3 – 1）。

表 3 – 1　　跨越时间和空间的社会总收入（劳动收入和资本收入）不平等

不同组别收入（劳动收入＋资本收入）在社会总收入中的占比	低收入不平等（≈斯堪的纳维亚半岛国家，20 世纪 70～80 年代）（%）	中等收入不平等（≈欧洲，2010 年）（%）	高收入不平等（≈美国，2010 年；欧洲，1910 年）（%）	非常高收入不平等（≈美国，2030 年）（%）
最高 10%	25	35	50	60
（最高 1%）	7	10	20	25
（其余 9%）	18	25	30	35
中间 40%	45	40	30	25
最低 50%	30	25	20	15
对应基尼系数	0.26	0.36	0.49	0.58

注：表 3 – 1 摘自托马斯·皮凯蒂（2014）著作《21 世纪资本论》（Capital in the Twenty-First Century）第七章的表 7.3（原书第 249 页）。

表 3 – 1 中第 2～第 5 列分别展示了收入不平等程度为"低""中""高"
及"非常高"的四组数据，每组数据又按照收入水平划分了收入最高的 10%
人群（upper class，进一步区分为收入最高的 1% 人群和余下的 9% 人群两部
分）、收入在中位的 40% 人群（middle class）和收入最低的 50% 人群（lower
class）三层次（如表 3 – 1 第 1 列说明）。为便于读者理解，皮凯蒂还给出了相
对应的基尼系数值（最后一行）。数据对比形象地展示出，收入越向高收入阶
层聚集，整体上的收入不平等就越严峻。

皮凯蒂收入分布表的核心是对不同收入分位人群的收入占比进行分别描
述，能非常直观地展示收入不平等的梯度结构，较其他收入不平等测度指数具
有在不平等结构分析上的明显优势。当然，若能给出量化的收入不平等指标并
结合描述不平等结构的收入分布表则更有利于立体地展示和了解整体收入不平
等状况。

3.1.2　收入接收单位及统计口径界定

严格来讲，收入统计或收入差距测度通常有三个维度：一是按家庭总收入

计算；二是按家庭人均收入但以家庭为单位计算；三是按家庭人均收入但以个人为单位加权平均计算（钟伟，2004）。若数据足够精确，还可基于个人总收入展开考察。已有的中国家庭收入分配研究文献多采用以家庭为单位计算的家庭人均收入（国家统计局，2017；罗楚亮，2017；李实、罗楚亮，2011；胡志军、刘宗明、龚志民，2011）测度基尼系数，极少基于家庭总收入进行考察（西南财经大学，2012；Xie and Zhou，2014）。本章拟基于微观入户调查数据对中国家庭收入分配进行全面、系统地考察。同时，将分别以家庭总收入和以个人为单位加权平均计算的家庭人均收入分别表征家庭收入（household income）和个人收入（individual income），对家庭和个人层面收入差距间的异同进行考察，这一对比分析将有利于展示更真实、更准确的中国收入分配现状，为制定合理的收入调控政策提供参考。

3.2 中国家庭收入估计函数设定

3.2.1 中国家庭收入影响因子分析

家庭收入是家庭成员收入的总和，包括所有家庭成员的劳动收入和非劳动收入。明瑟工资决定方程（Mincer，1970）揭示，劳动者的劳动收入取决于其受教育水平及工作经验。因此，家庭成员个人劳动所得可表示为其教育水平和工作经验的函数：

$$M = y_n(edu, exper) \tag{3.1}$$

式（3.1）表示，在由 n 个成员组成的家庭中，家庭成员 n 有个人劳动所得 M，edu 和 exper 分别表征该家庭成员的受教育水平和工作经验。基于此，遵循贝克尔家庭效用函数是各家庭成员个人效用函数加总（Becker，1965）的思想，该家庭的家庭总收入 Y 可以表示为：

$$Y = Y(y_1, y_2, \cdots, y_n; X) \tag{3.2}$$

其中，X 为由个人或家庭获得的所有非劳动收入总和。

要进一步探讨我国家庭收入的决定，还应在上述家庭收入分析基础上充分考察我国现实国情，将中国特色因素纳入考察。综合相关文献成果并尊重中国事实，笔者认为应考虑下述因素对我国不同家庭收入水平的差异影响。

1. 家庭人口构成

与个人收入分配相比，家庭收入分配问题研究最重要的区别在于其研究对象的扩展。从式（3.2）可以看出，家庭收入 Y 的高低与家庭成员数量 n 直接相关。可见，家庭人口构成将会对家庭实际收入水平产生重要影响。

中国是农业大国，从劳作到收获，以小农自然经济为主要形态的传统农业生产普遍以家庭为单位组织执行，崇尚"家和万事兴"的传统观念也正是出于我国家庭农业生产方式的需要。在农耕劳动上，男性劳动力具有天然优势，因此农村家庭有多少男丁成为这个家庭是否为"旺族"的标志（费孝通，1947）。随着新技术与新型农业生产方式的应用，农业劳动力能否很好地运用现代机械进行农业生产决定了农业劳动的产出效率，此时家庭成员的文化程度，即受教育程度的重要性变得日益突出（方鸿，2010；肖小勇、李秋萍，2012）。当代中国，农村居民收入主要来源于务农收入，而与此同时，新农保参保老人转移收入、五保户家庭保障性转移支付等非农收入也成为家庭收入的组成部分，家庭老龄人口与非劳动年龄人口构成将对家庭总收入及人均收入水平产生影响。相对农村而言，中国城镇家庭收入则更多来自务工收入，因雇佣关系获得的工资、奖金等成为城镇家庭收入的重要来源，此类务工收入与劳动者受教育程度存在紧密的正相关关系。已有大量文献对我国教育回报率进行了探讨（罗楚亮、曹思未，2018；李实、丁赛，2003；赵力涛，2006；罗楚亮，2007；何亦名，2009；孙志军，2014）。同时，家庭中劳动就业率、就业性别差异（丁赛、董晓媛、李实，2007；刘泽云，2008；李旻、赵连阁，2009）等也将对家庭务工收入产生一定影响。以个体经营、民营为主要生产方式的城镇家庭在收入统计上可类比务农家庭，家庭成员所具有的与家庭经营项目直接相关的专业知识、技能和经验是其家庭经营性收入水平高低的决定因素。另外，城镇居民养老保险、低保家庭困难补助等也成为部分城镇家庭的收入来源，显然，这与家庭成员年龄构成、家庭抚养比等有关。综上所述，探讨家庭收入问题时必须对家庭人口构成给予重点关注。在家庭收入函数设置中应对家庭总人口数、家庭成员年龄构成、劳动年龄人口平均受教育年限、家庭劳动就业率、家庭劳动力性别比、家庭老年抚养比、家庭幼儿抚养比等进行控制。

此外，家庭人口构成亦可作用于收入不平等。皮凯蒂在《21 世纪资本论》中提到，人口的变化会带来经济增长的放缓，具有加深分配不平等的效力。他认为，经济增长率（the growth of output）包括了人均产出的增长（per capita output growth）和人口增长（population growth）两部分。人口变化对收入分配不平等的具体作用路径有两个：（1）若家庭子女少，则遗产继承更容易导致财富集中；（2）若社会总人口多，则机会相对更多，社会流动性相对更强，这间接有助于减少不平等。可见，家庭人口构成不仅影响家庭收入绝对水平，还会对家庭收入不平等产生重要影响。

2. 家庭成员人力资本特征

如前述式（3.1）所示，影响每位家庭成员人力资本水平的受教育程度 edu、工作经验 exper 等可通过式（3.2）对家庭收入水平 Y 产生间接影响。家庭总收入是包括所有家庭成员劳动收入、家庭经营性收入、家庭财产性收入和家庭转移性收入四类在内的家庭收入总和。其中除家庭财产性收入为非人力资本要素收入外，其他收入类型均与家庭成员人力资本相关。人力资本是收入分配的重要影响因素，从人力资本的角度来研究收入分配问题是合理的，也是必要的（刘凤良、吕志华，2008）。

明瑟是最先在人力资本框架下研究收入分配问题的学者，他提出并发展了收入分配的人力资本模型。这一模型的最初形式只是学校教育模型（the schooling model），即学校教育是积累人力资本的重要途径，高人力资本的劳动者在工作中倾向于得到高收入的职位，劳动者之间的收入差距完全由他们在学校教育方面所存在的差距所决定（Mincer，1958）。其后明瑟对学校教育模型进行扩展，提出了总收入函数（general earnings function）模型（Mincer，1970）。该函数在考虑学校教育对劳动者收入影响的同时，也考虑了工作经验对收入水平的影响，进一步推动形成现在常用的明瑟工资决定方程：劳动者工资收入是其受教育程度和工作经验的函数（Mincer，1974）。明瑟工资决定方程中人力资本投资决策是既定的，而现实中人力资本投资决策通常是内生的。随着随机过程和动态规划等数学方法在经济学中的应用，可进行长期动态分析并考虑收入分配代际关联的世代交叠模型（over lapping generation model，OLG）逐渐成为研究人力资本与收入分配间动态关系的主流方法（Loury，1981；Chiu，1998；Viaene and Zilcha，2001）。在充分考虑教育程度和工作经验基础上，山克哈和茂苏米（Shankha and Mausumi，2003）在 OLG 框架中创新性地引入"健康"这一人力资本要素，将健康与收入差距联系起来。埃尔利希和金（Ehrlich and Kim，2007）则在 OLG 框架中引入了内生"生育率"，考察除人力资本质量投入——教育外，家长对孩童人力资本数量的投资结果。而加文内和克卢瑟（Guvenen and Kuruscu，2007a；2007b）将劳动者人力资本积累能力差异和劳动者"理性预期"考虑进来分析工资不均的主要原因。可见，劳动者受教育程度、工作经验、健康、生育选择、人力资本积累能力、理性预期等都会对个人收入水平产生重要影响。

另外，我国是世界上最早进行人口调查并制定、执行严密户籍管理制度的国家。我国现行户籍管理制度始于 1950 年，是依据血缘继承关系和地理位置对中国公民实施的以户为单位的户籍人口管理政策，具体为区分城镇户口、农村户口的城乡二元户籍制度。户主是户籍上一户的负责人，即俗称的一家之主。其户籍特征和人口学特征在很大程度上间接展示了家庭整体特征，对家庭收入的决定产生重要影响（陈东、黄旭峰，2015；巫锡炜，2011；白菊红，2004）。因此探讨家庭收入分配问题时，户主个人特征应被充分考虑。在条件允许的情况下，户主的性别、年龄、婚姻状况、户籍类型以及受教育水平、劳动经验等因素都应纳入家庭收入决定的控制范围。

3. 家庭外部制度、环境因素

家庭收入 Y 主要受到家庭人口构成、家庭成员人力资本特征等因素的影响。同时依据式（3.2），家庭全部非劳动收入 X 也会直接影响家庭收入 Y。家庭非劳动收入广泛涵盖以个人或家庭为单位获得的离（退）休金、社保、低保收入，以及存款利息，出租房屋、土地、生产资料和其他资产的租金收入等。这与退休制度、社保低保制度、市场环境等家庭外部制度、环境因素息息相关。

文献研究发现，家庭外部制度、环境因素对家庭收入水平及家庭收入差距可能产生重要影响。王小鲁等人发现，包括经济增长、收入再分配和社会保障、公共产品与基础设施以及制度等一系列因素对收入差距的扩大或缩小都有重要影响（王小鲁、樊纲，2005）。陆铭等人的研究亦证实，中国持续扩大的城乡收入差距与地方政府实施的带有城市倾向的经济政策有关（陆铭、陈钊，2004）。万广华等人的研究更明确地表明，虽然地理位置、城市化对地区间收入差距的相对贡献在减弱，但仍然起到了实质影响（万广华、陆铭、陈钊，2005）。可见，地方在经济发展、政策制定甚至是城乡差异上的不同可能引致不同地域家庭收入水平上的一定差异。因此，考察家庭收入决定问题还应充分考虑家庭外部制度、环境的影响。在条件允许的情况下，家庭收入函数设置应设法体现收入再分配和社会保障的影响，还应对家庭所在省、区、市、县、建制村、社区，所属城乡区域划分，当地劳动力平均工资水平、GDP 及价格指数等予以控制。

3.2.2 中国家庭收入估计函数设置

综合上述分析，笔者将家庭收入设置为家庭人口构成、家庭成员人力资本特征和家庭外部制度、环境因素的函数：

$$Y_{it} = f(d_{it}, h_{it}, r_{it}) \tag{3.3}$$

其中，Y_{it} 为家庭 i 在 t 时期的家庭收入，可以根据研究需要具体采用家庭总收入或家庭人均收入指标；d_{it} 为表征家庭 i 在 t 时期家庭人口构成（family demographic characteristics）的系列变量集；h_{it} 为家庭 i 在 t 时期家庭成员人力资本特征（family members' human capital）系列变量集；r_{it} 为家庭 i 在 t 时期家庭外部制度、环境（regional macroeconomic features）系列变量集。

由此，家庭收入估计函数的具体形式可以表示为：

$$\ln Y_{it} = \alpha + \beta_1 D_{it} + \beta_2 H_{it} + \beta_3 R_{it} + \mu_{it} \tag{3.4}$$

其中，$\ln Y_{it}$ 是家庭 i 在 t 时期家庭收入的对数形式，D_{it}、H_{it}、R_{it} 系列变量集所涉具体控制变量罗列于表 3 - 2 中。

表 3 - 2　　　　　　　　　家庭收入估计函数控制变量集

变量集名称	变量集符号	具体控制变量
家庭人口构成	D_{it} family demographic characteristics	家庭总人口数、家庭成员年龄构成、劳动年龄人口平均受教育年限、家庭劳动就业率、家庭劳动力性别比、家庭老年抚养比、家庭幼儿抚养比等
家庭成员人力资本特征	H_{it} family members' human capital	家庭成员受教育程度、工作经验、健康、生育选择、人力资本积累能力、理性预期及户籍类型等，特别是户主的相关信息
家庭外部制度、环境	R_{it} regional macroeconomic features	家庭所在省、区、市、县、建制村、社区，所属城乡区域划分，当地劳动力平均工资水平、GDP 及价格指数等

注：变量集符号下标表示家庭 i 在 t 时期的变量值。

3.3　中国家庭收入不平等理论研究框架构建

3.3.1　政策冲击视角下中国家庭收入不平等研究理论框架

要探察我国收入分配制度改革的家庭收入分配效应，调控政策变革的实际分配效果是考察的重点。本节将以收入调控政策的完善和革新为出发点，从政策冲击视角构建家庭收入不平等研究理论框架。

设 Y 为家庭收入（household income），V_{pi} 为一定时期（此处以一个自然年度为一期）内家庭 i 在收入调控政策 P 的随机冲击（random shock）影响下获得的收入变化量 $V_{pi}(V_{pi} \in [-\infty, \infty])$，跨期（0 - t 期）涵盖了调控政策 P 的变革历程。于是有：

$$Y_{it} = Y_{i0} + \sum_{j=1}^{t} V_{pij} \qquad (3.5)$$

因处于改革进程中，V_{pi} 的方差在不同时期（0 - t 期）可能存在变化，所以有：

$$\delta^2(Y_{it}) = \delta^2(Y_{i0}) + \sum_{j=1}^{t} \delta^2(V_{pij}) \qquad (3.6)$$

求取对数可以就收入分配的相对变化进行描述（Haveman，1996；Lee，2005），因此本研究把式（3.5）左右两边都取对数，此时有：

$$\ln Y_{it} = \ln Y_{i0} + \sum_{j=1}^{t} \ln V_{pij} \qquad (3.7)$$

延续上述基本思路，只要获得调控政策 P 对我国家庭收入变化影响的 V_{pi} 函数具体形式，即可进一步推导调控政策 P 对我国家庭收入水平及家庭收入差距的影响机制和作用路径。然而事实上，收入分配是由相互联结的若干部分构成，从层次上囊括了初次分配和再分配，具体运作上包括企业分配、财政分配、税收分配、工资分配和社会保障分配等，体制上包括财税体制、工资体制、社会保障体制等，机制上包括收入形成机制、财税调节机制等。因此，收入分配制度改革广泛涉及了工资制度改革、国有单位福利制度改革、个人所得税制度改革、社会保障制度改革、社会救济制度改革和农村收入分配制度改革等方方面面（高书生、宋军花，2005）。显然，要将多种设计迥异的分配制度集成起来，以一个复合收入函数 V_{ij} 展示各项制度改革的收入分配效应是难以穷尽的，也缺乏可操作性。基于此，要对不同家庭可能产生的差异影响进行理论分析亦是无从推进。

退而求其次，收入分配制度改革对不同家庭总体收入的边际影响事实上就是全部家庭成员可以从该项制度中获得的净收益的累积变化，即所有家庭成员支付的制度规定的相应成本与实际从该项制度中获得的全部受益的差值。因此，我国收入分配制度改革的家庭收入分配效应分析实质上就是，在不断完善收入分配制度设计的进程中，以家庭为单位对全部家庭成员累积收支进行的"成本—收益"分析。基于此，设家庭 i 在 t 时期因调控政策 P 获得了收入变

化量 V_{pi} :

$$V_{pi} = R_{pi} - C_{pi} , V_{pi} \in [-\infty , \infty] \tag{3.8}$$

其中, R_{pi} 为 t 时期家庭 i 全部成员因调控政策 P 的实施而获得的收益价值, C_{pi} 则为 t 时期家庭 i 全部成员因调控政策 P 必须支付的法定成本。若进行跨期考察,则家庭 i 在 0 – t 时期内因调控政策 P 的持续实施而获得收入变化量:

$$\sum_{j=1}^{t} V_{pij} = \sum_{j=1}^{t} (R_{pij} - C_{pij}) \tag{3.9}$$

将式 (3.9) 代入式 (3.5) 和式 (3.7) 有:

$$Y_{it} = Y_{i0} + \sum_{j=1}^{t} (R_{pij} - C_{pij}) \tag{3.10}$$

$$\ln Y_{it} = \ln Y_{i0} + \sum_{j=1}^{t} \ln (R_{pij} - C_{pij}) \tag{3.11}$$

可见,家庭收入水平 Y_{it} 和以 $\ln Y_{it}$ 表征的家庭收入变化程度均受到与调控政策 P 制度设计相关的收益 R_{pit} 和成本 C_{pit} 的影响。

在我的改革实践中,收入分配制度改革广泛覆盖了初次分配领域和再分配领域。初次分配主要涉及社会生产主体将生产增值价值部分按照要素贡献进行分配,而再分配则指政府通过系列制度设计对居民收入进行统筹并有侧重地进行转移。由此,探察收入分配制度改革的家庭收入分配效应还应注重从收入提升和收入转移两个不同侧面进行细致剖析。为更准确地展示调控政策 P 的实施对不同家庭收入的差异影响,此处笔者以工资制度改革、个人所得税制度改革和医疗保险制度改革为典型进行进一步考察。

1. 工资制度改革

工资制度是初次分配领域关乎劳动要素收入的重要分配制度。因工资自身是具有刚性的,所以工资制度改革常常以劳动者工资水平的提升为主要结果和表现。其间,劳动者仅需以提供劳动力为代价获取劳动工资,不存在 (或极少存在) 用货币成本换取工资收入的情况。因而在工资制度改革过程中,式 (3.10)、式 (3.11) 将变换为:

$$Y_{it} = Y_{i0} + \sum_{j=1}^{t} R_{pij} \tag{3.10a}$$

$$\ln Y_{it} = \ln Y_{i0} + \sum_{j=1}^{t} \ln R_{pij} \tag{3.11a}$$

2. 个人所得税制度改革

个人所得税制度是在再分配领域，由政府对收入超过所得税税率限额的个人征收一定比例收入以纳入统筹的制度。由个人所得税制度统筹而来的收入成为政府转移支付的重要收入来源，具有事实上"劫富"以"济贫"的效果。在征纳税金的过程中，纳税人仅有支付法定个人所得税额度的义务，没有与个人所得税相关的进项收入。所以在个人所得税制度改革过程中，式（3.10）、式（3.11）转换为：

$$Y_{it} = Y_{i0} + \sum_{j=1}^{t} C_{pij} \tag{3.10b}$$

$$\ln Y_{it} = \ln Y_{i0} + \sum_{j=1}^{t} \ln C_{pij} \tag{3.11b}$$

按照规定，收入低于个人所得税起征点的家庭成员无须缴纳个人所得税，其 $C_p = 0$。若整个家庭没有任何成员收入高于个人所得税起征点，则家庭的 $\sum_{j=1}^{t} C_{pij}$ 和 $\sum_{j=1}^{t} \ln C_{pij}$ 均为零。显然，个人所得税制度对贫困家庭的家庭收入并不会产生实质影响。

3. 医疗保险制度改革

因为医疗保险制度设计本身具有事实上的收入分配效应，所以通常会被纳入一国收入分配制度体系当中。我国现有医疗保险制度是以个人为单位参保的，现已基本实现全覆盖，保险筹资则由政府医保基金和个人参保缴费共同承担。参保个人每个自然年度需要缴纳数额较低的参保费用，参保期内一旦遭遇医疗风险则可享受较高额度的医疗费用支出保障。因此，在医疗保险制度改革过程中，参保人员既需要缴纳法定成本又可能获得治疗费用保障，于是式（3.10）、式（3.11）保持了其原有基本表达式。然而需要注意的是，此间如若一个家庭有家庭成员参与医保，则参保成本 C_{pij} 可以按照参保成员数目固定测算，而是否获得医疗支出保障（变相增加收入） R_{pij} 则取决于参保期内是否发生了医疗风险。很明显，医疗风险的发生率与家庭成员的年龄、健康状况等息息相关。

综合上述典型收入分配制度改革分析，家庭收入水平 Y_{it} 和以 $\ln Y_{it}$ 表征的家庭收入变化程度会受到不同制度设计的差异影响，其"成本—收益"核算也具有各自的典型特征。然而，同我国大多数收入分配制度一样，上述政策的执行均以个人为单位，所以调控政策在家庭层面的收益 R_{pit}、成本 C_{pit} 必然会受到家庭人口学特征的显著影响。同时，各级地方政府对同一分配制度的具体设计拥有一定程度的自主空间，收入分配制度改革在不同地区之间存在或多或少的操作差异。因此，笔者认为政策收益 R_{pit} 和政策成本 C_{pit} 是家庭人口构成（如家庭人口数）、家庭成员人力资本特征（如受教育程度、健康状况）和家庭外部制度、环境因素（如所在地区）的函数。

$$R_{pit} = f(d_{it}, h_{it}, r_{it}) \tag{3.12}$$

$$C_{pit} = g(d_{it}, h_{it}, r_{it}) \tag{3.13}$$

结合式（3.3）$Y_{it} = f(d_{it}, h_{it}, r_{it})$，可知，在我国收入分配制度改革背景下，家庭收入不平等状况与具体调控政策 P 的制度设计及家庭人口构成、家庭成员人力资本特征、家庭外部制度和环境因素等息息相关。然而，收入分配制度改革与上述相关特征之间到底存在何种程度的相关性，需要借助收入不平等影响因子分解法对其进行解构。

3.3.2　收入不平等影响因子分解法

学界通常采用分解的方法来识别收入不平等影响因素。传统的分解方法主要是利用基尼系数（Gini Coefficient）按收入来源构成（Fei, Ranis and Kuo, 1978; Kakwani, 1977; Lerman and Yitzhaki, 1985; Dagum, 1997）或者基于 GE（Generalized Entropy）指数按群组构成（Bourguignon, 1979; Cowell, 1980; Shorrocks, 1980, 1982, 1984, 1988; Cowell and Kuga, 1981; Foster and Shneyerov, 2000）对收入不平等程度进行分解。此外，经济学家们也不断尝试以回归方程为基础对不平等进行分解。因为通过收入函数，在考察某因素对总体不平等程度的影响时可同时控制其他因素的影响，使分解结果更为精准。瓦哈卡（Oaxaca, 1973）和布兰德（Blinder, 1973）首先提出了基于回归方程对两组人群收入均值差异进行分解的方法，即 Oaxaca-Blinder 分解法。此后，G. 菲尔德（G. Field, 2003）又提出了一个基于协方差的因子概率分布的不平等分解方法。以回归方程为基础的分解分析框架可以对所有不平等决定因素进行识别和量化，也可以包含任意数目的变量甚至代理变量，有着传统分解方法所不具备的优势。本节将对 Oaxaca-Blinder 分解法和 G. Field 分解法进行简要介绍。

1. Oaxaca-Blinder 分解法

Oaxaca-Blinder 分解法将组群间的工资均值差异分解为由个体特征差异造成的可解释部分和由特征回报差异带来的不可解释部分，并把不可解释部分归因于歧视。因此,工资差异均值分解法常用于测度歧视的大小程度。瓦哈卡(1973)在经典论文《城镇劳动力市场的性别工资差异》(Male-Female Wage Differentials in Urban Labor Markets)中首次以性别划分组群,基于半对数形式的工资估计方程回归结果从数量上估计了美国对女性工人歧视的平均程度以及各因素对男女工资差异的影响程度。

瓦哈卡工资均值差异分解的基本做法是,设有以明瑟工资决定方程为基础的工资决定函数:

$$\ln w_i = X_i \beta_i + \mu_i \tag{3.14}$$

其中,i = H、L,分别为依据工资水平高低划分的群组 H 和群组 L。w_H 和 w_L 分别为组群 H 和 L 的劳动力市场均衡工资。两个组群个体特征(禀赋)矩阵分别为 X_H 和 X_L,对应的回归系数向量(即工资结构)分别为 β_H 和 β_L。设两组群个体特征向量均值为 X_H 和 X_L,依据最小二乘法残差均值为零的性质,两组群工资均值之差可表示为:

$$\ln w_H - \ln w_L = X_H \beta_H - X_L \beta_L \tag{3.15}$$

瓦哈卡将无歧视时的均衡工资比设置为 $(W_H/W_H)^0$(可根据实际样本信息加以估计和逼近),并分别用组群 H 或 L 工资的实际观测值作为无歧视时的劳动力市场工资,对群组工资均值差异进行了两种情形的分解。

情形 1:以群组 H 的实际工资结构为无歧视时劳动力市场的工资结构,无歧视状态下组群 H 和 L 均衡工资比的对数为 $\ln(w_H/w_L)^0 = (X_H - X_L)\beta_H$。由此,式(3.15)可以分解为:

$$\ln w_H - \ln w_L = (X_H - X_L)\beta_H + X_L(\beta_H - \beta_L) \tag{3.16}$$

情形 2:以群组 L 的实际工资结构为无歧视时劳动力市场的工资结构,无歧视状态下组群 H 和 L 均衡工资比的对数为 $\ln(w_H/w_L)^0 = (X_H - X_L)\beta_L$。由此,式(3.15)可分解为:

$$\ln w_H - \ln w_L = (X_H - X_L)\beta_L + X_H(\beta_H - \beta_L) \tag{3.17}$$

无论是式(3.16)还是式(3.17),等式右边第一项均表示不存在任何歧视时因组群 H 和 L 个体特征(禀赋)差异引起的工资差异;第二项则是由两个组群间工资结构差别引致的工资差异,即可能存在歧视或不存在歧视两种状态下组群 H 和 L 之间工资差异的差额。瓦哈卡将后者,不能解释的工资差异部分,都归因于歧视(歧视效应,或因存在歧视而引起的工资差异)。

基于回归分析结果，瓦哈卡对收入不平等的影响因素进行了分解。几乎同时，布兰德（1973）也进行了类似的分解，所以学术界通常把上述工资差异的经典分解法合称为 Oaxaca-Blinder 分解。然而不难发现，选组群 H 还是组群 L 的实际工资结构（β_H 或 β_L）作为无歧视时的劳动力市场工资结构将获得不一致的分解结果，因而产生了指数基准问题。因无法合理地认定到底以哪个组群为基准，瓦哈卡提出将分别按照两个不同基准进行分解的估计结果作为度量歧视的一个可能的取值区间。除指数基准问题外，Oaxaca-Blinder 分解致力于解释群组（如男女两性）间的收入分配差异，但并没有就各个收入决定因素对总体收入不平等的贡献份额进行量化。而 G. Field 分解法可以克服 Oaxaca-Blinder 分解的缺陷，就系列收入影响因素对即期及不同时期总体收入不平等的贡献进行分解。

2. G. Field 分解法

G. 菲尔德（2003）首次在其论文《测度收入不平等及其变化：一个新方法，及在美国收入分配中的应用》 （Accounting for Income Inequality and Its Change：A New Method, with Application to the Distribution of Earnings in the United States）中提出了 G. Field 分解方法的基本思想。基于人力资本等理论，居民某一时期的总收入可以表示为一系列变量或影响因素的函数：

$$\ln Y = \alpha + \sum_j \beta_j x_j + \varepsilon \qquad (3.18)$$

其中，$\sum_j \beta_j x_j$ 表征 j 个因素 x_j 对收入 Y 的累积影响。其矩阵表达式为：

$$\ln Y = = \alpha' Z \qquad (3.19a)$$

且：

$$\alpha = [\alpha \ \beta_1 \quad \beta_2 \cdots \beta_j \ 1] \qquad (3.19b)$$

$$Z = [1 \ x_1 \quad x_2 \cdots x_j \quad \varepsilon] \qquad (3.19c)$$

等价于：

$$\ln Y = \sum_{j=1}^{J+2} a_j Z_j \qquad (3.20)$$

式（3.20）左边为对收入不平等的度量，采用了对数形式表征变化（log-variance）。右侧则对多项收入影响因子的变化进行累积加总。遵循随机变量协方差计算规则（Mood, Graybill and Boes, 1951）有：

$$\mathrm{cov}\Big[\sum_{j=1}^{J+2} a_j Z_j, \ln Y\Big] = \sum_{j=1}^{J+2} \mathrm{cov}[a_j Z_j, \ln Y] \qquad (3.21)$$

因式（3.2）左侧为 lnY 与其自身的协方差，事实上也就是 lnY 变化的方差，因而：

$$\sigma^2(\ln Y) = \sum_{j=1}^{J+2} \text{cov}[a_j Z_j, \ln Y] \tag{3.22}$$

将式（3.22）除以 lnY 的方差可以得到：

$$100\% = \frac{\sum_{j=1}^{J+2} \text{cov}[a_j Z_j, \ln Y]}{\sigma^2(\ln Y)} \equiv \sum_{j=1}^{J+2} S_j(\ln Y) \tag{3.23}$$

这里的 $S_j(\ln Y)$ 即为"相关因素不平等权数"（relative factor inequality weight），可以写作：

$$S_j(\ln Y) = \frac{\text{cov}[a_j Z_j, \ln Y]}{\sigma^2(\ln Y)} \tag{3.24}$$

用以描述收入影响因素 x_j 对总体收入不平等的影响程度，且有 $\sum_{j=1}^{J} S_j(\ln Y)$ $= 100\%$。

可见，G. Field 分解法是基于收入决定回归结果 $a_j Z_j$，用相关因素不平等权数 $S_j(\ln Y)$ 展示收入影响因素 x_j 对即期总体收入不平等的贡献率。

若进行跨期分析，则需基于不同时期总收入估计函数：

$$\ln Y_t = \alpha_t + \sum_j \beta_{jt} x_{jt} + \varepsilon_t \tag{3.25}$$

同

$$\ln Y_t = \sum_{j=1}^{J+2} a_{jt} Z_{jt} \tag{3.26}$$

进行回归分析，得出不同时期"相关因素不平等权数"：

$$S_{jt}(\ln Y_t) = \text{cov}[a_{jt} Z_{jt}, \ln Y_t] / \sigma^2(\ln Y_t) \tag{3.27}$$

并依据

$$\pi_j(t_1 - t_0) = \frac{S_{j,t1} G_{t1} - S_{j,t0} G_{t0}}{G_{t1} - G_{t0}} \tag{3.28}$$

就收入影响因素 x_j 对不同时期收入差距变动的贡献程度 $\pi_j(t_1 - t_0)$ 进行解释。式（3.28）中 G_{t1} 和 G_{t0} 分别表示在 t_1、t_0 时期的基尼系数 G。

3.4　本章小结

收入差距测度文献通常基于基尼系数、泰尔指数、阿特金森指数展开研究，而与综合测度指标对收入不平等的总体描述不同，皮凯蒂在《21世纪资本论》中提出的收入分布表，可以对收入不平等的内部结构进行剖析。通常，收入统计或收入差距测度有三个维度：一是按家庭总收入计算；二是按家庭人均收入但以家庭为单位计算；三是按家庭人均收入但以个人为单位加权平均计算（钟伟，2004）。如数据足够精确，还可基于个人总收入展开考察。

从明瑟工资决定方程延展出来的系列工资决定理论是学界考察收入决定的常规方法，虽然其考察对象仅为个人收入，但为探查家庭收入决定提供了一定理论基础。结合家庭经济学、家庭社会学和文化学相关文献成果并尊重中国事实，笔者认为家庭人口构成、家庭成员人力资本特征以及家庭外部制度、环境因素对家庭收入总水平产生了重要影响，因此笔者将家庭总收入设置为家庭人口构成、家庭成员人力资本特征和家庭外部制度、环境的函数 $Y_{it} = f(d_{it}, h_{it}, r_{it})$。在条件允许的情况下，家庭收入决定应充分控制家庭总人口数、家庭成员年龄构成、劳动年龄人口平均受教育年限、家庭劳动就业率、家庭劳动力性别比、家庭老年抚养比、家庭幼儿抚养比等家庭人口构成特征，以户主为代表的家庭成员受教育程度、工作经验、健康、生育选择、人力资本积累能力、理性预期及户籍类型等人力资本特征，以及家庭所在省、区、市、县、建制村、社区，所属城乡区域划分，当地劳动力平均工资水平，GDP及价格指数等家庭外部制度、环境特征变量。在基于家庭收入决定函数的回归分析基础上，还可以利用 Oaxaca-Blinder 分解法及 G. Field 分解法就上述各个变量对家庭收入不平等的贡献程度进行分解，以辨析引致家庭收入差距的关键因素，为制定有效缓和我国严峻收入差距形势的政策提供参考。

第4章
中国家庭收入不平等的度量 *

在我国家庭收入差距的测度上，李实曾使用 CHIPS 数据得出 1995 年我国以家庭总收入测度的基尼系数为 0.409[①]，王海港（2005[a]）利用 CHNS 数据测度出我国 1989 年、1991 年和 1993 年家庭基尼系数分别为 0.427、0.389 和 0.470，但这些测度显然缺乏时效性。近期，西南财经大学利用 CHFS 数据以家庭可支配收入测度的 2010 年中国家庭收入基尼系数为 0.61（《中国家庭收入不平等报告》，2012），但有学者质疑其样本上的偏差和收入指标计算问题引致了对我国收入差距状况的严重高估（岳希明、李实，2013）。谢宇和周翔则基于多种入户调查数据测度出我国 2010~2012 年家庭总收入基尼系数位于 0.53~0.55 区间（Xie and Zhou，2014），但并未对家庭收入的长期不平等进行追踪考察。本章拟利用中国微观入户调查数据中跨期较长的 CHNS 数据，辅以收入分配研究权威民间数据 CHIPS，基于基尼系数、泰尔指数和皮凯蒂百分位数结构分析法对我国家庭收入不平等的程度和结构进行综合考察。

4.1 研究设计与数据基础

4.1.1 框架设计

本章拟利用我国微观入户调查数据中跨期较长的 CHNS 数据对我国家庭收入差距展开动态测度，为验证测度的准确性并便于与已有研究成果展开对比分析，笔者将同步测度我国居民收入差距。同时，本章还将基于皮凯蒂百分位数

---

* 本章经验分析中的部分精要结果曾汇集成文，以《中国家庭收入不平等的动态演进——基于 Piketty 百分位数结构分析》为题在《人口与发展》2018 年第 2 期上发表。

① 钟伟．中国的收入不公到底有多严重［DB/OL］．新浪财经网．https：//finance. sina. com. cn/financecomment/20040824/1616972260. shtml.

结构分析考察我国家庭收入不平等的内在结构。本章着重探讨的基本问题有三方面。（1）我国家庭收入差距究竟有多大？（2）其与居民收入差距的表现是否一致？（3）我国家庭收入不平等在结构上具有何种特征？具体而言，本章将从总收入到分项收入，从全样本到区分城镇、农村及东、中、西部地区样本，从基尼系数到泰尔指数，对我国收入差距进行全面、系统、细致的测度，中国收入分配研究权威民间数据 CHIPS 也将被用于稳健性检验（见图 4 - 1）。基于皮凯蒂百分位数结构分析，本章还将从收入分位差异、城乡差异、地区差异、户主年龄差异等视角考察我国家庭收入不平等的内在结构。本研究突破已有收入分配研究多个人为研究对象的局限，利用我国入户调查数据系统考察总收入及分项收入在家庭间分配的效果，拓展了收入分配研究的新视野。以家

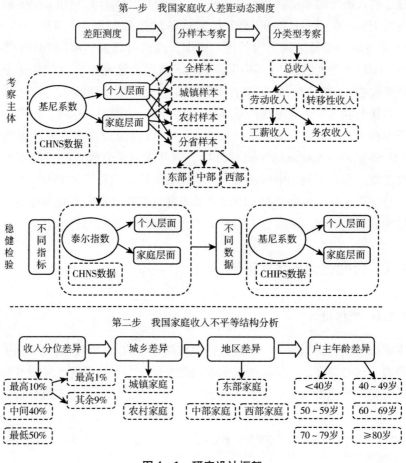

图 4 - 1 研究设计框架

庭总收入和以个人为单位加权平均计算的家庭人均收入分别表征家庭收入（household income）和个人收入（individual income）①，对家庭与个人层面收入差距异同走势展开考察亦是对收入分配研究文献的补充。而对家庭收入不平等内部结构进行剖析将有利于深刻认识我国收入不平等现状，为科学制定、评估系列收入调控政策提供事实依据和政策参考。

4.1.2 数据介绍及前期处理

在难以获取国家统计局人口普查数据前提下，本章选择使用由北卡罗来纳大学卡罗来纳州人口中心和中国疾控中心营养与食品安全所合作采集的中国家庭营养健康调查（china health and nutrition survey，CHNS）数据进行研究，具体考虑有三。（1）CHNS 数据收入信息相当完备。该数据采集的收入信息可满足国家统计局收入定义统计要求，从个人收入到家庭收入、总收入到分项收入均有详细记录且缺损值少，有利于开展基于家庭与个人两层面极为细致的收入差距研究。（2）CHNS 数据跨期长、截面多。该数据始于 1988 年，长达十期（1988 年、1991 年、1993 年、1997 年、2000 年、2004 年、2006 年、2009 年、2011 年、2015 年）的数据有利于对收入差距的动态测度，较其他微观数据具有更强的趋势解释力。（3）CHNS 数据抽样科学，具有代表性。虽然 CHNS 主要采样省份仅为 9 个（辽宁、黑龙江、江苏、山东、河南、湖北、湖南、广西、贵州），但涉及面覆盖我国中、东、西部各地区，各省份样本均涵盖农村和城镇地区，通过分层多阶段随机整群抽样方式 CHNS 数据库获得年均逾 4000 户、15000 千人的大样本（见表 4 - 1），具有良好的代表性。已有学者利用 CHNS 数据对中国收入差距进行了测度（李权葆，薛欣，2013；王海港，2005ᵃ），但均未对基于家庭总收入的家庭收入差距进行考察，本章中笔者将就此展开研究。

表 4 - 1　　　　　CHNS 数据家庭收入数据库样本量统计

样本	1989 年	1991 年	1993 年	1997 年	2000 年	2004 年	2006 年	2009 年	2011 年	2015 年
家庭（43277）	3791	3607	3428	3838	4315	4339	4374	4441	5775	5369
城镇家庭（14566）	1254	1170	1042	1258	1386	1381	1400	1434	1972	2269
农村家庭（28711）	2537	2437	2386	2580	2929	2958	2974	3007	3803	3100
个人（154231）	15912	14733	13844	14343	15514	14340	14769	14710	18687	17379

---

① 如无特别说明则后续各章对家庭收入和个人收入的界定均遵循此设定。

样本	1989 年	1991 年	1993 年	1997 年	2000 年	2004 年	2006 年	2009 年	2011 年	2015 年
城镇居民（45897）	4947	4414	3856	4168	4434	3937	4025	4128	5599	6389
农村居民（108334）	10965	10319	9988	10175	11080	10403	10744	10582	13088	10990

注：1989 年、1991 年、1993 年三年样本省份为辽宁、江苏、山东、河南、湖北、湖南、广西、贵州 8 个省份。1997 年没有对辽宁进行调查，换成了黑龙江，样本省份依然为 8 个。2000 年、2004 年、2006 年、2009 年四年样本省份为辽宁、江苏、黑龙江、山东、河南、湖北、湖南、广西、贵州 9 个省份。2011 年和 2015 年年增加了北京、上海、重庆，样本省份为 12 个。

在收入差距测度上，本章将主要采用官方与学界广泛使用的基尼系数来度量家庭收入不平等，辅以皮凯蒂收入不平等分布表以展示家庭收入不平等的结构。家庭收入水平将直接利用 CHNS 家庭收入（hhinc）数据中基于工薪收入、经营性收入、财产性收入和转移性收入四部分组成的不包含实物折现的家庭总收入数据。从个人、家庭两层面测度收入差距时，本研究严格保持了家庭与个人样本的一致匹配，即样本家庭中的每个被调查者都在个人样本中，个人样本中每个被调查者所属的家庭都在家庭样本中。考察收入差距时，收入值为零或为负的观测值亦是有意义的，不应被排除在样本之外。为消除零值和负值对基尼系数数值大小的负面影响，笔者将收入变量小于零的值替换为"1"，等于零的值替换为"2"，用以表示收入极低样本的收入。本章基尼系数测度将分年度进行，虽然居民消费价格指数对年度基尼系数测度并无影响，但考虑到其对样本省份间收入差距的作用，笔者还是对居民消费价格指数进行了处理，所有收入被调整至 1989 年基期水平。

近年来，流动于城市与农村间日趋庞大的农民工群体对传统城乡"二分法"下的收入差距测度形成了挑战。李实、罗楚亮首次尝试将长期、稳定的城镇外来人口作为一种单一住户类型纳入城镇人口，发现在基尼系数估计时加入农村外来人口样本对城镇内部收入差距、城乡之间收入差距和全国收入差距的估计结果影响不大（李实、罗楚亮，2011）。本章利用 CHNS 数据提供的住户住址信息，按居住所在地是城镇还是农村进行城乡样本划分。从表 4 - 1 数据可以看出，自 1989 年首期调查以来 CHNS 数据在采样上整体向农村倾斜，样本家庭中农村家庭约占家庭总数的 2/3 且随着时间推移略有攀升，而样本个人中居住在农村的人数超过城镇的两倍，这与我国相应年份"农村—城镇地区居住人口比"有较大差异。城乡收入差距是构成总体收入差距的重要组成部分，因此，在具体测度收入差距前有必要参照相应年份城镇、农村居民实际居住比例对样本进行调整，以尽可能避免因样本结构差异引致的统计偏误。依据相关年份统计年鉴城乡居住人口比信息（见表 4-2），笔者对 CHNS 数据进行了二次随机抽样。因 CHNS 未提供样本权重信息，9 个样本省份"农村—城镇地区居住人口比"均保持一致，调整后的样本量如表 4-3 所示。

表 4-2　　　　　　　　　中国"农村—城镇地区居住人口比"

指标	1989 年	1991 年	1993 年	1997 年	2000 年	2004 年	2006 年	2009 年	2011 年	2015 年
城镇居住人口占全国总人口的比例（%）	26.23	26.23	26.23	29.90	36.09	41.80	43.90	46.60	51.30	56.10
农村居住人口与城镇居住人口比（折算）	2.81	2.81	2.81	2.34	1.77	1.39	1.28	1.15	0.95	0.78

注：第一行数据来源于相应年份《中华人民共和国国民经济和社会发展统计公报》，1989 年、1991 年和 1993 年公报中没有报告城乡人口比例，因而参照 1990 年第四次全国人口普查居住在城镇的人口比例进行数据调整。

表 4-3　　　　　　　　　　CHNS 数据库调整样本统计

	样本	1989 年	1991 年	1993 年	1997 年	2000 年	2004 年	2006 年	2009 年	2011 年	2015 年
总计	家庭（30610）	3539	3413	3340	3734	3466	2949	2827	2774	2472	2096
	城镇家庭（12520）	1002	976	954	1258	1386	1381	1427	1434	1403	1299
	农村家庭（18090）	2537	2437	2386	2476	2080	1568	1400	1340	1069	797
	个人（110279）	14870	13969	13531	13942	12295	9464	9207	8806	7626	6569
	城镇居民（39414）	3905	3650	3543	4168	4434	3937	4025	4128	3926	3698
	农村居民（70865）	10965	10319	9988	9774	7861	5527	5182	4678	3700	2871
	农村居住人口与城镇居住人口比	2.81	2.81	2.82	2.34	1.77	1.40	1.29	1.13	0.94	0.78
分省	辽宁　家庭	447	411	385	—	368	316	304	294	262	226
	辽宁　个人	1609	1466	1379	—	1233	962	891	805	694	558
	黑龙江　家庭	—	—	—	436	378	328	312	309	277	225
	黑龙江　个人	—	—	—	1505	1212	901	840	782	670	531
	江苏　家庭	412	405	411	468	397	334	314	309	279	238
	江苏　个人	1554	1518	1507	1663	1351	1062	994	1020	839	701
	山东　家庭	446	427	399	451	382	305	313	297	271	226
	山东　个人	1711	1619	1533	1540	1203	876	917	837	751	616

样本			1989 年	1991 年	1993 年	1997 年	2000 年	2004 年	2006 年	2009 年	2011 年	2015 年
分省	河南	家庭	445	428	417	474	375	336	307	306	275	227
		个人	2020	1873	1800	1812	1433	1167	1098	1061	996	785
	湖北	家庭	446	439	421	466	384	332	300	305	277	233
		个人	1898	1822	1770	1815	1409	1090	1019	969	820	809
	湖南	家庭	447	416	426	445	382	321	332	316	288	235
		个人	1797	1647	1652	1591	1304	984	1084	1073	920	829
	广西	家庭	448	438	439	485	401	331	312	321	266	240
		个人	2207	2019	1947	2003	1611	1244	1182	1245	1035	921
	贵州	家庭	448	449	442	482	399	346	333	317	277	246
		个人	2076	2022	1943	2013	1539	1178	1182	1014	901	819

注：为保持样本量的一致性，在计算 2011 年和 2015 年基尼系数时排除了北京、上海、重庆 3 个新增省份，仍保持原有 9 个省份的样本。

4.2 中国家庭收入差距动态测度

4.2.1 家庭总收入基尼系数测度

本节将基于国家统计局收入定义，采用 CHNS 近 30 年共十期混合截面数据对居民个人收入差距和家庭收入差距同时进行动态测度。表 4 - 4 是利用 CHNS 数据测算的总收入基尼系数，家庭和个人层面、城镇与农村地区、不同省份相应估计分别列于表中，其动态趋势展示于图 4 - 2 和图4 - 3 中。

表 4 - 4　　　　　　　　　1989 ~ 2015 年我国家庭总收入基尼系数

样本		1989 年	1991 年	1993 年	1997 年	2000 年	2004 年	2006 年	2009 年	2011 年	2015 年
总计	家庭	0.4226	0.3968	0.4493	0.4360	0.4766	0.4966	0.5084	0.4934	0.4702	0.4583
	城镇家庭	0.3382	0.3248	0.4105	0.4053	0.4387	0.4743	0.4756	0.4702	0.4379	0.4098
	农村家庭	0.4375	0.4072	0.4422	0.4317	0.4681	0.4710	0.5114	0.4904	0.4964	0.5111
	个人	0.4208	0.3987	0.4489	0.4295	0.4784	0.5120	0.5377	0.5086	0.4917	0.4729
	城镇居民	0.2980	0.2964	0.3860	0.3711	0.4185	0.4653	0.4845	0.4724	0.4478	0.4211
	农村居民	0.4371	0.4055	0.4381	0.4171	0.4555	0.4718	0.5228	0.4868	0.5004	0.5016

续表

样本		1989 年	1991 年	1993 年	1997 年	2000 年	2004 年	2006 年	2009 年	2011 年	2015 年
分省	辽宁 家庭	0.4071	0.3168	0.3833	—	0.3983	0.4622	0.4326	0.4224	0.4357	0.3244
	辽宁 个人	0.4192	0.3185	0.3918	—	0.4319	0.4999	0.4803	0.4482	0.4333	0.3319
	黑龙江 家庭	—	—	—	0.4176	0.4761	0.4577	0.4875	0.4363	0.4288	0.4263
	黑龙江 个人	—	—	—	0.4077	0.4786	0.4638	0.4977	0.4451	0.4363	0.4315
	江苏 家庭	0.3647	0.3979	0.4332	0.4178	0.4227	0.4337	0.4802	0.4399	0.3886	0.4091
	江苏 个人	0.3278	0.3855	0.4077	0.3936	0.3918	0.3995	0.4755	0.4326	0.3708	0.3950
	山东 家庭	0.3887	0.3606	0.4151	0.4461	0.5072	0.444	0.5740	0.5256	0.4582	0.4691
	山东 个人	0.3818	0.3485	0.4287	0.4337	0.4790	0.4239	0.5752	0.5218	0.4318	0.4577
	河南 家庭	0.4316	0.3925	0.4354	0.4353	0.5316	0.5295	0.5510	0.5118	0.5451	0.5344
	河南 个人	0.4168	0.3933	0.4397	0.4292	0.5455	0.5528	0.5916	0.5314	0.5811	0.5292
	湖北 家庭	0.3926	0.3564	0.4393	0.3872	0.4585	0.4506	0.4599	0.4909	0.4663	0.4422
	湖北 个人	0.4099	0.3521	0.4394	0.3860	0.4758	0.4618	0.5058	0.4915	0.4632	0.4355
	湖南 家庭	0.4161	0.4102	0.4494	0.4468	0.4989	0.4676	0.4944	0.5121	0.4621	0.4787
	湖南 个人	0.4248	0.4178	0.4428	0.4227	0.5031	0.4733	0.4998	0.5208	0.4689	0.4922
	广西 家庭	0.4373	0.4657	0.4500	0.4280	0.4468	0.4734	0.4769	0.4627	0.4583	0.4373
	广西 个人	0.4083	0.4150	0.4190	0.4111	0.4118	0.4589	0.4883	0.4647	0.4440	0.4489
	贵州 家庭	0.4564	0.4157	0.4530	0.4288	0.4493	0.4966	0.5027	0.5293	0.4986	0.4600
	贵州 个人	0.4580	0.4219	0.4470	0.4222	0.4425	0.5256	0.5419	0.5376	0.5394	0.5042

注：资料来源为 CHNS 数据。"总收入"变量值小于零的值被替换为"1"，等于零的值被替换为"2"。

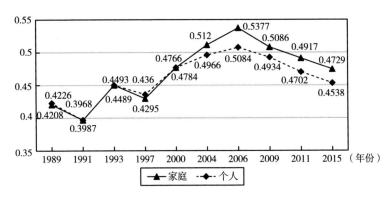

图 4-2 总收入基尼系数走势：家庭与个人

首先，对基尼系数估计进行讨论，如表 4-4 所示。个人层面基尼系数在 1989~2015 年位于 0.3987~0.5377 区间，自 1989 年以来总体上呈稳步上升态

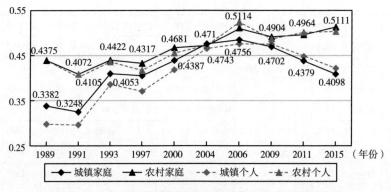

图 4 – 3　总收入基尼系数走势：城镇与农村、家庭与个人

势，2006 年出现峰值后开始缓慢回落。2006 年 0.5377 的峰值数值高于李实等
人 2007 年 0.485（李实、罗楚亮，2011）、胡志军等人 2008 年 0.4767（胡志
军、刘宗明、龚志民，2011）和国家统计局 2008 年 0.491 的估计值（国家统
计局，2017）。与同是基于 CHNS 数据，由李权葆等人测度的 2006 年 0.5146
估计值（李权葆、薛欣，2013）相比，笔者的测度高出 0.0231。二者数值上
的微小差异源于样本选取上的不同，李权葆等人的测度仅涉及 18 岁以上人口
而本章则是对含儿童在内的全体居民进行测度。在法律的严格限制下，我国未
成年人不可能获取合法劳动收入，此处测度的基尼系数值相较李权葆等人的测
度有所偏高实在情理之中。进一步来看，基尼系数整体上先升后降的变化趋势
与国家统计局官方公布数据一致。国家统计局住户调查数据显示，2008 年全
国居民人均可支配收入基尼系数为 0.491，是 2003 年以来官方公布的基尼系数
最高值。其后，基尼系数总体呈持续下降走势。然而，官方公布的 2016 年
0.465 的基尼系数较 2015 年的 0.462 出现小幅回升[①]（国家统计局，2017），
2017 年为 0.467 持续了微幅上扬走势（李实、朱梦冰，2018）。本章基于
CHNS 数据测度的基尼系数因数据观测年份的不连续，峰值出现在 2006 年，
与官方 2008 年出现峰值略有不同。但基尼系数从 2006 年的 0.5377 下降至
2015 年的 0.4583，趋势上与国家统计局官方数据走势一致。同时，与罗楚亮、
曹思未（2018）基于 CHIPS 数据测度的，居民收入差距在 2002～2007 年持续
扩大、2007～2013 年有所缩小的研究结果在趋势上也基本一致。以上分析可
以证实，截至本研究考察期末的 2015 年，我国收入差距扩大态势确实得到了

---

① 国家统计局. 2003 – 2016 年全国居民人均可支配收入基尼系数［DB/OL］. 国家统计局官网.
http：//www. stats. gov. cn/ztjc/zdtjgz/yblh/zysj/201710/t20171010_1540710. html.

遏制，本章基于 CHNS 数据对个人收入差距基尼系数的测度是相对合理和可以置信的。其次，进一步关注家庭收入差距的测度。基于 CHNS 数据，本章获得 1989～2015 年我国家庭基尼系数位于 0.3968～0.5084 区间，其先升后降的基本趋势与个人收入差距的动态变化趋势相同，且拐点也在 2006 年。然而，现有文献报告家庭收入差距测度值的为数寥寥。与西南财经大学利用中国家庭金融调查（CHFS）数据测度的 2010 年中国家庭收入基尼系数 0.61（《中国家庭收入不平等报告》，2012）相比，本章 2006 年基尼系数峰值 0.5084 低了 0.1 个点，这是一个较大的差异。然而，调查年份上 4 年的跨期以及收入统计上家庭总收入与家庭可支配收入的差异使二者实际可比性非常小。而与王海港基于 CHNS 数据测度的三期家庭收入差距相比（王海港，2005[a]），笔者的基尼系数值大体相当，其微小数值差异源于王海港依据家庭类型（如将自家消费的农副产品纳入农村家庭收入）对样本收入进行的调整，而本研究中收入均不含实物折现，同时相应年份"农村—城镇居住人口比"存在差异。鉴于上述分析，有理由相信本章对家庭收入差距的测度也是科学、合理的。

图 4 - 2 更直观地展示了我国 1989～2015 年家庭基尼系数与个人基尼系数的动态走势。无论个人层面还是家庭层面，我国收入差距在过去相当长一段时期内呈现着稳步扩大态势，且处于高位运行。相关研究表明中国收入差距处于高位徘徊的一个重要原因是收入再分配调节的政策力度不够（李实等，2017）。值得高兴的是，近年来基尼系数显现出平稳的下行趋势，2006 年成为我国收入差距由升转降的转折点。回溯改革历史，这一时段正是我国推行医疗保险、养老保险及个人所得税制度改革的发力时期。1998 年，迫于国有企业改制压力，我国城镇职工基本医疗保险建立，其后，国务院于 2003 年开始新型农村合作医疗保险试点，2007 年建立城镇居民基本医疗保险。养老保险改革历程与医疗保险十分类似，在 1997 年企业职工基本养老保险制度建立基础上，国务院分别于 2009 年、2011 年启动新型农村社会养老保险、城镇居民社会养老保险试点。21 世纪初，惠及全民的医疗、养老保障制度得以全面建立。与此同时，我国还在 2006 年、2008 年、2011 年、2018 年共计 4 次调高了个人所得税起征点，从最初的 800 元上调至 5000 元；且 2018 年个人所得税改革还进一步调整了税率级差，首次设立了子女教育、基础教育、大病医疗、住房贷款利息和租金、赡养老人 6 项个人所得税专项附加扣除政策。显而易见，21 世纪初系列医疗、养老保险制度改革在覆盖面与影响力上远胜 20 世纪末的系列改革，系列再分配调节政策的集中推广开始于 2006 年左右，全民保障体系与税负减压政策综合作用发挥了良好的再分配调节效果，我国成

功实现对收入差距扩大趋势的逆转并使之稳步回落，收入差距扩大态势得到了遏制。

相对于家庭收入差距的绝对大小，笔者对居民收入差距与家庭收入差距间究竟存在怎样的差异更为好奇，这将有助于进行科学的政策评估以进一步改善中国收入差距状况。有意思的是，图4-2中家庭基尼系数与个人基尼系数间存在有趣的动态变化：2000年以前我国家庭基尼系数与个人基尼系数并行，2000年之后家庭基尼系数全线都低于个人基尼系数。与个人收入差距分析相类似，影响我国家庭收入差距的主要因素可能来自内、外两个方面。（1）家庭劳动力配置状况。在控制家庭人口构成后，劳动力是否就业（有货币收入）、在多大程度上提供家庭照料（无货币收入）将引起家庭间收入水平的差异。（2）政府转移支付政策。医疗保险制度、养老保险制度等存在增收效应，以上制度在不同人群中的可获得性、补偿额度等存在较大差异，必将影响家庭间收入差距。首先，考察家庭人口结构和家庭劳动力配置状况。依据全国人口普查公报，1990年、2000年、2010年我国家庭户数量分别为27695万、34837万和40152万，然而平均每个家庭户人口数却由1990年的3.96人下降到2000年的3.44人和2010年的3.10人，家庭数量增加和家庭规模缩小并存。显然，在此过程中家庭人口构成呈现着直线变化，并没有在2000年形成突变影响。因缺乏家庭就业情况统计，笔者遗憾不能对此项变化进行直接分析，但集中于1998~2000年的国有企业下岗潮一定程度上影响了家庭就业结构。2000年之后国家通过下岗再就业培训、税收减免等优惠政策、建立创业基地等逐步缓解了家庭就业困境，进而影响了收入差距走势。其次，从政府主导的制度改革层面上看，这一时点与我国1997年养老保险制度改革、1998年城镇职工医疗保险制度改革等系列收入分配制度改革进入实施阶段、效果开始显现恰好契合。这表明我国世纪之交开始的收入分配制度改革在家庭层面的调节作用可能大于个人层面。

当然，贫富与家庭规模间的关系确实是一个复杂的问题。传统农业社会中富人多大家庭而穷人多小家庭，因此贫富分化的基尼系数是按人计的小于按户计的。而当代家庭趋于小型化，也的确存在发达地区或富裕地区小家庭更多、不发达地区家庭平均规模较大的现象。因此当代若按户计的基尼系数小于按人计的也不足为奇（秦晖，2000）。因而，家庭劳动力配置状况和政府相关政策对收入差距的实际影响还有待更为严谨的实证检验。

图4-3展示了区分城镇样本和农村样本测度的基尼系数（数据详见表4-4）。可以看出，无论个人层面还是家庭层面，农村内部收入差距比城镇

内部收入差距更为严峻。这与胡赛因等人（1994）、李权葆和薛欣（2013）、李实（2018）、陈宇辉和倪志良（2018）等的发现一致。图 4-3 中城乡之间的显著差异在于，城镇内部收入差距扩大得相对较快而后期收敛趋势更为稳健，但农村内部收入差距则始终徘徊在高位，即使在城镇收入差距出现拐点时依然没有明显的下降趋势，甚至仍缓慢抬升。这一现象很可能源于我国众多改革措施首先面向城镇、侧重于城镇，在农村地区进展相对缓慢，也从侧面证实了我国城镇和农村地区收入差距的逐步缩小对平滑我国居民收入差距起到了重要作用（罗楚亮，2017；杨宜勇、池振合，2017）。深入探查家庭与个人层面差异可以看出，2004 年成为家庭基尼系数和个人基尼系数的交汇点。2004 年之前城镇地区和农村地区总体上呈现家庭基尼系数高于个人基尼系数的态势，2004 年之后则出现反向趋势，这与前述全样本分析基本一致。样本统计描述显示，考察期间城镇家庭平均人口为 3.9 人/户，农村家庭平均人口则达到4.32 人/户，这种家庭人口构成对城乡贫富差距无疑产生了重要影响。

图 4-4、图 4-5、图 4-6 分别展示了我国东部、中部、西部各省份家庭与个人基尼系数的变化趋势（数据详见表 4-4）。随着时间的演进，东部经济较发达地区收入差距率先拉大，其次为中部，再次为西部。可见，收入差距扩大的发生与地区经济发展水平呈正相关。但考察期间，各省份家庭与个人收入差距并未呈现高低一致的变化趋势。值得特别关注的是，东部、中部、西部各省份收入差距拐点均出现在 2006 年。这说明该时期内收入分配制度改革的推进在全国范围内同时起到了良好的调节作用，收入差距在各地区、各省份之间得到全方位收敛。这一结论也得到了基于 CHIPS 数据分析的佐证（吴彬彬、李实，2018；罗楚亮、曹思未，2018）。

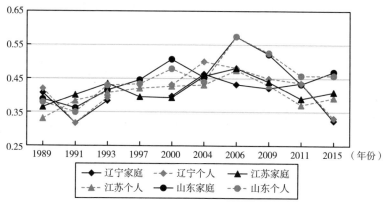

图 4-4　总收入基尼系数走势：东部

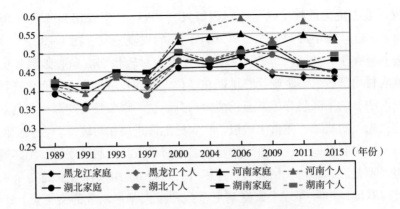

图 4 - 5　总收入基尼系数走势：中部

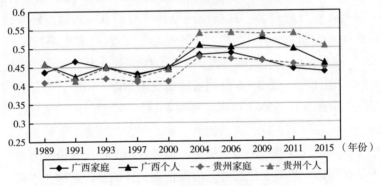

图 4 - 6　总收入基尼系数走势：西部

4.2.2　家庭分项收入基尼系数测度

为进一步展示家庭劳动力配置状况和政府转移支付政策对我国收入差距的动态影响，本节利用 CHNS 数据重点考察劳动收入基尼系数和转移性收入基尼系数的变化趋势。与前述总收入分析不同，收入为零值或为负值的样本被排除在分项收入基尼系数测度之外①。也就是说，分项收入基尼系数的测度仅囊括收入为正的样本，因此本部分亦不再对城乡人口比例进行严格控制。

图 4 - 7 至图 4 - 10 分别展示了 1989 ~ 2015 年劳动收入基尼系数和转移性收入基尼系数的动态变化。总体上看，劳动收入差距（见图 4 - 7）走势与总体收入差距（见图 4 - 2）动态变化非常相似，随时间推移不断扩大，2006 年达到峰值后开始逐步下落。而转移性收入差距（见图 4 - 9）则在逐步扩大后

---

① 考察样本中劳动收入和转移性收入为零的比例较高。若将无收入样本均包含在内测度基尼系数，则其值相对比较大（洪兴建、李金昌，2005），会对准确描述实际收入差距产生一定影响。

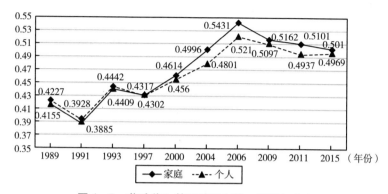

图 4 – 7　劳动收入基尼系数走势：家庭与个人

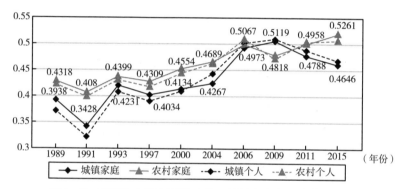

图 4 – 8　劳动收入基尼系数走势：城镇与农村、家庭与个人

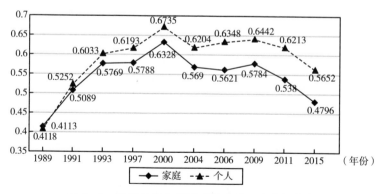

图 4 – 9　转移性收入基尼系数走势：家庭与个人

于 2000 ~ 2004 年区间有明显缩小，其后微幅波动保持着相对稳定，2009 ~ 2015 年出现较大的回落趋势。综合而言，2000 年之前总体收入差距波动扩大的态势是劳动收入和转移性收入差距拉大共同作用的结果，推动力上转移性收入作用相对更大。而 2000 ~ 2006 年总体收入差距的持续扩大则主要源于劳动

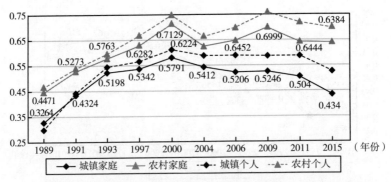

图4-10 转移性收入基尼系数走势：城镇与农村、家庭与个人

收入差距拉大的影响。在此期间，系列再分配调节政策使转移性收入承担着平滑总体收入差距的作用。2006年之后，劳动收入差距受个人所得税起征点上调影响开始逐步下降，劳动收入差距与转移性收入差距的双双下落最终引致总体收入差距缩小并保持了平稳下降的趋势。从家庭与个人两层面进行比较，劳动收入差距（见图4-7）同总体收入差距（见图4-2）一样亦出现了家庭收入差距与个人收入差距上下交替的情况，1997年之前家庭基尼系数高于个人基尼系数，之后则转变为家庭基尼系数低于个人基尼系数。而在转移性收入上，家庭基尼系数则是全线低于个人基尼系数。这说明，20多年间劳动收入差距发生的复杂变化是促成总体收入差距家庭与个人层面差异形成的主要原因。与此相对，转移性收入家庭基尼系数全线低于个人基尼系数，且二者间的差距是逐年拉大的。这与我国近年来众多加大对困难群体（低保、五保户）及老弱人群（养老保险、医疗保险的受益人群）进行收入转移的调控政策有关，转移性收入体现出在家庭层面持续、稳定的强调节效果。另外，城镇和农村对比（见图4-8和图4-10）发现，无论是劳动收入还是转移性收入，农村内部收入差距整体上均高于城镇内部，且在劳动收入中城镇内部收入差距在2009~2015年呈下降趋势，而农村内部收入差距在该时间段变动方向相反。分项来看，劳动收入差距走高主要源于城镇内部收入差距扩大的推动，而转移性收入波动上行则主要来自农村内部收入差距变动的影响。这符合我国城镇内部收入分化相对严峻、农村收入转移政策仍较为薄弱的现实。

为进一步探查劳动收入是如何变化的，笔者还分别考察了工薪收入差距和务农收入差距。CHNS数据将工薪收入定义为"全家非退休金的年度工资收入"，据此测度的1989~2015年城镇工薪收入基尼系数如图4-11所示。可以看到，工薪收入差距总体上依然呈现先升后降的趋势。这与总体收入差距

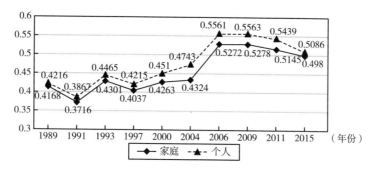

图 4-11 工薪收入基尼系数走势：家庭与个人（全样本）

注：在本研究样本中，拥有工薪收入的城镇和农村居民样本比例相当，并没有出现聚集在城镇的情况，因此本研究对全样本工薪收入差距进行了分析。

（见图 4-2）、劳动收入差距（见图 4-7）走势基本一致。但与二者存在的明显差异是，家庭工薪基尼系数全线走低于个人工薪基尼系数，这表明工薪收入在家庭间的分配较个人更为公平。再来关注务农收入差距，因务农生产方式主要存在于农村地区，此处仅考察农村务农收入差距。CHNS 数据中的务农收入是以全家含农、林、牧、渔生产在内的年度务农总收入。图 4-12 展示了农村居民务农收入基尼系数的动态变化。总体上，务农收入差距呈现波动上升走势，特别是 2009 年收入差距稍有回落后务农收入基尼系数在后续两期有明显提升。较为突出的是，务农收入差距在家庭和个人层面上出现了以 1997 年为界的变化，1997 年之前家庭收入基尼系数高于个人基尼系数，其后家庭收入基尼系数一直位于个人基尼系数以下。这与总体收入差距（见图 4-2）、劳动收入差距（见图 4-7）的变化一致。由此可知，总体收入差距在家庭和个人层面的交替变化主要来自劳动收入差距的推动，究其根本则主要源自农村居民

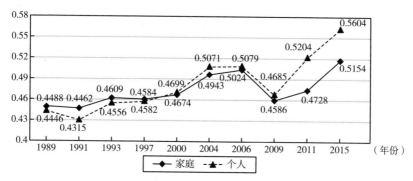

图 4-12 务农收入基尼系数走势：家庭与个人（农村样本）

注：务农收入主要集中在农村地区，因此本研究仅对农村样本务农收入差距进行分析。

务农收入的动态变化。与历史进程联系起来，务农收入差距的表现可能与20世纪80年代开始的农民工打工潮有关。1984年以前受户籍制度的严格约束，农民流动到乡镇从事非农工作几乎不可能；1984年10月中央启动城市改革，严格基于户籍制度的城市务工法则开始松动；1988年乡镇企业发展大潮中农民被允许进入乡镇企业工作，其后农民开始大批参与到城镇生产活动中。2001年，我国政府首次提出"城市化加速"，有序引导农村人口流动，而今如火如荼的城镇化进程本质上也仍是要解决农民工问题。然而，青壮农业劳动力向城镇的迁移使我国农业劳动力出现女性化（畅红琴、董晓媛，2009）、老龄化趋势（李旻、赵连阁，2010），农村家庭普遍出现了"城乡分割"。这可能是造成务农收入基尼系数在家庭和个人层面出现统计上的交替变化的重要诱因。可见，家庭劳动人口特征会对家庭收入差距产生重要影响。

综合上述分析，对分项收入基尼系数动态变化的探讨揭示，家庭人口构成和政府转移支付政策是影响家庭收入差距的重要影响因素。要改善严峻的收入差距现状，必须立足中国现实，充分考虑家庭人口特征，重视收入转移支付政策的积极作用，出台具有针对性的收入调控政策。

4.2.3 稳健性检验

1. 相同数据基础的泰尔指数测度

基于前述已完成必要调整的CHNS数据样本，笔者依据泰尔指数测算公式估算了家庭与个人两层面基于总收入的T1、T2指数（见表4-5）。在进行详细分析前，有必要对基尼系数和泰尔指数的特点及差异进行强调补充。基尼系数、泰尔指数均基于收入集中度测度法对收入差距进行测度，二者测度值仅有相对意义而没有绝对意义。基尼系数基于洛伦兹曲线测度收入不平等，其对中等收入变化较为敏感，取值仅限于0~1。泰尔指数则是从信息量与熵的概念考察不公平性和差异性，总体上对低收入变化更为敏感，取值上也不限于0~1，可以趋近无穷大。这些差异引致基尼系数与泰尔指数在绝对数值上不具有可比性，本节将重点就泰尔指数估计与基尼系数估计进行趋势对比分析。图4-13和图4-14详细具体地展示了泰尔指数的动态变化趋势。整体上来看，无论T1指数还是T2指数均呈现先升后降的基本趋势，峰值亦出现在2006年，这证实前述对基尼系数基本走势的测度是科学、合理的。然而，家庭与个人层面对比发现，家庭泰尔指数全线高于个人泰尔指数，且数值上差异较大。这表明，利用对低收入更为敏感的泰尔指数进行考察时，家庭收入不平等程度总体上超过了个人收入不平等。然而，因泰尔指数与基尼系数不存在绝对数值上的可比性，家庭泰尔指数与个人泰尔指数的测度并不能对家庭与个人基尼系数存在上下交替趋势进行真伪验证。这有待在下一部分"不同数据基础的基尼系数测度"中进行验证。

表 4 - 5　　　　　　　　　基于 CHNS 数据的泰尔指数（总收入）

	样本	1989 年	1991 年	1993 年	1997 年	2000 年	2004 年	2006 年	2009 年	2011 年	2015 年
T1 指数	家庭	0.3	0.2538	0.3275	0.3163	0.3896	0.4100	0.4636	0.4405	0.3993	0.3647
	城镇家庭	0.2092	0.1767	0.2909	0.2878	0.3475	0.3929	0.4324	0.4267	0.3562	0.3023
	农村家庭	0.3273	0.2796	0.3287	0.3229	0.3971	0.3823	0.4705	0.4236	0.4553	0.4675
	个人	0.0862	0.0814	0.0986	0.0972	0.1332	0.1786	0.231	0.1976	0.2002	0.1765
	城镇居民	0.0569	0.0547	0.083	0.0819	0.1153	0.1562	0.2121	0.1854	0.1827	0.1519
	农村居民	0.0892	0.0837	0.0933	0.09	0.1171	0.146	0.1958	0.1635	0.1885	0.1560
T2 指数	家庭	0.4254	0.3377	0.4422	0.4542	0.5199	0.604	0.6295	0.6264	0.5924	0.5765
	城镇家庭	0.2291	0.2343	0.3346	0.3789	0.4448	0.6116	0.6039	0.6129	0.5612	0.5519
	农村家庭	0.4817	0.3649	0.4685	0.4818	0.5422	0.5563	0.624	0.6092	0.6208	0.5845
	个人	0.0854	0.0662	0.0915	0.1004	0.1232	0.1588	0.162	0.1626	0.1522	0.1454
	城镇居民	0.0398	0.0428	0.067	0.0896	0.1135	0.183	0.1778	0.1793	0.1622	0.1562
	农村居民	0.0971	0.0716	0.0967	0.1035	0.1228	0.1328	0.145	0.139	0.1419	0.1274

注：在泰尔指数估计过程中，为防止零值对测度的干扰，"总收入"变量值小于零的值被替换为"1"，等于零的值被替换为"2"。

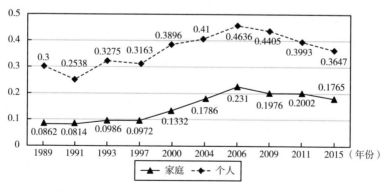

图 4 - 13　总收入泰尔（T1）指数走势：家庭与个人

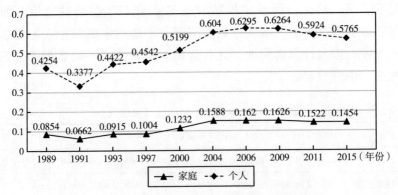

图 4 – 14　总收入泰尔（T2）指数走势：家庭与个人

2. 不同数据基础的基尼系数测度

本部分笔者将利用中国收入分配问题研究中最权威的民间数据 CHIPS 数据对家庭与个人基尼系数估计进行稳健性检验①。CHIPS 数据秉承国家统计局历来使用农村居民人均纯收入和城镇居民人均可支配收入对居民收入进行统计的做法，在每期调查中对农村样本和城市样本分别进行独立抽样，因此该数据同一调查年度同一样本省份只有农村样本或只有城市样本的情况比较普遍。同时，为着重核查我国家庭收入基尼系数与个人收入基尼系数在 19 世纪末 20 世纪初是否确实存在上下交替的走势，此处仅利用 1988 年、1995 年、2002 年三期 CHIPS 数据分别对应 CHNS 数据中的 1989 年、1997 年和 2004 年三期数据进行趋势检验②。作为稳健性检验，本部分将依照前述对 CHNS 数据的调整对 CHIPS 原始数据进行设置，具体如下。

（1）按照国家统计局收入定义，以城镇居民人均可支配收入和农村居民人均纯收入来分别表征城镇和农村居民收入，其中实物折现不包含其中。

（2）CHIPS 数据抽样省份更多、范围更广，但同一抽样省份并不一定同时拥有城镇和农村数据。表 4 – 6 给出了 CHNS 数据抽样 9 省份在 CHIPS 数据中的分布情况以及 CHIPS 原始数据的抽样省份样本量。为满足稳健性检验的需要同时获得尽可能全面的分析结果，笔者参照 CHNS 数据抽样时 1989 年和 1997 年"农村—城镇地区居住人口比"（分别为 2.81 和 2.34）以及 2002 年国

---

①　中国收入分配课题组采集的中国居民收入调查（CHIPS）数据因其收入信息全面且调查样本抽取自国家统计局常规调查住户而获得学界广泛认可。

②　中国居民收入调查（CHIPS）数据至今公布的有 1988 年、1995 年、2002 年、2007 年和 2013 年五期数据。

家统计公报中城镇农村人口比（1.56）[1]，在 CHIPS 数据所有省份中进行二次抽样（调整后的样本情况详见表 4 - 7），最终获得测度基尼系数的数据基础。基于此数据获得的基尼系数走势（如图 4 - 15 所示）。

表 4 - 6 　　　　　　　　CHNS 数据 9 个样本省份在 CHIPS 数据中的分布

分类		辽宁	黑龙江	江苏	山东	河南	湖北	湖南	广西	贵州	CHIPS 原始数据抽样省份（个）
1988 年	农村	√	√	√	√	√	√	√	√	√	28
	城镇	√				√	√				10
1995 年	农村	√		√		√	√		√	√	19
	城镇	√		√		√	√				11
2002 年	农村	√		√	√	√	√		√		22
	城镇	√		√		√	√				12

注：数据由作者整理，详情请看中国收入分配研究院 CHIP 数据首页的相关说明，http://www. ciidbnu. org/chip/index. asp。

表 4 - 7 　　　　　　　　　调整后的 CHIPS 数据样本统计

分类		家庭样本数	个人样本数	年度合计家庭样本数	年度合计个人样本数	农村居住人口与城镇居住人口比例
1988 年	农村	9946	49894	14981	67726	2.81
	城镇	5035	17832			
1995 年	农村	7998	34739	12744	49605	2.34
	城镇	4746	14866			
2002 年	农村	7728	32119	14563	52760	1.56
	城镇	6835	20641			

基于 CHIPS 数据测度的基尼系数与依据 CHNS 数据测度的在绝对数值上有较大出入，这可能源于样本省区以及"农村—城镇地区居住人口比"的不完全一致。但即便如此，依然可以清晰看到 3 个样本年份中家庭与个人基尼系数确实存在涨跌交替的趋势。家庭基尼系数首先一直领跑于个人

---

① 详见 2002 年国家统计公报报告的城镇和农村人口数，http://www. stats. gov. cn/tjsj/tjgb/ndtjgb/qgndtjgb/200302/t20030228_30016. html。

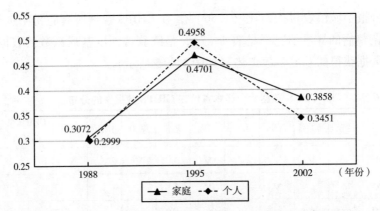

图 4 – 15　基于 CHIPS 数据的总收入基尼系数走势：家庭与个人

基尼系数，但在 1995～2002 年实现了上下交替，这与依据 CHNS 数据测度的 2000 年实现家庭与个人基尼系数的交替时间趋势上一致。至此可以证明，基于 CHNS 数据发现的家庭基尼系数与个人基尼系数存在动态交错的趋势是可以置信的。

4.3　中国家庭收入不平等分布

基尼系数、泰尔指数等收入不平等测度指标只能对总体收入不平等进行描述，不能就其内部结构进行必要解析。有鉴于此，托马斯·皮凯蒂在《21 世纪资本论》中创新性地使用收入分布表（distribution tables）对收入不平等进行结构分析（Piketty，2014）。基于对不同收入分位群体（收入最高的 10% 人群、收入在中位的 40% 人群和收入最低的 50% 人群）的划分，收入分布表将各收入分位群体收入占社会总收入的比值分别展示出来，对不平等结构的变化（changes in the structure of inequality）进行了精准描述。皮凯蒂收入分布表基于收入占比指标直观地展示了收入不平等的梯度结构，同时也为本研究后续考察收入不平等结构提供了一种基于百分位数分组解析的思路和方法。本部分将基于皮凯蒂百分位数结构分析法，从收入分位、城乡差异、地区差异、户主年龄差异等视角对我国家庭收入不平等进行结构剖析。

4.3.1　家庭总收入不平等分布：收入分位差异

本节将借鉴皮凯蒂"收入分布表"方法对我国家庭收入不平等的内部结构进行进一步分析。相关统计结果展示于表 4 – 8，并直观展示于图 4 – 16。

表 4 - 8   1989 ~ 2011 年我国家庭总收入不平等分布情况

年份	1989 年	1991 年	1993 年	1997 年	2000 年	2004 年	2006 年	2009 年	2011 年	2015 年
最高 10% 分位（%）	29. 20	27. 36	31. 47	30. 12	33. 70	34. 90	36. 22	35. 55	32. 94	31. 38
（最高 1% 分位）（%）	6. 18	4. 75	6. 25	6. 36	8. 36	7. 52	9. 75	9. 26	8. 15	6. 64
（其余 9% 分位）（%）	23. 02	22. 61	25. 22	23. 76	25. 34	27. 38	26. 47	26. 29	24. 79	24. 74
中间 40% 分位（%）	49. 77	50. 03	48. 97	49. 68	48. 36	48. 39	47. 84	47. 19	48. 74	49. 39
最低 50% 分位（%）	21. 02	22. 61	19. 56	20. 20	17. 94	16. 71	15. 94	17. 26	18. 32	19. 22
对应基 尼系数	0. 4226	0. 3968	0. 4493	0. 4360	0. 4766	0. 4966	0. 5084	0. 4934	0. 4702	0. 4538

注：资料来源为 CHNS 数据。表中数据为处于相应分位数的家庭总收入占全样本家庭总体收入的百分比。

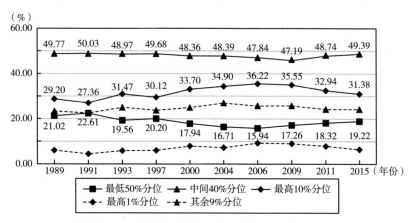

图 4 - 16   我国家庭总收入不平等分布：收入分位

从表 4 - 8 数据可以看出，1989 ~ 2015 年收入最高的 10% 家庭平均获得了超过全样本家庭总收入 30% 以上的年总收入，其中收入最高的 1% 家庭平均占有全样本家庭总收入的 7% 左右。再来看收入位于中间 40% 分位的家庭，其年总收入占全样本家庭总收入的比值多年间稳定在 48% 左右，而最低 50% 分位的家庭年总收入平均占比仅为 19% 左右。可见，家庭收入分布总体上是向"精英家庭"靠拢的。图 4 - 16 更直观地展示了 20 余年间不同收入分位家庭的收入变化趋势。按照收入占比曲线的高低位序可以看到，占据最高位的是收入中位数家庭，其收入在全样本家庭总收入中的占比较为稳定在 48% 左右，且随着时间延续呈现出微弱的先降后升走势；其次为收入最高的10%家庭，随着时间的推移，"精英家庭"年收入在样本家庭收入中的比重逐年攀升，直至2006年才有些微下降；而最低收入50%分位的家庭收入则呈现了几乎与"精英家庭"完全相反的变化趋势，其收入占比随时间推移呈先降后升走势。不同收入分位家庭的收入占比动态变化明确展示出，"精英家庭"和底层家庭是收入占比变化的主角。结合图4-2我国家庭总收入基尼系数的历史变化不难发现，1989~2006年，"精英家庭"事实上掠夺了底层家庭的收入，其收入占比的提升是以牺牲底层家庭福利为代价的。而2006年以后，家庭收入占比趋于平等也正是因为"精英家庭"收入提升受阻而底层家庭收入获得了改善。我国家庭收入不平等主要体现在高收入家庭对社会全部收入的集中聚敛，而家庭收入差距总体上的改善也表现为部分收入从高收入家庭向低收入家庭回流。

有鉴于此，要遏制我国收入差距扩大形势、缓解严峻的收入不平等状况，应尽快推进对高收入家庭采取诸如征收高额累进所得税、房产税和遗产税等措施，对高收入家庭的总收入进行有效限制，同时加大对贫困家庭转移支付力度措施，把我国的收入差距控制在一个相对合理的水平上。

4.3.2 家庭总收入不平等分布：城乡差异

基于皮凯蒂百分位数结构分析，本部分拟对我国家庭收入不平等的城乡差异进行结构分析。图4-17展示了我国家庭总收入不平等的城乡差异。为避免因样本比例不一致引起年度间结构分析的不可比，展示更为准确的结构特征，此处按照城镇、农村家庭1：1的比例对样本进行了加权调整。

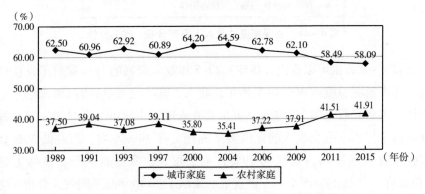

图4-17 我国家庭总收入不平等分布：城乡差异

图 4 - 17 显示，总体上我国城镇家庭总收入占全部社会总收入的比值在60% 左右浮动，明显高于农村家庭 40% 左右的水平。而在 1989 ~ 2015 年的 20余年间，城镇和农村家庭总收入占比均存在不同幅度的波动变化。城镇家庭总收入与农村家庭总收入最为悬殊的比值 64.59：35.41 出现在 2004 年，最为和谐的比值 58.09：41.91 出现 2015 年。1997 年以前，城镇家庭总收入与农村家庭总收入占比都呈现了一定程度的波动变化；1997 ~ 2015 年，城镇家庭总收入占比呈现出先升后降的基本走势，而农村家庭总收入占比则显示出先降后升的反向变化趋势。将其与图 4 - 2 展示的我国家庭总收入基尼系数动态变化联系起来可以发现，城镇家庭总收入占比的上升和农村家庭总收入占比的下降与家庭总收入基尼系数的显著上升（1997 ~ 2006 年）基本同步，而家庭总收入差距逐步下降（2006 ~ 2015 年）则伴随着城镇家庭总收入占比的下降和农村家庭总收入占比的上升。这一历史变迁从城乡差异视角揭示出我国家庭收入不平等的一个结构特征，即家庭收入不平等与城、乡家庭构成存在相关性。在当今城镇家庭已占据社会较大比例收入的现状背景下，若社会总收入继续向城镇家庭集中，则家庭收入不平等状况可能加剧；若能使社会总收入向农村家庭进行更多的边际转移，则可以对家庭收入不平等形势起到缓解作用。

由此，要改善我国收入不平等状况，应着重关注社会总收入在城镇和农村之间的分配，制定和出台收入分配、收入转移政策时应考虑向农村倾斜。同时，应积极推进农村市场环境建设，设法增加农民包括财产性收入在内的各项收入，并对社会总收入在城镇和农村间分配的情况进行实时监控以保障相关政策的时效性。这将有利于缓解我国的收入不平等，防止收入差距进一步扩大。

4.3.3 家庭总收入不平等分布：地区差异

在完成家庭总收入不平等的城乡差异分析后，本部分将继续探讨我国收入分配的地区结构特征，拟以东部、中部、西部为划分对我国家庭收入不平等进行百分位数结构分析。基于相同的考虑，为避免样本比例不一致引致年度间结构分析的不可比，此处按照东部、中部、西部家庭 1：1：1 的比例对样本进行了加权调整。东部含辽宁、江苏、山东 3 省，中部含黑龙江、河南、湖北、湖南 4 省，西部含广西、贵州 2 省①。图 4 - 18 展示了我国家庭总收入不平等的地区差异。

---

① 详情请查看国家统计局官网，http://www.stats.gov.cn/tjsj/zxfb/201405/t20140527_558611.html。

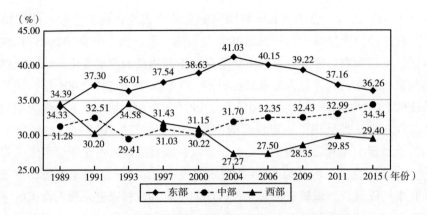

图 4 - 18 我国家庭总收入不平等分布：地区差异

从图 4 - 18 可以看到，在调查初始的 1989 年，我国东部、中部、西部 3 地区家庭总收入在社会总收入中的占比较为平均，34.33 : 31.28 : 34.39 的比例可谓形成"三分天下"的局面。然而，随着我国宏观经济的不断发展和地区经济的逐步分化，三个地区家庭总收入占比逐渐拉开距离，形成"东部家庭领跑、中部家庭追赶、西部家庭落后"的基本格局。差异最大时，东部、中部、西部地区家庭总收入占比一度达到 2004 年的 41.03 : 31.70 : 27.27。其后，地区差异有缓慢缩小的趋势。具体来看，东部地区家庭总收入所占比重一直处于三个地区的最高位，整体上呈现先增后减的变化趋势，峰值为 2004 年的 41.03%。中部地区的家庭总收入占比则变化不大，20 余年的时间里仅在 29.41% ~ 34.34% 的窄幅区间里波动。而西部地区家庭总收入占比则总体上呈现先降后升的基本走势，最低值 27.27% 亦出现在 2004 年，这与东部地区家庭总收入占比变化趋势正好相反。与我国家庭总收入基尼系数动态走势（图 4 - 2）结合起来不难发现，在家庭收入差距逐步上升的阶段（2004 年以前），东部家庭总收入占比显著上升，中部家庭总收入占比在波动中缓慢攀升，而西部家庭总收入占比则总体呈现下滑趋势。与之相对，在家庭收入不平等逐步缓解的时期（2004 年以后），东部家庭总收入占比明显下降，而中部和西部家庭总收入占比均有所回升。这一事实又从地区差异视角揭示了我国家庭收入不平等的另一个结构特征：我国家庭收入不平等加剧的形成与经济相对发达的东部地区家庭过于集中占有社会总收入息息相关，且东部家庭对社会总收入的集中聚敛是以牺牲中部、西部家庭利益为代价的，其中西部落后地区家庭利益受到侵蚀最甚。同时，家庭收入不平等状况的缓解与社会总收入从东部家庭向中部、西部家庭转移共存的现象再次证明，收入差距扩大的发生与地区经济发展水平呈正相关（与图 4 - 4、图 4 - 5、图 4 - 6 的分析结论一致）。

因地区经济发展水平与收入差距之间存在着一定程度的相关关系，在政策实践过程中应做好为推进经济发展而容忍适度收入差距的心理准备；同时，亦不能为确保高增长而牺牲分配公平、纵容收入差距无限拉大，应重点监控经济相对发达地区的收入差距变化情况，实时防止地区收入差距的反弹和扩大。

4.3.4 家庭总收入不平等分布：户主年龄差异

上述基于收入分位、城乡、地区差异的家庭总收入不平等结构分析展示了社会总收入在贫、富家庭间的分布状况，然而贫、富家庭究竟是怎样的家庭，各自又具备什么样的典型特征，仅仅依据上述分析我们无从知晓。

在实证研究中，可以通过分析"一类家庭"平均行为特征来考察家庭经济行为，这种分析方法被称为组群（cohort）分析（Browning et al.，1985；Verbeek and Nijman，1992）。通常，组群是根据观测样本不随时间发生变化的固定特征进行定义。考察个体问题时，组群常常是由样本居民出生年份定义，而在以家庭为观测对象的研究中，组群通常是根据家庭户主的出生年份来界定（周绍杰、张俊森、李宏彬，2009）。为深入挖掘处于不同收入分位家庭的特征性质从而为政府制定收入调控政策锁定目标，本部分将以户主年龄为分组依据，就我国家庭总收入不平等展开细致地组群结构分析。在充分考虑户主就业、退休及其家庭人口构成等因素基础上，笔者依据样本户主年龄 28 ~ 100 岁的跨度区间，大体以十年为一组，将样本划分为 6 个年龄组，各位户主均按照调查年份当年年龄被归入相应分组中。表 4 - 9 和图 4 - 19 展示了相关分析结果。

依据表 4 -9 数据，在 6 个年龄分组中 40 ~ 49 岁、50 ~ 59 岁和 60 ~ 69 岁

表 4 - 9　　　　　　　我国家庭总收入不平等分布：户主年龄差异　　　　　　单位:%

年份	1989 年	1991 年	1997 年	2000 年	2004 年	2006 年	2009 年	2011 年	2015 年
小于 40 岁	13.29	32.77	23.96	21.40	14.01	11.77	8.30	6.73	5.82
40 ~ 49 岁	26.77	26.40	30.32	26.73	24.58	23.79	22.60	24.74	21.66
50 ~ 59 岁	24.50	21.24	23.75	24.22	28.80	30.27	29.50	26.03	30.14
60 ~ 69 岁	20.43	14.52	14.72	17.14	16.63	17.60	19.71	20.03	24.44
70 ~ 79 岁	11.23	4.04	5.51	7.68	11.09	11.19	12.91	13.93	13.18
大于等于 80 岁	3.78	1.04	1.74	2.84	4.89	5.39	6.98	8.55	4.75

注：表中 6 小组按照户主年龄大小划分，分别为：第一组，小于 40 岁；第二组，40 ~ 49 岁；第三组，50 ~ 59 岁；第四组，60 ~ 69 岁；第五组，70 ~ 79 岁；第六组，大于等于 80 岁。

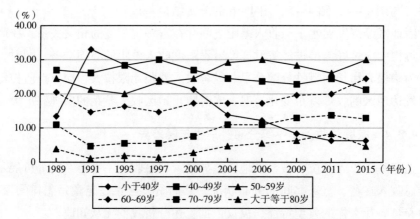

图 4 – 19   我国家庭总收入不平等分布：不同年龄户主

年龄组户主家庭获得的家庭总收入在社会总收入中占比相对较高，大约在
15% ~30% 区间浮动；而小于 40 岁户主家庭和 70 岁以上户主家庭其家庭总收
入占比则相对较小，尤其是 80 岁以上户主家庭，其收入占比仅在 1.04% ~
8.55% 区间浮动。从生命周期角度不难理解，户主年龄小于 40 岁的家庭多为
新独立的"小家庭"，虽然这类家庭在整个社会中为数较多，但其家庭成员数
目相对较少，家庭劳动力从数量到质量都相对薄弱，因而家庭总收入占比并不
很高。而 70 岁以上户主家庭虽然可能是几世同堂，但儿孙早已成年婚配单独
立户，所以户籍上更可能是"空巢"家庭。另外，早已满足法定退休年龄
（现在为男性 60 岁、女性 55 岁）的年纪和年迈羸弱的身体状况使离退休金和
儿女供养金成为家庭主要收入来源，加之 70 岁以上户主家庭在社会构成中本
就为数较少，因此此类家庭总收入占比也相对较低。

　　从图 4 – 19 中我们可以获得更多对不同年龄户主家庭总收入占比的直观的
感受。为彰显生命周期的影响，笔者将处于就业年龄段（小于 60 岁）的三组
用黑色实线连接，处于退休年龄段（60 岁及以上）的三组用黑色虚线连接。
很明显，在总体上，处于就业年龄段的户主家庭其家庭总收入占比高于退休年
龄段户主家庭，若按照家庭总收入占比由高到低排序则基本与年龄由小到大排
列秩序一致（小于 40 岁户主家庭除外）。经过细致考察，笔者亦发现图 4 – 19
展示出的三个典型特点值得重点关注。

　　（1）小于 40 岁户主家庭的总收入占比在 20 余年间呈现了显著下降的趋势
变化。总体上看，小于 40 岁户主家庭的总收入占比从 1991 年的 32.77% 急剧
下降到 2015 年的 5.82%，这说明年龄小于 40 岁户主家庭在社会总收入分配过

程中处于越来越明显的劣势地位。这可能与近年来我国社会流动性趋于降低、社会分层逐步固化（李力行、周广肃，2015；姚先国、赵丽秋，2007；王海港，2005[b]；方鸣、应瑞瑶，2010）等现象有关。

（2）40～49 岁户主家庭的总收入占比在 2000 年前高于 50～59 岁户主家庭，但 2000 年之后 50～59 岁户主家庭的总收入占比实现反转，高于 40～49 岁户主家庭。二者实现反转的时间节点正是我国 1999～2000 年国有企业改革下岗潮时期。这一时期，为数众多的劳动者在法定退休年龄之前离开工作岗位，自担风险、自主创业，使劳动者所在家庭承受着收入减少的巨大压力。所以，其后 10 年（2000～2011 年）40～49 岁户主家庭总收入占比一直低于 50～59 岁户主家庭。但到了 2011 年左右，二者又回到了不相上下的水平，这表明国有企业改革下岗潮的时滞影响可能趋于结束。

（3）1991 年以来，处于退休年龄段（60 岁及以上）的三组家庭总收入占比均呈现攀升趋势，2004 年以后这种上升趋势则更为明显。这说明，我国 20 世纪末、21 世纪初开始的各项养老保险制度改革使高龄人群得到了实实在在的实惠。通过政府收入转移，60 岁及以上户主家庭的总收入占比缓慢回升，即使最低组 80 岁及以上户主家庭的家庭总收入占比在 2011 年也达到了 8.55% 的历史新高。

基于户主年龄差异的百分位数结构分析显示，要缓解我国总体收入不平等现状，应重点关注不同年龄段人群及其家庭的收入配置状况。上述研究显示，我国养老保险制度改革效果明显，使老龄人群及其家庭获得持续收益。然而青年人群及其家庭则在社会总收入分配中处于越来越严峻的劣势地位，亟待政策扶助和社会关怀。同时，在对收入分配进行调控时，还应充分考虑特殊人群或有特殊经历的群体的处境，有针对性地给予扶助。

4.4 本章小结

对我国家庭收入差距的历史变迁和结构特征进行全面、系统的考察，有利于深刻认识我国收入不平等现状，为科学制定、评估系列收入调控政策提供事实依据和政策参考。本章首先利用 CHNS 十期混合截面数据对我国家庭收入差距展开动态测度，为验证测度的准确性并便于与已有研究结果进行对比分析，笔者同步测度了我国居民收入差距。同时，本章还基于皮凯蒂百分位数结构分析考察了我国家庭收入不平等的内在结构。经测算，我国 1989～2015 年基于家庭总收入的家庭基尼系数位于 0.3968～0.5084 区间，以个人为单位加权平均计算的家庭人均收入为基础测度的个人基尼系数位于 0. 3987 ~ 0. 5377 区间。1989 年以来，我国收入差距总体呈现持续扩大态势且一直在高位运行。值得高兴的是，2006 年开始，家庭与个人基尼系数均缓慢回落，展示出平稳的下行趋势。这与国家统计局公布的基尼系数先升后降趋势相互印证。可以证实，截至本研究考察期末的 2015 年，我国收入差距扩大态势确实得到了遏制。从家庭与个人层面对比来看，我国家庭基尼系数与个人基尼系数间呈现着有趣的动态变化。2000 年以前家庭基尼系数与个人基尼系数并行，2000 年之后家庭基尼系数全线低于个人基尼系数。这暗示我国世纪之交开始的系列收入分配制度改革家庭层面调节作用可能大于个人层面。另外，区分城镇和农村地区的考察发现，无论个人层面还是家庭层面，农村内部收入差距比城镇内部收入差距更为严峻。区分东部、中部、西部区域的考察显示，收入差距扩大的发生与地区经济发展水平呈正相关。对劳动收入和转移性收入的分项考察展示，转移性收入在家庭层面表现出更好的调节效果。基于皮凯蒂百分位数结构分析的研究显示，在我国，高收入家庭持续占据着社会总收入的较大部分，无论是静态还是动态收入分配结构均呈现"倒金字塔"型。与大众感知一致的是，农村家庭、中西部家庭、青年户主家庭在社会总收入分配中均处于不利地位。要遏制收入差距扩大、缓解收入不平等，应在"限高""提低"的过程中进一步注重"扩中"，使收入分配调控政策有侧重地向农村家庭、中西部家庭、青年户主家庭倾斜，促使收入分配结构由"倒金字塔"型稳健转换为"橄榄"型。

诚然，本章并未对家庭收入或个人收入进行进一步分布拟合分析，且仅基于 CHNS 9 省份数据估算的基尼系数精确度上难免有所欠缺，但此次对基尼系数的考察结果与多方统计数据展示的收入不平等状况趋势上相互印证，依然是可以置信的。即使仍然存在无法弥补的测量误差，利用相同数据基础展开的家庭、个人收入差距对比分析亦可自动排除年度间不可估计因素对统计的影响，展示出家庭收入差距与个人收入差距间真实的动态变化趋势。这一全新尝试有利于深刻了解中国收入差距实际状况，为政府科学决策提供参考。当然，相关政策对家庭与个人层面收入差距的实际影响还有待严谨的实证检验，笔者将在接下来的章节中对此进行进一步考察。

第 5 章
中国医疗保险制度改革的家庭收入分配效应评估

　　作为政府主导、建立在团结互助基础上的社会共济制度，基本医疗保险本质上是一种收入再分配。基本医疗保险的制度设计实现了健康者与患病者、年轻者和年老者之间的收入再分配。同时，基本医疗保险属准公共产品，政府财政还对弱势者进行补贴和救助，这实质上反映了贫困者和富裕者、弱势阶层和优势阶层之间的收入再分配。有别于商业保险，基本医疗保险能够实现收入从高收入者向低收入者转移（即收入的"正向再分配"），这正是基本医疗保险再分配公平的关键所在（李永友、郑春荣，2016；李亚青，2014）。

　　然而，近年来的文献研究显示，我国卫生筹资总体上却加剧了收入不平等，表现出亲富人的再分配效应（蔡萌、岳希明，2018；朱德云、董迎迎，2015）。其中，农村卫生筹资亲富人的再分配程度高于城市，农村卫生筹资的累退程度大于城市，而农村卫生筹资的不平等水平小于城市（解垩，2010）。金双华、于杰（2017）以陕西省城乡居民为研究对象，从医疗保险缴费和受益两个方面测算了医疗保险制度对收入分配的影响及其变化，发现总体上医疗保险不但没有发挥调节收入再分配的作用，反而存在低收入群体补贴高收入群体的"逆向再分配"现象。初可佳（2015）则利用我国 31 个省份 2001~2012 年数据探讨我国社会医疗保险发展对居民收入分配的影响。结果显示，社会医疗保险的发展对居民收入分配存在逆向分配效应，且东部地区远远大于全国和中部地区，西部地区并不显著。文献对新型农村合作医疗（以下简称新农合）、城镇居民医疗保险和城镇职工医疗保险分别进行的考察还显示，各项医疗保险制度的收入分配效应存在差异效果。齐良书（2011）对我国新型农村合作医疗的减贫、增收及再分配效果进行的评估表明，新农合不仅具有显著的减贫效果，而且有利于促进农民增收、缩小农村内部收入差距。谭晓婷、钟甫宁（2010）则探查了新农合不同补偿模式的收入分配效应。研究结果显示，新农合的补偿更倾向于患病群体，且低收入群体获得的补偿是高于高收入群体的。与家庭账户相比，住院统筹或住院统筹加门诊统筹的补偿模式更有利于低收入人群；然而，对城镇居民医疗保险和城镇职工医疗保险的考察却发现二者不同程度地存在着"逆向再分配"现象。基于广东 M、D 两市医疗保险数据库进行的研究，李亚青（2014）发现城镇职工医疗保险存在着明显的"逆向再分配"。这种现象主要体现在基金补偿环节，且大城市及发达地区"逆向再分配"程度比小城市或欠发达地区更大，在职群体"逆向再分配"程度比非在职群体表现得更为突出。周钦、田森、潘杰（2016）对城镇居民基本医疗保险参保个人受益公平性研究发现，均等化补偿制度下的基本医疗保险将造成低收入参保人受益的劣势，且由于低收入人群健康水平更差，这样的制度设计将加剧健康的不公平。臧文斌、刘国恩、徐菲、熊先军（2012）进一步分析了城镇居民医疗保险对居民总消费以及医疗、教育、日常生活等各项消费的影响，发现城镇居民在参保之后家庭年平均非医疗消费额会显著增加，其中受影响最大的是日常生活及其他开支，此外教育开支也受到影响，但住房开支和医疗开支没有显著变化。上述文献对我国医疗保险制度的收入再分配效应进行了深入研究，但几乎所有分析都以个人为单位进行。事实上，在受到"家文化"深刻影响的中国家庭中，某位家庭成员从某种医疗保险制度中获得的补偿往往对执行统一消费预算的整个家庭都存在事实上的增收效应，所有家庭成员均可从中间接受益。本章将对我国医疗保险制度的家庭收入分配效应进行深入探讨。

5.1 改革开放以来中国医疗保险制度改革历程回顾

医疗保险是民生发展的重要保障。新中国成立伊始，在计划经济体制背景和城乡长期二元分割状态下，我国建立了由面向城镇居民的公费医疗、劳保医疗和面向农村居民的合作医疗三种基本制度共同构成的医疗保障体系。其中，公费医疗和劳保医疗是新中国成立后适应高度集中的以指令性计划为特征的产品经济模式、以工资收入者为主要对象并惠及其家属的制度安排。农村合作医疗则是建立在农村集体经济基础之上的农村居民互助保障制度。然而，改革开放以后市场经济的长足发展使我国传统医保体系逐渐丧失原有经济基础和组织依托，建立新型社会医疗保险制度成为我国医疗保障体系改革的选择。1998年城镇职工基本医疗保险（简称城镇职工医保）开始建立，2003 年新型农村合作医疗保险（简称新农合）开始试点，2007 年城镇居民基本医疗保险（简称城镇居民医保）启动试点。包括城镇职工医保、城镇居民医保、新农合和城乡医疗救助制度在内的我国新型医疗保障体系初现雏形。截至 2011 年底，城镇职工医保、城镇居民医保、新农合参保人数合计超过 13 亿人，覆盖城乡居民的基本医疗保险制度的建立标志着我国全民医保体系的确立。

2012 年国家六部委联合发布《关于开展城乡居民大病保险工作的指导意见》，在实现基本医疗保障基础上进一步减轻城乡居民大病负担。2013 年，我国又开始启动城乡居民医疗保险制度整合工作，2016 年《国务院关于整合城乡居民基本医疗保险制度的意见》出台，城乡居民医保整合工作驶入快车道。截至 2016 年底，全国基本医疗保险参保人数超过 13 亿人，基本实现全覆盖①，形成了以基本医疗保险为主体，其他多种形式补充保险和商业健康保险为补充，以社会医疗救助为托底的全民医疗保障格局。2017 年以党的十九大为标志，我国医疗保险改革发展进入全面建成中国特色医疗保障体系时期。2018 年 3 月，根据党中央关于深化党和国家机构改革的决定，国务院机构改革方案出台，决定组建国家医疗保障局，开启了医保改革的新征程。

5.1.1 城镇职工医疗保险制度改革历程

由劳动保障部门开展的城镇职工基本医疗保险制度建立于 1998 年，覆盖范围涉及城镇所有用人单位，包括企业、机关、事业单位、社会团体、民办非企业单位及其职工，以及部分地区乡镇企业及其职工、城镇个体经济组织业主及其从业人员。城镇职工医保采取强制参保原则，政府建立医疗保险基金并承担部分费用，职工和用人单位按工资收入的不同比例按月向社会保险经办机构缴费。社会统筹和个人账户相结合（俗称统账结合）是城镇职工医保的特点，职工缴纳的全部费用和用人单位缴费的部分费用记入职工个人账户用于支持职工本人的部分医疗服务，其余基金则作为社会统筹用于全体参保人员的特殊医疗服务。

我国城镇职工医疗保险制度改革主要经历了四个阶段。

1. 初步试点阶段

因改革开放新形势的需要，早在 1988 年我国政府便开始酝酿对公费医疗、劳保医疗进行改革。当年 3 月，国务院批准成立由卫生部牵头，国家体改委、

---

① 中央人民政府. 白皮书：截至 2016 年底全国基本医疗保险参保人数超过 13 亿人［DB/OL］. 中华人民共和国中央人民政府网，http：//www. gov. cn/xinwen/2017－09/29/content_5228563. htm.

劳动部、卫生部、财政部、医药管理总局等八个部门参与的医疗制度改革方案研究小组并对医疗改革试点进行指导。同年7月，该小组推出《职工医疗保险制度设想（草案）》，提出我国职工医疗保险改革总体目标是：逐步建立由个人、企业、国家三者按照一定比例分担责任的多层次、覆盖程度较高的职工医疗保险。1989年3月，国务院批转了《国家体改委1989年经济体制改革要点》，在丹东、四平、黄石、株洲进行医疗保险制度改革试点。其后，因良好的执行效果，试点做法被逐步推广实施。截至1993年年底，大部分行政单位和事业单位以及70%的企业普及了职工医疗保险。然而，对公费医疗、劳保医疗"打补丁"方式进行的调整仍无法满足民众需求，全面建立新型职工医疗保险制度势在必行。

2. 正式试点阶段

1993年，党的十四届三中全会通过了《关于经济体制改革若干问题的决定》，明确提出以建立社会统筹和个人账户相结合的社会医疗保险制度为目标展开医疗保险制度改革。1994年，国家体改委、财政部、劳动部、卫生部共同制定了《关于职工医疗制度改革的试点意见》，国务院批准江西省九江市和江苏省镇江市为医疗保险改革试点，以探索建立统账结合的社会保险制度。此次试点重点解决单位和个人账户的缴费责任及缴费比例，建立社会统筹医疗基金和职工个人医疗账户，设定医疗保险保障范围和职工待遇水平，以及探索定点医疗机构的管理机制等。1996年4月，国务院办公厅转发了国家体改委、财政部、劳动部、卫生部四部委《关于职工医疗保障制度改革扩大试点的意见》，决定扩大改革试点，全国先后有20多个省份的40多个城市的医改方案获得批准试点，取得了满意的效果。

3. 全面发展阶段

国务院总结多个试点医保改革经验，于1998年发布了《关于建立城镇职工基本医疗保险制度的决定》。该决定明确了医疗保险制度改革的目标任务、基本原则和政策框架，要求1999年在全国范围内建立覆盖全体城镇职工的基本医疗保险制度。这意味着我国城镇职工医疗保险制度的建立进入了全面发展阶段。1999年，劳动和社会保障部等主管部委相继发布了《城镇职工基本医疗保险定点医疗机构管理暂行办法》《城镇职工基本医疗保险用药范围管理暂行办法》《城镇职工基本医疗保险定点零售药店管理暂行办法》《关于城镇职工基本医疗保险诊疗项目管理的意见》《关于加强城镇职工基本医疗保险费用结算管理的意见》等规章，多方规范了职工医疗保险。《1998年劳动和社会保障事业发展年度统计公报》显示，截至1998年底，全国参加医疗保险社会统筹与个人账户相结合改革的职工达 401.7 万人，离退休人员107.6 万人。到 1999 年被确定为试点地区的 58 个城市已全部开展了试点工作。

4. 三改并举阶段

2000 年 7 月，国务院在上海召开全国城镇职工医疗保险制度和医药卫生体制改革会议，明确提出坚持"一个目标、两个核心、同步推进三项改革"的方针。一个目标是指以比较低廉的费用支出提供比较优质的医疗服务，努力满足广大医疗消费群体对基本医疗服务的需要。两个核心则指医药卫生改革核心与医疗保险改革核心。其中，医药卫生改革核心是通过竞争改善医疗服务质量并降低医疗成本，而医疗保险改革核心则是建立费用分担机制，特别强调个人需要承担部分责任。同步推进三项改革是指医疗保险改革、医疗机构改革与药品流通体制改革要同步推进。

5.1.2　城镇居民医疗保险制度改革历程

由国务院主导，劳动保障、发展改革、卫生、民政、财政等有关部门共同开展的城镇居民基本医疗保险制度建立于 2007 年，参保主体涉及不属于城镇职工基本医疗保险制度覆盖范围的中小学阶段的学生、少年儿童和其他非从业城镇居民。城镇居民医保采取属地管理和自愿参保原则，实行以个人（家庭）缴费为主、政府给予适当补助的政策，重点用于参保居民住院及门诊大病医疗的支出。

我国城镇居民医疗保险制度改革主要经历了以下两个阶段。

1. 探索设计阶段

在 1998 年启动城镇职工基本医疗保险改革、2003 年启动新型农村合作医疗试点、2005 年开始建立医疗救助制度后，我国没有医疗保障制度安排的群体主要为城镇非从业居民。为保障公民基本权益、扩大医疗保险覆盖范围，2006 年党的十六届六中全会通过《中共中央关于构建社会主义和谐社会若干重大问题的决定》，进一步明确提出"建立以大病统筹为主的城镇居民医疗保险"。事实上，我国政府在 2004 年下半年就已经开始探索建立城镇居民医疗保障制度，2005 年还进行了为期一年多的方案设计。与此同时，一些由地方主导的试点也在陆续展开。

2. 全面试点阶段

2007 年国务院颁布《关于开展城镇居民基本医疗保险试点的指导意见》，启动我国城镇居民医疗保险试点工作。鉴于城镇居民医疗保险涉及面广、参保人员构成复杂，结合我国地域差别大、经济发展不平衡这一现实国情，该指导意见特别指出，全面推广之前必须先小范围试行，而后积累经验，逐步扩大试点、完善制度，最终形成合理的筹资机制、健全的管理体制和规范的运行机制，使制度逐步实现稳定和可持续。2007 年，我国东部、中部、西部共 79 个城市被设为试点，各地根据经济发展水平、人口构成等制定了从覆盖范围、缴费水平、统筹标准、保障范围到补偿水平的差异化试点政策。2008 年城镇居民医保扩大了试点，2009 年覆盖面扩大到 80% 以上城市，2010 年城镇居民医保试点工作全面展开。

5.1.3 农村合作医疗制度改革历程

由卫生行政部门开展的新型农村合作医疗始于 2003 年，所有农村居民均可以家庭为单位参保。我国新型农村合作医疗由政府组织、引导、支持，农民自愿参加，采取个人缴费、集体扶持和政府资助的方式筹集资金，原则上以县为单位统筹，主要对农民大额医药费用或住院医药费用进行补助。

1959 年到 20 世纪 80 年代，基于集体经济的合作医疗制度一直是我国农村最主要的医疗保障制度，1976 年曾一度达到 90% 的高覆盖率，被世界银行和世界卫生组织誉为"发展中国家解决卫生经费的唯一范例"。然而，改革开放后，伴随集体经济的衰退，农村合作医疗制度迅速瓦解。为有效保障农民权益，我国适时对原有农村合作医疗制度进行调整和重构，新型农村合作医疗改革主要经历了以下两个阶段。

1. 恢复调整阶段

1979 年 12 月，卫生部、农业部、财政部、国家医药总局和全国供销合作总社联合下发通知，发布《农村合作医疗章程（试行草案）》，要求各地结合本地区实际情况参照执行。然而，20 世纪 80 年代初期，家庭联产承包责任制的实施使家庭重新成为农业生产的基本经营单位，以集体经济为依托的农村合作医疗失去了组织基础和资金来源，濒临崩溃。

占据全国大部分人口的农村居民的医疗保障问题无疑是重要的经济、社会问题。1993 年，中共中央在《关于建立社会主义市场经济体制若干问题的决定》中，提出要"发展和完善农村合作医疗制度"。同年，国务院政策研究室及国家卫生部在全国进行了广泛调查研究，提出《加快农村合作医疗保健制度改革与建设》的研究报告。1994 年，国务院研究室、卫生部、农业部与世界卫生组织合作，在全国 7 省 14 县开展"中国农村合作医疗制度改革"试点及跟踪研究。在周密的前期调研基础上，1997 年 1 月中共中央、国务院正式颁布《关于卫生改革与发展的决定》，要求积极稳妥地发展和完善农村合作医疗制度，力争到 2000 年在农村多数地区建立起各种形式的合作医疗制度，并逐步提高社会化程度；有条件的地方可以逐步向社会医疗保险过渡。同年 5 月，国务院批转卫生部、国家计委、财政部、农业部、民政部等部委《关于发展和完善农村合作医疗的若干意见》。相关政策的出台在一定程度上促进了我国农村合作医疗的恢复发展。然而，依据卫生部三次卫生服务调查显示，1993 年我国农村合作医疗的覆盖率为 9.8%，1998 年下降至 6.6%，2002 年农村合作医疗覆盖率回升到 9.5% 但仍有 79.1% 的农村人口无任何医疗保障。

2. 全面重构阶段

2002 年 10 月，中共中央、国务院发布《关于进一步加强农村卫生工作的决定》，明确指出：到 2010 年，要使中国农民人人都能享受初级卫生保健，在全国农村基本建立起适应社会主义市场经济体制要求和农村经济社会发展水平的农村卫生服务体系和农村合作医疗制度。2003 年 1 月，国务院办公厅转发卫生部、财政部、农业部《关于建立新型农村合作医疗制度的意见》，从农村经济和社会发展的实际出发，在保障农民健康、实现医疗风险共担上进行了一系列制度创新。该意见全面细致地规定了我国新型农村合作医疗的制度设计和执行要求，这标志着我国新型农村合作医疗制度的正式建立。

2003 年 3 月，新修订的《中华人民共和国农业法》（简称《农业法》）正式施行。《农业法》规定，国家鼓励支持农民巩固和发展农村合作医疗和其他医疗保障形式，提高农民健康水平。2006 年 1 月，卫生部、国家发展和改革委员会、民政部、财政部、农业部、国家食品药品监督管理局、国家中医药局 7 部委局联合下发《关于加快推进新型农村合作医疗试点工作的通知》，对新型农村合作医疗制度做了充分肯定，并进一步调高政府补偿标准。2007 年卫生部、财政部又颁布了《关于做好 2007 年新型农村合作医疗工作的通知》，规定从 2007 年开始，新农合由试点阶段进入全面推进阶段，其覆盖率要达到 80%。卫生部、财政部继续在 2008 年 3 月颁布《关于做好 2008 年新型农村合作医疗工作的通知》，要求在 2008 年实现新农合全覆盖。系列推动政策的相继出台使新型农村合作医疗制度迅速发展。据卫生部《2009 年我国卫生事业发展情况简报》显示，2009 年全国开展新农合的县（市、区）达到 2716 个，参加合作医疗的人口达 8.33 亿人，占全国农业人口的 94%。这标志着我国新型农村合作医疗基本实现了全覆盖。

5.1.4 城乡医疗保险制度"二合一"改革

我国针对农村人口建立了新型农村合作医疗,针对城镇非就业人口建立了城镇居民基本医疗保险制度。两项制度自建立以来,覆盖范围不断扩大,保障水平稳步提高,制度运行持续平稳,对于健全全民基本医疗保险体系、满足群众基本医疗保障需求、提高人民群众健康水平发挥了重要作用。随着经济社会的快速发展,城镇居民基本医疗保险和新型农村合作医疗两项制度在城乡分割上的负面效应开始逐步显现,重复参保、重复投入、待遇不够等问题或有出现。

在总结城居保和新农合运行情况、结合地方探索实践经验的基础上,党中央、国务院 2013 年明确提出整合城镇居民医疗保险和新型农村合作医疗两项制度,建立统一的城乡居民基本医疗保险制度。2016 年国务院印发《关于整合城乡居民基本医疗保险制度的意见》,要求通过整合城居保与新农合建立统一的城乡居民基本医疗保险制度,实现覆盖范围、筹资政策、保障待遇、医保目录、定点管理、基金管理"六统一"。目前,我国 30 个省份及新疆生产建设兵团已经对整合制度进行了全面部署,统筹地区陆续出台方案并逐步开始实施,基本医疗保险制度的公平性进一步提高,参保人员、特别是农村居民保障水平得到提升。

整合城镇居民基本医疗保险和新型农村合作医疗两项制度,建立统一的城乡居民基本医疗保险制度,是推进医药卫生体制改革、实现城乡居民公平享有基本医疗保险权益、促进社会公平正义、增进人民福祉的重大举措,对促进城乡经济社会协调发展、全面建成小康社会具有重要意义。

5.2 中国医疗保险制度改革家庭收入分配效应实证分析[①]

5.2.1 模型设定与数据说明

医疗保险是通过保险体系对所有参保人健康医疗支出进行风险共担的制度设计。由于参保人健康状况存在不确定性,因疾病发生的医疗风险实际在参保的年轻人和老年人、健康人和病人之间实现了共担。除风险分散

---

① 本部分实证分析结果曾汇集成文,以《我国医疗保险制度改革的家庭收入分配效应研究——基于 CHNS 2000—2011 的分析》为题在《湘潭大学学报(哲学社会科学版)》2018 年第 1 期上发表。

功能之外，医疗保险补偿制度可以降低参保人自付的实际医疗费用额度，有可能鼓励低收入病人更多利用医疗服务并更多享受补偿，一定程度上承担了收入转移功能。医疗保障可以在国民收入再分配中发挥重要的作用（权衡，2006）。

鉴于中国"家文化"对居民行为决策的深刻影响，本节将首次尝试从家庭层面分析医疗保险制度改革的收入分配效应。笔者重点关注两个基本问题：（1）我国国家组织实施的医疗保险制度改革究竟对家庭层面的收入分配产生了何种影响；（2）家庭收入分配效应伴随医疗保险制度改革进程呈现了怎样的动态变化。本节研究的特点是：（1）拟将各类医疗保险制度打包汇总，从更为宏观的视角综合考察系列医保制度改革对家庭收入配置的总体作用；（2）样本考察期间拟设定为 21 世纪之初开始至今，囊括主要医疗保险制度改革节点①、超越 10 年的考察期将有利于更好展示医疗保险制度改革对家庭收入配置影响的动态变化。

本节将依据第 3 章家庭收入分析理论基础建立具体的家庭收入决定估计函数，并借鉴齐良书（2011）规避自选择效应的回归分析法，引入"是否参保"虚拟变量进行系列医保制度改革的收入分配效应实证分析。为满足本节对医保制度改革政策评价的需要，笔者将除商业医疗保险等其他医保途径外，国家组织实施的城镇职工医疗保险、城镇居民医疗保险、农村合作医疗保险及公费医疗改革设为考察对象（以下对收入分配效应的探讨均仅限于此四类医保）。只要家庭成员中有人参与了以上四种医保中的一种，便设定该家庭已参保②。遵循经典文献做法并尊重中国的实际，家庭特征、外部特征以及年份虚拟变量等因素被纳入估计函数，以尽可能避免遗漏变量。据此，可以建立的计量模型如下：

$$\ln Y_{ij} = \alpha + \beta canbao_{ij} + \gamma_1 D_{ij} + \gamma_2 H_{ij} + \gamma_3 R_{ij} + year + \varepsilon_{ij} \quad (5.1)$$

其中，$\ln Y_{ij}$ 表示家庭总收入的对数（i 表示不同家庭，j 表示不同年份。所有收入已依据物价指数调整至 2011 年水平）；$canbao_{ij}$ 是家庭是否参加医疗保险的虚拟变量；D_{ij} 是表征家庭人口构成的系列变量，包括家庭总人口数、家庭总人口数平方项；H_{ij} 为户主人力资本特征变量，包括户主性别、户主年龄、户

---

① 城镇职工医疗保险改革始于 1998 年，农村新型合作医疗保险改革始于 2003 年，城镇居民医疗保险改革始于 2007 年。

② 新农合要求以家庭为单位参保，这并不会对此变量的统计准确性产生实质性影响。

主年龄平方项、户主受教育年限；R_{ij} 是表征样本家庭外部制度、环境的特征变量，包括其所在村或社区代码、所在省份、城乡地区；year 为年份虚拟变量；ε 为随机误差项。本节最关注的"是否参保"对家庭总收入的影响将集中表现在式（5.1）系数 β 上。

本节分析数据依然采用由北卡罗来纳大学卡罗来纳州人口中心和中国疾控中心营养与食品安全所合作采集的中国家庭营养健康调查数据①。在各级政府的大力推动下，我国基本医疗保险体系建设迅速推进。国务院新闻办发表的《中国健康事业的发展与人权进步》白皮书显示，截至 2016 年底，全国基本医疗保险参保人数超过 13 亿人，基本实现全覆盖②。核查 CHNS 数据后发现，2015 年样本家庭基本医疗保险参保率已接近 100%，在"参保率"变量上已没有区分度。因此，此处仅采用 2000 年、2004 年、2006 年、2009 年、2011 年五期混合截面数据展开考察。在匹配家庭经济、人口、参保及外部特征后，有效样本合计 5591 个家庭。鉴于对系列医保制度而非单项医保制度改革进行综合效果动态考察，双重差分方法（difference in difference，DID）在此并不可取。因被解释变量家庭总收入为连续变量，这里将借助最小二乘法探究参保对家庭收入分配的动态影响。为避免居民参保自选择效应可能引起的结果偏误，将采用"社区参保家庭占比"作为家庭"是否参保"的工具变量进行 2SLS 实证分析。

5.2.2　描述统计与实证分析

家庭"是否参保"为本节考察的关键点，因此首先对样本家庭各类医保险种及总体医保参保率进行统计。如前所述，只要家庭中某一成员参与了国家组织实施的城镇职工医疗保险、城镇居民医疗保险、农村合作医疗保险及公费医疗四类当中的任意一种，则设定该家庭已参保，"是否参保"虚拟变量为 1，否则为 0。

图 5-1 展示了横跨五期、超过 10 年的 5591 个样本家庭医保总体参保率的动态变化。可以看到，与近年来全国各类医保参保率逐年上升趋势一致，样本家庭医保总体参保率亦呈现逐年上升，且在 2009 年、2011 年实现了跳跃式

---

① 具体参见第 4 章 4.1.2 数据介绍。
② 中央人民政府. 白皮书：截至 2016 年底全国基本医疗保险参保人数超过 13 亿人 [DB/OL]. 中华人民共和国中央人民政府网，http：//www.gov.cn/xinwen/2017-09/29/content_5228563.htm.

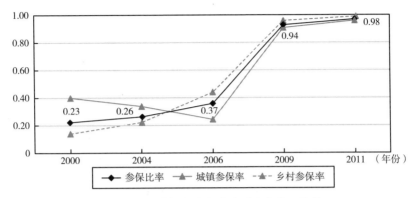

图 5 - 1　家庭医保参保比率动态变化：总体

注：图 5 - 1 仅标注出总体参保比率数值，此参保率包括公费医疗、农村合作医保、城镇职工医保、城镇居民医保 4 种保险在内，即每个家庭只要有 4 种保险中的一种有参保，即记总参保率为参保。

增长[①]；区分城镇与农村地区的总参保率分析显示，2004～2006 年城镇与农村总参保率出现了上下交替，2000～2004 年城镇家庭医保参与率明显高于农村家庭，而 2006 年以后则呈现农村家庭医保参与率高于城镇家庭的总体趋势。这反映了始于 2003 年的新农保改革和始于 2007 年的城镇居民医疗保险改革对家庭医保参与率变化的动态影响。随着各类医疗保险的全面铺开，2009 年、2011 年家庭医保参保率有大幅提升，城乡差异也呈现显著收敛，到 2011 年已无明显差异。

图 5 - 2 进一步展示了 5 个调查年份中城镇职工医疗保险、城镇居民医疗保险、农村合作医疗保险及公费医疗的参保率变化。其中，"改革对象"公费医疗参保率呈现显著下降的趋势，而城镇职工医疗保险、城镇居民医疗保险、农村合作医疗保险等新兴医保参保率均逐年上升。这充分解释了四类医保累计加总的家庭总参保率近年来快速增长的现象。几近"全面覆盖"的家庭参保率无疑对居民分散医疗风险起到积极作用，然而，家庭医保参保率的逐步提升会对家庭间收入分配产生怎样的影响呢？

表 5 - 1 数据显示，伴随参保家庭数目的逐期增加，2000～2011 年，样本家庭总收入水平亦呈现大幅提升。平均而言，参保家庭比未参保家庭收入水平更高。

---

①　需要特别说明的是，CHNS 数据历次入户调查均涉及医疗保险相关内容，但在 2009 年、2011 年的两次调查中对医保调查问卷进行了调整，阐述上将农村合作医疗保险更新为"新农保"，并明确了"城镇职工医疗保险"和"城镇居民医疗保险"。调查上的调整和新农保及城镇居民医疗保险改革在全国全面铺开使得 2009 年、2011 年样本家庭参保率有明显的大幅提升。

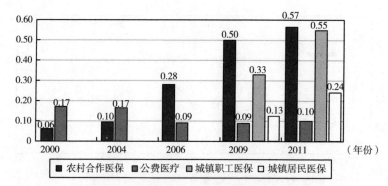

图 5 - 2　家庭医保参保率动态变化：分险种

表 5 - 1　　　　　　　　　　样本家庭医保参保与家庭收入动态变化

年份	已参加医保			未参加医保		
	家庭数	占比（%）	家庭总收入（元/年）	家庭数	占比（%）	家庭总收入（元/年）
2000	260	23	14085.15	871	77	8178.72
2004	264	26	18582.38	758	74	13927.50
2006	337	37	16879.66	573	63	17674.58
2009	991	94	30610.76	62	6	21676.61
2011	1439	98	50345.81	36	2	43173.91
合计	3291	56	26100.76	2300	44	20926.26

注：以上收入数据均按照 CPI 指数调整到 2011 年水平。

这有可能是参保行为使参保家庭在面临医疗风险时可减少医疗支出，相当于提高了可支配收入，形成增收效应。同时，医疗保障的存在可能使参保家庭成员倾向于承担更大风险，通过各种"风险投资"博取货币收入。然而，表 5 - 1 中数据也暗示医疗保险自愿参保原则可能在客观上吸收了更多收入相对较高的家庭。家庭医保参保率的逐步提升究竟对家庭间收入分配起到怎样的影响还有待严谨的实证检验。

基于式（5.1）进行的实证分析结果展示于表 5 - 2。其中，第 1 列为不含"已参保"虚拟变量时其他控制变量对家庭总收入影响的 OLS 回归结果；第 2 列则在此基础上加入"已参保"变量；第 3 列为以"社区参保家庭占比"为"家庭是否参保"的工具变量进行的 2SLS 回归结果。可以看出，无论是否采用工具变量，加入"已参保"变量后，R^2 从 0.408 上升至 0.414，说明家庭是否有成员参与国家组织实施的四类医保对家庭总收入确实存在影响。对"社区参保家庭占比"与"家庭是否参保"进行的一阶段 OLS 回归显示,工具变量"社区参保家庭占比"项系数在 1% 统计水平上显著,回归分析 F 值为1231.07,R^2 为 0.7612,P 值为 0.0000。这说明"社区参保家庭占比"是"家庭是否参保"较好的工具变量。无特别说明,本节后续回归均采用 2SLS 回归,IV 一阶回归 F 值和 R^2 将在结果表中给出。基于此,全样本实证分析得出:家庭成员参与国家组织实施的四类医保对家庭总收入有显著的提升作用,其综合影响达 23.1%。

表 5 – 2　　　　　　　　　参与医保对家庭总收入的影响

变量	(1) OLS	(2) OLS	(3) 2SLS
	无参保信息	无 IV	有 IV
已参保	—	0.280 ***	0.231 ***
		(0.0379)	(0.0522)
家庭人口	0.412 ***	0.403 ***	0.405 ***
	(0.0392)	(0.0390)	(0.0391)
家庭人口平方项	– 0.0311 ***	– 0.0299 ***	– 0.0301 ***
	(0.00497)	(0.00495)	(0.00495)
户主性别	– 0.0670 *	– 0.0644 *	– 0.0648 *
	(0.0370)	(0.0368)	(0.0368)
户主年龄	0.00306	0.00299	0.00301
	(0.00719)	(0.00715)	(0.00716)
户主年龄平方项/1000	0.0113	0.00647	0.00730
	(0.0649)	(0.0645)	(0.0646)
户主受教育年限	0.0676 ***	0.0647 ***	0.0652 ***
	(0.00374)	(0.00374)	(0.00376)
所在社区	– 0.000283 ***	– 0.000292 ***	– 0.000290 ***
	(0.0000)	(0.0000)	(0.0000)
所在省份	2.823 ***	2.908 ***	2.893 ***
	(0.268)	(0.267)	(0.268)
城乡变量	0.456 ***	0.460 ***	0.459 ***
	(0.0315)	(0.0313)	(0.0313)
年份虚拟变量	Yes	Yes	Yes
R^2	0.408	0.414	0.414
P	0.0000	0.0000	0.0000
样本量	5422	5422	5422

注: *** 、* 分别表示在 1% 、10% 统计水平上显著;有 IV 回归分析的一阶段结果显示,工具变量"社区参保家庭占比"项系数在 1% 统计水平上显著,回归分析 F 值为 1231.07,R^2 为 0.7612,P 值为 0.0000。

相对于全样本的综合影响效果,笔者更关注"是否参保"在 2000 ~ 2011

年 5 个调查年份间对家庭收入提升作用的动态差异。表 5 – 3 数据显示，2000 ~ 2011 年 5 个调查年份间"是否参保"对家庭总收入存在从统计显著性到绝对数值上的"U"型影响。2006 年之前参与医保对家庭总收入的影响是逐步递减的，这一时期中城镇职工医疗保险改革持续进行，公费医疗在医疗保险体系中占比锐减，新农保逐步开始实施。在我国医疗保险制度改革新、旧体系交替的攻坚阶段，"是否参保"对家庭总收入的收入转移效果受到了一定影响。而伴随始于 2007 年的城镇居民医疗保险改革以及前述各项改革的全面、稳定铺开，政府主导系列医保的高覆盖率使其对家庭总收入的影响迅速回升。依据表 5 – 4 展示的不同收入组及城乡差异结果可进一步探知，我国医疗保险体系增收效应主要集中于低收入家庭，且对农村家庭的边际影响大于城镇家庭。持续推进的医疗保险制度改革必将有利于缓解我国严峻的收入差距形势。

表 5 – 3　　　　　参与医保对家庭总收入的影响：2SLS 回归

(5 个调查年份)

变量	(1)	(2)	(3)	(4)	(5)
	2000 年	2004 年	2006 年	2009 年	2011 年
已参保	0. 555 *** (0. 0995)	0. 237 ** (0. 109)	0. 0278 (0. 0971)	0. 495 ** (0. 244)	0. 913 *** (0. 346)
家庭特征	Yes	Yes	Yes	Yes	Yes
外部特征	Yes	Yes	Yes	Yes	Yes
一阶 F 值	160. 75	131. 31	115. 69	39. 49	44. 94
一阶 R^2	0. 6259	0. 5652	0. 5638	0. 2752	0. 2352
R^2	0. 290	0. 223	0. 232	0. 240	0. 253
P	0. 0000	0. 0000	0. 0000	0. 0000	0. 0000
样本量	972	1021	906	1051	1472

注：*** 、** 分别表示在 1% 、5% 统计水平上显著。

表 5 – 4　　　　　参与医保对家庭总收入的影响：2SLS 回归

(不同收入组及城乡差异)

变量	(1)	(2)	(3)	(4)	(5)
	低收入组	中等收入组	高收入组	城镇	农村
已参保	0. 203 *** (0. 0622)	0. 00477 (0. 0239)	– 0. 187 (0. 125)	0. 260 *** (0. 0510)	0. 295 *** (0. 0535)
家庭特征	Yes	Yes	Yes	Yes	Yes

续表

变量	（1）低收入组	（2）中等收入组	（3）高收入组	（4）城镇	（5）农村
外部特征	Yes	Yes	Yes	Yes	Yes
年份虚拟变量	Yes	Yes	Yes	Yes	Yes
一阶 F 值	624.22	184.66	132.75	306.33	1138.39
一阶 R2	0.7378	0.6797	0.6383	0.6659	0.8134
R^2	0.125	0.080	0.111	0.410	0.360
P	0.0000	0.0000	0.0000	0.0000	0.0000
样本量	3121	1233	1068	2012	3410

注：*** 表示在1%统计水平上显著。

基于家庭收入 2SLS 回归分析结果，笔者采用 G. Field 分解法就医保参保对家庭收入差距的影响进行了进一步探讨。笔者重点关注"是否参保"对家庭收入不平等的影响，同时以户主数据考察了文献涉及较多的受教育年限的影响，以检验前述分析的稳健性。

表 5 - 5 给出了基于 G. Field 分解法的我国家庭收入基尼系数动态变化。S 为相关变量对总体收入不平等的解释份额，π 为各变量对不同时期收入差距变动的解释。S 和 π 的具体计算将基于第 3 章收入不平等影响因子分解方法介绍中展示的式（3.27）、式（3.28）展开。

表 5 - 5　　　　我国家庭总收入基尼系数变动分解：G. Field 分解　　　单位：%

变量	（1）S^{00}	（2）S^{04}	（3）S^{06}	（4）S^{09}	（5）S^{11}	（6）π（00 - 04）	（7）π（04 - 06）	（8）π（06 - 09）	（9）π（09 - 11）
是否参与医疗保险	5.54	1.18	-0.1	0.13	0.23	-75.78	54.59	23.08	-5.87
户主受教育年限	5.88	11.62	11.22	9.36	12.22	73.17	28.31	-36.52	-42.24

注：S 为相关变量对总体收入不平等的解释份额，π 为各变量对不同时期收入差距变动的解释。

表 5 - 5 第一行第（1）列至第（5）列展示了"是否参与医疗保险"对当期基尼系数的解释份额（指标 S），是否参保变量在 2000 年、2004 年、2006 年、2009 年和 2011 年对家庭收入总体不平等程度的解释份额分别为 5.54%、1.18%、-0.1%、0.13% 和 0.23%，呈现出与前述区分调查年度的家庭收入 2SLS 回归一致的"U"型变化。其中，2006 年"是否参与医疗保险"对家庭

收入不平等的贡献出现了负值，这说明 2006 年 "是否参与医疗保险" 对缩小我国家庭收入差距产生了积极影响。然而，其他年份是否参保对家庭收入不平等却存在或多或少的正向贡献。从数值上看，2006 年以前以公费医疗为代表的老医保体系对家庭收入不平等的贡献较高，改革后的新医疗保险体系侧重 "广覆盖"，对缓解我国收入不平等起到了积极作用。然而，随着新型农村合作医疗和城镇居民医疗保险的逐步推进，是否参保在 2009 年和 2011 年对收入不平等的贡献再次反负为正，虽然数值上极小，但却显现出在收入差距扩张上逐步增大的贡献率，这一现象值得高度重视；而表 5 - 5 第一行第 （6） 列至第 （9） 列列示的对不同时期基尼系数变动的解释份额 （指标 π） 亦存在着一些差异。可以看出，"是否参与医疗保险" 对四个时期收入差距变动的动态影响也呈现着 "U" 型变化。在医保制度改革初期的 00 - 04 时期，是否参保发挥了缩小收入差距的良好作用，这可能得益于对存在严格参保范围限定的公费医疗制度的废黜。但在 04 - 06 时期，我国医疗保险制度改革处于破旧立新的攻坚阶段，改革本身的不稳定和变革部分引致了收入不平等。其后，随着新型农村合作医疗制度、城镇居民医疗保险制度等的逐步建立，我国新医保体系显现出对收入不平等越来越强的抑制作用，因此 06 - 09 时期参保则对拉大收入差距的正向贡献较 04 - 06 时期有所减缓，到 09 - 11 时期则显现出缩小收入差距的良好效果。随着全民医疗保险体系的全面建立以及对医疗保障力度的逐步增强，我们有理由期待新医保体系在缩小收入差距上将发挥更强而有效的作用。

表 5 - 5 第二行展示了 "户主受教育年限" 对家庭收入基尼系数的解释份额。在对当期基尼系数的解释份额上 ［第二行第 （1） 列至第 （5） 列］，户主受教育年限均为正值，绝对数值上呈现小幅波动。这说明户主受教育年限总体上有拉大当期收入不平等的作用。对不同时期基尼系数变动的解释份额来看 ［第二行第 （6） 列至第 （9） 列］，户主受教育年限对我国家庭收入不平等的贡献呈现由正转负的变化趋势，亦即受教育年限对跨期收入不平等的贡献由拉大收入差距转为缩小收入差距。上述对户主受教育年限的讨论结果与罗楚亮、曹思未 （2018） 利用 CHIPS 数据对我国 2002～2013 年收入不平等贡献因素分析结果趋势上基本一致，因此本部分基于 G. Field 分解法就是否参与医疗保险对家庭工资收入差距的影响分析是稳健的、可以置信的。

本部分前述分析证实，我国医疗保险制度改革确实具有提升家庭收入的良好效果，这与李亚青 （2014）、齐良书 （2011）、谭晓婷和钟甫宁 （2010） 等的研究结果一致。而在医疗保险对收入不平等的作用效果上，本部分分析表明，参与医保总体上将拉大家庭收入差距。这与金双华和于洁（2017）、初可佳（2015）、谭晓婷和钟甫宁（2010）、李亚青（2014）、赵斌和麻晓卯（2012）以及解垩（2009）等的研究结果相同。由此可见，我国医疗保险制度在提升家庭收入水平的同时也确实存在"逆向再分配"现象。究其原因，笔者认为至少存在三个方面的问题。其一，在我国医疗资源和服务的实际利用中，高收入群体比低收入群体更多地利用了卫生资源（朱玲，2000），越是富有的人利用的医疗服务越多（解垩，2009），这导致"低收入者低保障、高收入者高保障"局面的出现（田森、雷震、潘杰，2016）。其二，我国医疗保险制度设计本身仍存在一定缺陷。譬如，过高的自付比例使医疗保险主要惠及看得起病的高收入群体，低收入者难以获益，这就容易产生"逆向补贴"（谭晓婷和钟甫宁，2010）。而不合理的缴费基数、起付线、封顶线和共付比例等设计使低收入者费用负担过重，导致这些弱势群体没有从医疗保险制度中充分受益，反而是较高收入群体获得更多的补偿（赵斌、麻晓卯，2012）。其三，我国财政转移支付制度存在较大的地区差异，容易导致医疗补偿的"逆向转移"。有研究论证，我国社会保障转移支付总量偏低、城乡差距和地区差距过大是导致收入再分配出现"逆向转移"的原因之一（侯明喜，2007）。也有学者强调，地区经济发展水平差异引致的转移性收入差距对收入再分配的"逆向转移"起到了助推作用（黄祖辉、王敏、万广华，2003；杨天宇，2009）。深层次来看，影响我国医疗保险公平性的因素主要包括参保公平性、提供卫生服务的公平性和利用卫生服务的公平性等（赵奕钧，2012）。有鉴于此，政府一方面要保障服务供给、提高服务质量，改善基本医疗保健服务的可及性，使社会所有成员都可方便地获取质量可靠的医疗保健服务。另一方面必须规范医药机构行为、遏止医药价格飞涨，改善基本医疗保健服务的可得性，使全体国民，尤其是低收入者，有能力购买这些服务。

5.2.3 家庭收入分配效应与个人收入分配效应比较分析

为深入了解我国医疗保险制度改革在家庭层面的收入分配效果，有必要对家庭收入分配效应与文献惯常考察的个人收入分配效应进行进一步对比分析。利用前文使用的 2000～2011 年五期混合截面数据，笔者在 CHNS 数据中匹配出 5591 个样本家庭的 10709 位家庭成员信息，基于经典明瑟方程（Mincer，1974）就居民"是否参保"对个人总收入的影响进行实证检验。计量模型设置如下：

$$\ln Y_{ij} = \alpha + \beta canbao_{ij} + \gamma I + \delta\theta + year + \varepsilon_{ij} \tag{5.2}$$

其中，lnY_{ij} 表示个人总收入的对数（此处以家庭人均收入表征个人总收入，i 表示不同家庭，j 表示不同年份。所有收入已依据物价指数调整到 2011 年水平）；$canbao_{ij}$ 是居民个人是否参加医疗保险的虚拟变量（仅含国家组织实施的城镇职工医疗保险、城镇居民医疗保险、农村合作医疗保险及公费医疗）；I 是反映个人特征的系列变量，包括性别、年龄、年龄平方项、婚否、受教育年限；θ 是表征样本个人所处外部环境的特征变量，包括其所在社区、所在省份、城乡变量；year 为年份虚拟变量；ε 为随机误差项。笔者最关注的"是否参加医疗保险"对个人总收入的影响将集中表现在式（5.2）的系数 β 上。为避免居民参保自选择效应可能引起的结果偏误，这里依然采用"社区参保家庭占比"作为个人"是否参保"的工具变量进行 2SLS 回归分析，一阶回归 F 值和 R^2 也在结果表中给出。

表 5 - 6 第（1）列给出了全样本 IV 回归结果。可以看到，居民参保对个人总收入具有显著的提升作用，其综合效果达到 31.9%。5 个考察年份的回归结果显示，与家庭收入分配效应分析结果类似，2000 ～ 2011 年居民"是否参保"对个人总收入提升同样存在从统计显著性到绝对数值上的"U"型影响，这证实"是否参保"在个人层面亦存在显著增收效应。数值上看，"是否参保"在个人收入提升上的相对作用是高于家庭的。表 5 - 7 中家庭、个

表 5 - 6　　　　　　　　参与医保对个人总收入的影响：2SLS 回归

（全样本与年份差异）

变量	(1) 2000～2011 年	(2) 2000 年	(3) 2004 年	(4) 2006 年	(5) 2009 年	(6) 2011 年
已参保	0.319 *** (0.0370)	0.672 *** (0.0768)	0.397 *** (0.0724)	0.0420 (0.0672)	0.381 ** (0.168)	1.157 *** (0.264)
个人特征	Yes	Yes	Yes	Yes	Yes	Yes
外部特征	Yes	Yes	Yes	Yes	Yes	Yes
一阶 F 值	2213.29	299.38	216.47	216.82	43.96	40.82
一阶 R^2	0.7367	0.5706	0.5013	0.5449	0.1708	0.1185
R^2	0.526	0.256	0.341	0.327	0.295	0.248
P	0.0000	0.0000	0.0000	0.0000	0.0000	0.0000
样本量	10299	2038	1948	1640	1931	2742

注：*** 、** 分别表示在 1%、5% 统计水平上显著。个人特征控制了性别、年龄、年龄平方项、婚否、受教育年限；外部特征控制了所在社区、所在省份、城乡变量；2000 ～ 2011 年总体回归中还控制了年份虚拟变量。

人层面对比分析也进一步说明，依据平均水平折算的参保收入提升作用确实在个人层面大于家庭层面。基于 G. Field 分解法的我国居民收入基尼系数动态变化（见表 5-8）也证实，无论是对当期基尼系数的解释份额，还是对不同时期基尼系数变化的解释份额，我国居民个人"是否参保"比家庭"是否参保"展现出更多负值，即参与医疗保险对平滑居民收入不平等具有更为广泛的作用。

表 5-7 "是否参保"的增收效应差异：家庭层面与个人层面

年份	家庭样本						个人样本			
	家庭总收入（元/年）	参保影响指数	家庭实际收入变动（元）	户均人口（人）	家庭人均实际收入变动（元）	样本量	家庭人均收入（元/年）	参保影响指数	个人实际收入变动（元）	样本量
2000	9536.52	0.555 ***	5292.77	3.31	1599.02	1131	3143.26	0.672 ***	2112.27	2381
2004	14270	0.237 **	3381.99	3.02	1119.86	1022	5442.56	0.397 ***	2160.7	1963
2006	17380.2	0.0278	—	2.98	—	910	6852.58	0.0420	—	1655
2009	30084.72	0.495 **	14891.94	2.84	5243.64	1053	12316.88	0.381 **	4692.73	1946
2011	50170.76	0.913 ***	45805.9	2.80	16359.25	1475	20412.09	1.157 ***	23616.79	2764
合计	26268.43	0.231 ***	6068.01	2.98	2036.24	5591	10262.07	0.319 ***	3273.6	10709

注："家庭总收入"和"家庭人均收入"为样本均值统计，参保影响指数分别来自表 5-3 和表 5-5 的回归系数。 *** 、 ** 分别表示在 1%、5% 统计水平上显著。家庭实际收入变动 = 家庭总收入 × 参保影响指数，个人实际收入变动 = 家庭人均收入 × 参保影响指数，家庭人均实际收入变动 = 家庭实际收入变动/户均人口。

表 5-8 我国居民收入基尼系数变动分解：G. Field 分解

变量	S^{00}	S^{04}	S^{06}	S^{09}	S^{11}	π (00-04)	π (04-06)	π (06-09)	π (09-11)
个人是否参与医疗保险	8.03	3.08	-0.21	-0.03	0.33	-38.9	68.29	-7.7	-7.03
家庭是否参与医疗保险	5.54	1.18	-0.1	0.13	0.23	-75.78	54.59	23.08	-5.87

注：S 为相关变量对总体收入不平等的解释份额，π 为各变量对不同时期收入差距变动的解释。

5.3 本章小结

改革开放以后，集体生产转变为家庭生产，国家统包转变为自谋出路，市场经济的长足发展使我国传统医保体系逐渐丧失原有经济基础和组织依托，面临着调整与重构的巨大挑战。充分考虑现实国情，建立顺应时代需要的新型社会医疗保险制度成为我国医疗保障体系改革的选择。在党中央、国务院的规划指导下，在各部委的通力协作下，我国基本医疗保障体系"三纵三横"的主体设计出炉。"三纵"指城镇职工基本医疗保险制度、新型农村合作医疗制度和城镇居民基本医疗保险制度。此三种制度为国家组织实施的社会保险制度，是基本医疗保障体系的主体部分，位居"三横"的中间一层。另外"两横"的"底横"为针对困难群众的城乡医疗救助制度和社会慈善捐助，"顶横"则是针对群众更高医疗需求的补充医疗保险和商业健康保险。在我国政府的大力推动下，1998年城镇职工基本医疗保险开始建立，2003年新型农村合作医疗保险开始试点，2005年展开医疗救助制度建设，2007年城镇居民基本医疗保险启动试点，2012年进一步开展城乡居民大病保险工作，2013年又启动城乡居民医疗保险制度整合工作。经过不懈努力，目前我国基本医疗保障体系"三纵三横"的主干架构已经清晰显现。截至2016年底，全国基本医疗保险参保人数合计超过13亿人，基本实现全覆盖，形成了以基本医疗保险为主体，其他多种形式补充保险和商业健康保险为补充，以社会医疗救助为托底的全民医疗保障格局。2017年以党的十九大为标志，我国医疗保险改革发展进入了全面建成中国特色医疗保障体系时期。2018年3月，国务院决定组建国家医疗保障局，开启了我国医疗保险改革的新征程。

基于CHNS 2000～2011年五期混合截面数据，本章还检验了我国医疗保险制度改革对家庭收入分配的动态影响。2SLS全样本回归分析表明，家庭成员参加国家组织实施的城镇职工医疗保险、城镇居民医疗保险、农村合作医疗保险及公费医疗四类医疗保险可以使家庭总收入获得显著提升。这证实医疗保险制度确实具有增收效应，说明我国医疗保险体系具备良好的家庭收入再分配调节作用。2000～2011年五期动态考察显示，"是否参保"对家庭总收入存在从统计显著性到绝对数值上的"U"型影响。这说明，医疗保险改革进程对其家庭收入分配效果产生了一定负向影响。从不同收入组及城乡差异结果进一步探知，我国医疗保险体系增收效应主要集中于低收入家庭，且对农村家庭的影响高于城镇家庭。在农村地区内部收入差距持续高于城镇地区内部的现实背景下，持续推进医疗保险制度改革必将有利于缓解我国严峻的收入差距形势。基于G. Field分解技术的研究进一步发现，2006年以前以存在严格参保范围限定的公费医疗制度为代表的老医保体系对家庭收入不平等的贡献程度较大。改革后的新医疗保险体系对缓解我国收入不平等起到了积极作用，然而随着新型农村合作医疗和城镇居民医疗保险的逐步推进，"是否参保"在 2009 年和 2011 年对收入不平等的贡献再次反负为正，且显现出在收入差距扩张上逐步增大的贡献率，这一现象值得高度重视。此外，家庭层面和个人层面的收入分配效应对比说明，参加医保在个人收入提升上的相对作用高于家庭层面。而从再分配平滑收入差距的角度看，参加医保缩小收入差距的调节作用在个人层面具有更为广泛的效果。这说明，通过家庭人口构成的中介影响，收入分配调控政策在个人和家庭层面呈现出了差异效果。受到数据基础的严格限制，本章实证分析控制变量仍不够全面，无法采用 DID 等精确方法对"是否参保"政策效果进行更严谨地考察，特别在医疗保险制度改革增收效应的测度精准度上还有所欠缺，但跨期逾十年的综合考察仍然明确证实了我国系列医疗保险制度改革对居民家庭及个人收入的显著提升作用，对未来我国医疗保险制度改革的推进也具有重要的政策参考价值。

第 6 章
中国养老保险制度改革的家庭收入分配效应评估

养老保险收入再分配功能是政府介入相关业务的主要理由之一（Diamond，1977[a]），其再分配效应一般可以分为代际间（Inter-generation）再分配效应以及代内（Intra-generation）再分配效应。世界上实行的养老保险制度主要为现收现付制和基金制。按照制度划分，现收现付制的收入分配效应包括转移效应和替代效应，主要在代际间转移。而基金制主要是代内个人福利的转移，其替代效应没有现收现付制明显（柳清瑞、穆怀中，2003）。20 世纪 90 年代中期以前，我国执行的养老保险制度属于现收现付制。20 世纪 90 年代中期推动建设的"统账结合"筹资模式则本质上属于部分积累制，但在制度操作上实际仍执行着现收现付制（郑伟、孙祁祥，2003）。而 2005 年逐步定型的"统账结合制"是我国社会保险体系中特有的制度，即非传统意义上的完全积累制，又区别于部分积累制。

围绕我国养老保险制度改革的收入再分配效应，学界展开了广泛探讨。一些研究证实，我国现行社会养老保险制度存在着明显的正向收入再分配效应（王亚柯、李鹏，2019；蔡萌、岳希明，2018；朱火云，2017；李时宇、冯俊新，2014；贾洪波，2014）。此种收入再分配效应包括从城镇企业职工向城镇灵活就业人员，从高收入阶层向低收入阶层，从男性人群向女性人群，从缴费时间短的参保人群向交费时间长的参保人群以及从寿命较短的参保人群向长寿人群的收入再分配等（王晓军、康博威，2009）；且工资收入越低者，基础养老金的再分配效应就越大（张勇，2010）。研究还发现，养老保险制度改革有利于缩小我国贫富差距，但其再分配主要不是通过收入阶层间的再分配，而是通过代际间的收入再分配实现的（何立新、佐藤宏，2008）。从代际分配来看，改革后的新方案提高了各代人的养老金待遇，降低了养老保险制度的代际不平衡（何立新, 2007）。然而, 另一些研究也指出, 我国社会养老保险制度改革亦存在着收入再分配上的负效应。雷针、高传胜（2019）从筹资环节、给付环节、体系结构三个方面系统梳理了社会养老保险实现收入再分配的机理, 发现当前养老保险存在制度碎片化、设计不科学、统筹层次低等问题并引致收入再分配的"逆调节"。乔俊峰（2011）认为, 统一比例调整养老金待遇使纵向、横向的再分配因素消失, 不能充分发挥养老保险制度的收入调节功能。彭浩然、申曙光（2007）发现, 与原养老保险制度相比[①], 新养老保险制度明显减弱了代内再分配效应, 并且可能会引起严重的代际不公平。低水平、不均等的养老保险转移支付还会造成城乡间、群体间、行业间的收入差距拉大, 也形成逆向再分配效应（胡芳肖、张美丽、郭春艳, 2014; 侯明喜, 2007; 信长星, 2008; 张世伟、李学, 2008）。上述文献从理论到实证, 详细考察了我国基本养老保险的收入再分配效应, 但主要以居民个人为单位进行。事实上, 养老保险制度在代际内和代际间的分配效应不仅表现在全体社会成员之间, 同时也体现在家庭之间及家庭成员内部。本章将深入探讨我国养老保险制度改革的家庭收入分配效应。

6.1 改革开放以来中国养老保险制度改革历程回顾

21 世纪人口的快速老龄化使我国面临极大的养老压力。根据中国老龄工作委员会办公室 2006 年《中国人口老龄化发展趋势预测研究报告》, 2001～2020 年是我国快速老龄化阶段。到 2020 年时, 我国老年人口将达 2.48 亿人, 老龄化水平达到 17.17%。其中, 80 岁及以上老年人口将达 3067 万人, 占老年人口的 12.37%。早在 1951 年, 依据劳动保险条例建立的我国职工劳动保险制度就从制度设计层面关注了养老问题。劳保制度是一种融合养老、医疗、工伤、生育以及各种福利的综合性劳动保险制度, 但其受益主体主要集中于国有和集体企业职工, 在以家庭养老为主要养老形式的我国也仅是一种起到补充作用的养老制度安排。建立惠及全体居民的社会养老制度成为我国政府养老保障体系改革的方向。1997 年城镇职工基本养老保险开始建立, 2009 年新型农村社会养老保险开始试点, 2011 年城镇居民社会养老保险（简称城居保）启动试点。2014 年 2 月国务院印发《关于建立统一的城乡居民基本养老保险制度的意见》, 部署在全国范围内建立统一的城乡居民基本养老保险制度。2017 年

---

① 以国发〔2005〕38 号文为分界点。

10 月 18 日，习近平同志在党的十九大报告中指出，要加强社会保障体系建设。要"全面建成覆盖全民、城乡统筹、权责清晰、保障适度、可持续的多层次社会保障体系。全面实施全民参保计划。完善城镇职工基本养老保险和城乡居民基本养老保险制度，尽快实现养老保险全国统筹。"城镇职工养老保险、新农保和城居保制度全方位覆盖我国居民，城乡居民养老保险制度建设不断完善，这有望使期盼千年的"老有所依"得以真正实现。

6.1.1 城镇职工基本养老保险制度改革历程

我国城镇职工基本养老保险制度建立于 1997 年，覆盖城镇各类企业职工。2006 年，其覆盖面扩展至个体工商户及灵活就业人员。按照规定，参保职工达到退休年龄（男性年满 60 周岁、女性年满 55 周岁）后可按月领取包括基础养老金和个人账户养老金的养老金。城镇职工养老保险依法强制执行。政府建立养老保险基金，采用社会统筹与个人账户相结合的管理模式。参保费用由单位和个人共同承担，职工缴费划入个人账户，企业缴费用于社会统筹。

我国城镇职工基本养老保险制度改革主要经历了以下三个阶段。

1. 初步建设阶段

1991 年 6 月，国务院首次颁布《关于企业职工养老保险制度改革的决定》，确立了以社会保险模式为企业职工养老保险制度改革的基本方向。要"改变养老保险完全由国家、企业包下来的办法，实行国家、企业、个人三方共同负担，职工个人也要缴纳一定的费用。""基本养老保险基金按照以支定收、略有节余、留有部分积累的原则统一筹集"。1993 年，党的十四届三中全会通过《中共中央关于建立社会主义市场经济体制若干问题的决定》，明确养老保险基金实行"社会统筹与个人账户相结合"的管理模式。1995 年，国务院再次颁布《关于深化企业职工养老保险制度改革的通知》，明确规定职工养老社会保险实行社会统筹与个人账户相结合，社会统筹部分由企业缴费，个人账户缴费则由企业和个人共同承担。考虑到实际情况，政策实施前退休的职工（称作"老人"）、政策实施前参加工作而将在政策实施后退休的职工（称作"中人"）、政策实施后参加工作的职工（称作"新人"）将适用不同政策措施。

2. 统一建设阶段

国务院于 1997 年正式颁布《关于建立统一的企业职工基本养老保险制度的决定》，规定将实行全国统一的统账结合模式：各地按个人缴费工资的 11%

设立个人账户；企业缴费比例一般不超过企业工资总额的20%，其中一部分根据需要计入个人账户，其余部分计入统筹账户；养老金待遇由基础养老金和个人账户养老金构成，基础养老金从统筹账户支出。至此，我国养老保险统账结合模式基本确立。从2006年1月1日起，养老金个人账户的规模统一由本人缴费工资的11%调整为8%，全部由个人缴费形成，单位缴费不再划入个人账户。由于历史原因，机关和事业单位人员一直未开通个人养老金账户。2015年《国务院关于机关事业单位工作人员养老保险制度改革的决定》颁布，决定建立机关和事业单位养老制度。该养老制度适用于按照公务员法管理的单位、参照公务员法管理的机关（单位）、事业单位及其编制内的工作人员，此规定实现了职工养老保险与机关事业单位工作人员养老保险的并轨。历经20多年的不懈努力，我国基本养老保险制度从无到有、从点到面；从城镇到农村，从企业职工、农民到城镇居民；从企业到机关事业单位，做到了全国范围的全覆盖。

为解决养老保险统账结合改革中个人账户"空账"问题，我国自2000年开始陆续在辽宁、吉林、黑龙江进行做实个人账户的试点，实践社会统筹基金和个人账户相结合的"部分积累制度"。2005年，国务院总结试点经验颁布《关于完善企业职工基本养老保险制度的决定》，明确提出：要逐步做实个人账户，缩小个人账户规模，增强社会互济功能。建立参保缴费的激励约束机制，鼓励多缴多得、长缴多得。该文件成为当前我国基本养老保险制度运行的主要政策依据。2017年10月18日，习近平同志在党的十九大报告中进一步指出，要完善城镇职工基本养老保险制度。

3. 立法保障阶段

为增强养老基金的支付能力，国务院还先后颁布了一系列完善基本养老保险制度的政策，包括提高做实个人账户比例、推进省级统筹、完善各统筹地域间的转移接续办法等。2010年10月，第十一届全国人民代表大会常务委员会第十七次会议通过《中华人民共和国社会保险法》（以下简称《社会保险法》），并于2011年7月1日正式实施。《社会保险法》以法律的形式确定了养老保险制度的基本原则和基本框架，为我国实施城镇职工养老保险等保险制度提供法律依据。2016年4月，为降低企业成本、增强企业活力，根据《社会保险法》等有关规定，国务院常务委员会决定阶段性降低社会保险费率。从2016年5月1日起，企业职工基本养老保险单位缴费比例超过20%的省（区、市），将单位缴费比例降至20%；单位缴费比例为20%且2015年底企业职工基本养老保险基金累计结余可支付月数高于9个月的省（区、市），可以阶段性将单位缴费比例降低至19%；降低费率的期限暂按两年执行；具体方案由各省（区、市）确定。2018年5月30日，根据党中央、国务院决策部署和《社会保险法》有关要求，国务院决定建立养老保险基金中央调剂制度，以均衡地区间企业职工基本养老保险基金负担，实现基本养老保险制度可持续发展。自2018年7月1日起，在现行企业职工基本养老保险省级统筹基础上，建立中央调剂基金，对各省份养老保险基金进行适度调剂，确保基本养老金按时足额发放。养老保险基金中央调剂制度是为平衡各省区市经济不平衡建立的调剂工具，以避免部分经济落后、社保负担重的省份，面临发不出养老金的风险，是养老保险制度可持续发展的需要，是实现全国统筹的第一步。

6.1.2 城镇居民社会养老保险制度改革历程

由国务院开展的城镇居民社会养老保险制度始建于2011年，其保障主体涉及不符合职工基本养老保险参保条件、年满16周岁的城镇非从业居民（不含在校学生）。按照规定，有户籍的参保居民年满60周岁，可按月领取包括基础养老金和个人账户养老金在内的养老金。已年满60周岁、符合规定条件的城镇居民，不用缴费，可按月领取基础养老金。城镇居民社会养老保险采取属地管理和自愿参保原则，实施个人（家庭）缴费与政府补贴相结合的筹资政策，实行社会统筹和个人账户相结合的管理方法，与家庭养老、社会救助、社会福利等其他社会保障政策配套，保障城镇居民老年基本生活。

城镇居民养老保险制度是我国新型社会保险制度中的新成员，是按照加快建立覆盖城乡的社会保障体系要求，针对城镇无养老保障居民建立起来的养老制度安排。其基本原则是"保基本、广覆盖、有弹性、可持续"。2011年6月，国务院颁布《关于开展城镇居民社会养老保险试点的指导意见》，明确了我国城镇居民社会养老保险基本框架。同年7月1日，试点工作正式启动，首批试点覆盖面即达到60%。依据该指导意见，国家赋予地方政府自主权，各地根据实际情况制定养老保险试点的具体措施，政策灵活性相对较大。该指导意见要求，应从实际出发，低水平起步，筹资标准和待遇标准都要与经济发展和各方面承受能力相适应。至今，各城市依然停留于政策试点与探索的阶段，全国统一标准的城市普惠型养老金还没有确立。然而，出于完善保障体系的紧迫性与坚定决心，在我国政府的大力推动下，城镇居民社会养老保险得以迅速铺开，到2012年时已基本实现了制度的全覆盖。城镇居民社会养老保险成为我国保障体系改革中最快实现全覆盖的保障制度安排。

6.1.3 新型农村社会养老保险制度改革历程

由国务院开展的农村居民社会养老保险制度建立于 2009 年，保障范围为不符合职工基本养老保险参保条件、年满 16 周岁的农村居民（不含在校学生）。按照规定，年满 60 周岁、未享受城镇职工基本养老保险待遇的农村有户籍的老年人可按月领取包括基础养老金和个人账户养老金在内的养老金。农村居民社会养老保险也采取属地管理和自愿参保原则，其基金来源由个人缴费、集体补助、政府补贴构成，实行社会统筹和个人账户相结合的管理方法，与家庭养老、土地保障、社会救助等其他社会保障政策措施相配套，保障农村居民老年基本生活。

我国农村社会养老保险制度改革主要经历了以下两个阶段。

1. 老农保建设阶段

20 世纪 80 年代，我国民政部门已开始探索建立农村基层社会保障体制。1992 年，民政部颁布《县级农村社会养老保险基本方案（试行）》，确定以县为基本单位开展农村社会养老保险。该方案规定，市城镇户口、不由国家供应商品粮的农村人口均可在户籍地参保。交纳保险年龄为 20 周岁至 60 周岁，60 周岁以后可领取养老保险金且终身支付。推广地区应由县（市）政府制定《农村社会养老保险暂行管理办法》，通过实践补充完善，再由政府发布决定或命令，依法建立农村社会养老保险制度。老农保按人立户，记账建档，实行村（企业）、乡、县三级管理。因政府财力有限，老农保主要由农民自己缴费，政府仅给予政策扶持，其实质是自我储蓄养老模式。

随着财政收入的逐年增加，我国经济基础更为坚实，加上城镇职工养老保险等制度改革积累了良多经验，在农村实施更高水平的养老保障成为可能。

2. 新农保改革阶段

2002 年 11 月，党的十六次代表大会提出建立农村社会养老保险制度，标志着我国农村社会养老保险制度进入了新的发展阶段。2006 年 1 月，依照劳动和社会保障部《劳动和社会保障事业发展"十一五"规划纲要》"建立农村社会养老保险制度既要与相关的社会保障措施相协调，又要与当地的经济社会发展状况相适应"的要求，招远市和牡丹区（山东省）、霍邱县（安徽省）、柳林县（山西省）、大兴区（北京市）等 8 个地区被选为新型农村社会养老保险试点地区，新农保试点工作正式启动。

在胡锦涛同志"加快建立覆盖城乡居民的社会保障体系，保障人民基本生活。"（中共第十七次全国代表大会）的要求下，国务院《关于开展新型农村社会养老保险试点指导意见》于 2009 年 9 月颁布。该指导意见明确新农保的基本原则为"保基本、广覆盖、有弹性、可持续",并就新型农村养老保险的参保范围、基金筹集、建立个人账户、养老金待遇、领取条件等做出了具体规定。该指导意见还决定 2009 年在全国选择 10% 的县（市、区、旗）开展新农保试点，以后逐步扩大试点，2020 年之前基本实现对农村适龄居民的全覆盖。这标志着我国新型农村社会养老保险制度全面启动，也标志着全国统一标准的农村普惠型养老金制度确立。

与老农保相比，新农保从以农民个人缴费为主转变为以个人缴费、集体补助、政府补贴相结合的筹资方式，从仅有个人账户转变为实行社会统筹与个人账户相结合的管理方式。而且新农保个人缴费，集体补助及其他经济组织、社会公益组织、个人对参保人缴费的资助，地方政府对参保人的缴费补贴，全部记入个人账户。在我国政府的大力推动下，新型农村社会养老保险迅速发展。

6.1.4 城乡居民基本养老保险制度

在总结新农保、城居保试点经验的基础上，2014 年 2 月，国务院印发《关于建立统一的城乡居民基本养老保险制度的意见》，部署在全国范围内建立统一的城乡居民基本养老保险制度。该意见提出到"十二五"末，在全国范围内基本实现新农保和城居保制度合并实施，并与职工基本养老保险制度相衔接。2020 年前，全面建成公平、统一、规范的城乡居民养老保险制度，与社会救助、社会福利等其他社会保障政策相配套，充分发挥家庭养老等传统保障方式的积极作用，更好保障参保城乡居民的老年基本生活。城乡居民养老保险的保障范围为年满 16 周岁（不含在校学生），非国家机关和事业单位工作人员及不属于职工基本养老保险制度覆盖范围的城乡居民。按照规定，年满60 周岁、累计缴费满 15 年，且未领取国家规定的基本养老保障待遇的，可以按月领取城乡居民养老保险待遇。新农保或城居保制度实施时已年满 60 周岁，在 2014 年 2 月 21 日前未领取国家规定的基本养老保障待遇的，不用缴费，自2014 年 2 月起，可以按月领取城乡居民养老保险基础养老金；距规定领取年龄不足 15 年的，应逐年缴费，也允许补缴，累计缴费不超过 15 年；距规定领取年龄超过 15 年的，应按年缴费，累计缴费不少于 15 年。城乡居民基本养老保险的基本原则是"保基本、广覆盖、有弹性、可持续"，其基金来源由个人缴费、集体补助、政府补贴构成，坚持和完善社会统筹与个人账户相结合的制度模式，巩固和拓宽个人缴费、集体补助、政府补贴相结合的资金筹集渠道，完善基础养老金和个人账户养老金相结合的待遇支付政策，强化长缴多得、多缴多得等制度的激励机制，建立基础养老金正常调整机制，健全服务网络，提高管理水平，为参保居民提供方便快捷的服务。

建立统一的城乡居民基本养老保险制度，使全体人民公平地享有基本养老保障，是中国经济社会发展的必然要求和推进"新四化"建设的需要，这既有利于促进人口纵向流动、增强社会安全感，也有利于使群众对民生改善有稳定的预期，对于拉动消费、鼓励创新创业，具有重要意义。

6.2 中国养老保险制度改革家庭收入分配效应经验分析

6.2.1 研究设计与数据说明

养老保险是通过保险体系对所有参保人养老支出进行风险共担的制度设计，具有应对长寿风险的保险功能和强制储蓄功能。同时，养老保险还可通过现收现付制融资使缴费和受益分别集中在就业的青壮年时期和退出劳动市场的老年时期，从而实现代际收入再分配，甚至可通过对不同群体实行不同的养老保险缴费率或养老金计发办法来实现代际内的收入再分配（Aaron，1966；Diamond，1977[b]；Atkinson，1987；李绍光，1998；何立新、佐藤宏，2008）。

考虑到家庭间人口年龄构成有所不同，养老保险制度改革的家庭收入分配效应可能存在一定差异，本节将就此问题展开经验分析。鉴于自 1997 年始的城镇职工基本养老保险制度改革已基本到位，而城镇居民社会养老保险 2011 年才启动试点且相关调查数据至今仍十分匮乏，本节将以始于 2009 年的新型农村社会养老保险改革为典型，考察养老保险制度改革的家庭收入分配效应。老农保以农民个人缴费为主，其实质是自我储蓄养老，并未在参保人群间实现收入转移。而新农保则以个人缴费、集体补助、政府补贴相结合方式筹资，其现收现付与基金积累相结合的融资方式可引致代际内与代际间的收入再分配。因此，本部分只需考察新农保制度实施对农村居民收入再分配的影响。本节关注的重点问题是：（1）新型农村社会养老保险制度的建立对我国农村家庭间收入分配产生了何种影响？（2）新农保收入分配效应在家庭与个人两层面有何异同？此种差异对政府收入调控政策的制定有何积极意义？本节研究的特点是：（1）突破以个人为单位的惯常做法，从家庭层面探讨新农保建立对农村居民收入分配的影响。（2）尝试基于差异化家庭人口年龄构成构建识别新农保家庭收入分配效应的方法体系。

何立新、佐藤宏（2008）基于初次收入（initial income）、再分配收入

（redistributed income）等概念，利用基尼系数（G）、马斯格雷夫—辛恩指数（MT）、再分配系数（R）、相对贫困率（PR）等指标对中国城镇社会保障制度的收入再分配作用进行了探讨。本节拟借鉴其基本方法，并考虑家庭人口年龄构成差异，对新农保制度的家庭收入分配效应进行经验分析。为更好地展示新农保家庭收入分配效应，笔者还同步考察了新农保个人收入分配效应。无论初始收入还是再分配收入均为经过精确计算的家庭（个人）总收入，相关概念及分析指标定义见表 6 - 1。

本节将使用由北京大学国家发展研究院中国经济研究中心采集的中国健康与养老追踪调查（china health and retirement longitudinal study，CHARLS）2011 年、2013 年和 2015 年三期调查数据进行经验分析。CHARLS 2011 年全国基线调查数据覆盖 150 个县级单位，450 个村级单位，约 1 万户家庭中的 1.7 万城镇和农村住户，主要调查对象为 45 岁以上中老年人。这些样本成为 CHALRS 数据的基础样本，并在 2011 年之后每两年展开一次追踪调查。该入户调查获得了十分翔实的收入及养老金信息，为本研究提供了可靠的数据基础。在匹配家庭经济、人口、新农保参保信息并保留收入为正的样本后，笔者获得了适用于本研究的 3 年期有效样本。其中，2011 年为 3823 个家庭中的 4895 位农业户籍居民，2013 年为 3360 个家庭中的 4882 位农业户籍居民，2015 年为 2477 个家庭中的 2481 位农业户籍居民。依据国家统计局公布数据，2011 年我国全国新农保居民参保率为 49.72%[①]，为尽可能保持与我国国情相一致，笔者在 2011 年样本数据中抽取了相应比例参保居民。然而，后续年份新农保居民参保人数却并未公布，致使无法估算 2013 年和 2015 年具体参保率，因此本研究没有对后续两期数据进行抽样处理。经过必要调整，本研究样本居民在 2011 年、2013 年和 2015 年的新农保参保率分别为 49.72%，70.91% 和 74.89%[②]。为保持收入的可比性，笔者以 2011 年为基期，对 2013 年和 2015 年样本家庭和个人收入数据进行了价格平减。因 CHARLS 数据调查样本仅为 45 岁以上中老年人，此处无法对 16 ~ 45 岁农业户籍人口的新农保收入分配效应进行探讨，但这并不影响对"到达规定年龄即可领取养老金"规则下样本家庭和个人在"规定年龄"前后收入再分配效应的分析。

[①] 据国家统计局网络数据库数据显示，2011 年全国新农保试点参保人数为 32643.5 万人，当年全国农村总人口为 65656 万人，据此换算的 2011 年新农保参保率为 49.72%。

[②] 相应样本家庭在 2011 年、2013 年和 2015 年的新农保参保率分别为 42.74%，68.51% 和 74.77%。

表 6 – 1　　　　　　　　　收入相关概念及分析指标定义

	变量	定　义
收入相 关概念 （元/年）	家庭初始收入	包含夫妻第一职业及兼职工资收入、家庭农林牧副渔净收入（含自用产品价值）、家庭个体经营净收入及家庭政府转移支付收入（如最低生活保障)[①]，不包括任何与养老保险有关的支出和收入
	家庭再分配收入	家庭再分配收入 = 家庭初始收入 + 夫妻二人养老金收入 – 夫妻二人养老保险费[②]
	家庭养老保险费	夫妻二人养老保险费年缴总额
	家庭养老金收入	夫妻二人养老金年收入总额
	个人初始收入	包含个人第一职业及兼职工资收入、个体经营净收入以及按照家庭人口平均分配的家庭农林牧副渔净收入（含自用产品价值）、家庭政府转移支付收入（如最低生活保障)，不包括任何与养老保险有关的支出和收入
	个人再分配收入	个人再分配收入 = 个人初始收入 + 个人养老金收入 – 个人养老保险费
	个人养老保险费	个人养老保险费年缴总额
	个人养老金收入	个人养老金年收入总额
分析指标	基尼系数 G	在全部收入中用于进行不平等分配的那部分收入占总收入的百分比，初始收入的基尼系数为 G，再分配收入的基尼系数为 G*
	马斯格雷夫—辛恩指数 MT	测度不平等程度的绝对变化，MT = G – G*
	再分配系数 R	测度不平等程度的相对变化，R = MT/G × 100
	相对贫困率 PR	PR = Np/N × 100，N 指所有样本，Np 代表收入低于所有样本收入中位数 50% 的样本数

注：①与何立新、佐藤宏（2008）以非初次收入（initial income）为基础的分析不同，在测度新农保收入分配效应时，本研究将包含家庭转移支付在内的初始收入作为基准收入，这有利于更好地识别养老保险对居民及家庭收入的调节作用。

②受数据限制，本部分只能以夫妻二人养老保险收入支出代征所有家庭成员养老保险收入支出，因此展示的养老保险家庭收入分配效应相对考虑所有家庭成员时偏小，但这并不影响对家庭收入分配效应基本变化趋势的展示。

6.2.2　描述统计与经验分析

本部分将依据前述相关概念和测度指标，探查新型农村社会养老保险制度对家庭和个人收入再分配的影响。笔者将从不同收入阶层、不同代际两个方面分别进行探讨。

1. 对不同收入阶层的影响

为展示新农保对不同收入阶层的作用效果，笔者区分不同调查时期，将初始收入从低到高划分为十等份组。基于 2011 年、2013 年和 2015 年三期数据，区分家庭和个人两层面，初始收入十等份组下新农保再分配情况分别展示于表 6-2 的 A 部分、B 部分及 C 部分。

从表 6-2 数据中可以观察到以下三个特点。

（1）通过新农保制度的再分配，无论家庭组还是个人组，低收入分组的平均收入额都得到了提升，其增幅随初始收入的增加逐步减少。从家庭层面看，2011 年最低收入组再分配收入较初始收入改善了 70.56%，个人层面的改善则高达 181.68%。相应地，2013 年和 2015 年最低收入组再分配收入较初始收入分别改善了 120.91% 和 125.98%，而个人层面的改善率也分别高达 229.9% 和 197.92%。而后续的处于各收入分位的家庭和个人的收入改善率均随收入水平的提升而逐步减小。总体而言，新农保制度的确使收入水平较低的家庭和个人，特别是最低收入组家庭和个人获得了收入提升，相比之下新农保制度的收入调节作用在个人层面获益更大。

（2）与上述变化对应的人口特征是，家庭收入组中 60 岁以上人口在家庭总人口中的占比逐步递减，个人收入组居民平均年龄亦呈递减趋势。进一步来看，虽然 2011 年、2013 年和 2015 年收入相对较低的家庭和个人人口构成特征并未呈现平滑下降的直线变化，但总体上收入相对较低家庭中 60 岁以上老年人口仍然较多，收入较低的居民年龄也相对较大。以上现象说明，基于 60 岁之前缴费、60 岁之后受益的制度设计，新农保直接受益人群主要集中在 60 岁以上老年人口。由此，家庭人口年龄结构及居民年龄大小将直接影响新农保的收入再分配效果。

（3）家庭和个人某些最高收入组的收入改善率为负值。在 2011 年和 2013 年数据分析中，收入改善率在一些最高收入组别甚至出现改善率为负的情况。以 2011 年数据分析为例，样本家庭中最高收入组的再分配收入较之初始收入降低了 0.3%，而最高收入个人组也同样减少了 0.03%。与人口特征联系起来看，在最高收入组中 60 岁以上人口占比或居民平均年龄均为各组最低，处于

表6-2 初始收入十等份组下的收入再分配

样本	十等份组（由低到高）	1	2	3	4	5	6	7	8	9	10
	A部分 CHARLS 2011年数据测度										
家庭	初始收入（元/年）	171.41	510.78	1100.22	2022.07	3289.33	4976.83	7142.58	10709.41	16856.03	28070.03
	再分配收入（元/年）	292.35	737.57	1287.29	2242.16	3466.13	5074.04	7149.21	10820.73	17002.71	27987.2
	改善率（%）	70.56	44.40	17.00	10.88	5.37	1.95	0.09	1.04	0.87	-0.30
	60岁以上人口占比（%）	39.34	37.68	39.37	40.00	33.24	31.21	25.56	21.90	15.00	10.79
	样本量	420	347	393	382	374	377	385	381	381	383
个人	初始收入（元/年）	36.69	117.91	267.75	506.82	824.33	1219.74	1780.83	2745.68	5339.67	15592.95
	再分配收入（元/年）	103.35	242.65	358.28	677.45	1046.6	1345.12	1882.11	2808.68	5371.78	15587.75
	改善率（%）	181.68	105.79	33.81	33.67	26.96	10.28	5.69	2.29	0.60	-0.03
	平均年龄（岁）	59.13	60.22	59.83	60.44	59.9	58.42	58.77	58.48	57.34	53.6
	样本量	492	489	489	491	307	449	495	490	484	489
	B部分 CHARLS 2013年数据测度										
家庭	初始收入（元/年）	409.03	946.89	1626.95	2846.68	5108.42	8499.10	12151.28	17861.17	23696.49	32882.52
	再分配收入（元/年）	903.61	1407.90	2138.80	3313.35	5448.82	8918.40	12623.79	18102.80	23680.78	32928.22
	改善率（%）	120.91	48.69	31.46	16.39	6.66	4.93	3.89	1.35	-0.07	0.14
	60岁以上人口占比（%）	54.48	57.86	51.44	43.15	37.64	34.88	29.72	24.76	20.62	21.30
	样本量	337	337	334	339	352	340	313	368	305	335

续表

样本	十等份组（由低到高）	1	2	3	4	5	6	7	8	9	10
个人	初始收入（元/年）	158.60	401.34	643.88	1046.42	1706.10	2717.37	4343.26	7532.83	13015.04	24541.02
	再分配收入（元/年）	523.21	734.37	936.16	1326.58	1982.47	2914.22	4487.43	7735.21	13086.19	24563.09
	改善率（%）	229.90	82.98	45.39	26.77	16.20	7.24	3.32	2.69	0.55	0.09
	平均年龄（岁）	62.06	64.44	63.37	62.11	59.64	59.55	58.16	58.09	55.37	54.55
	样本量	501	509	469	477	502	471	493	483	488	489

C 部分　CHARLS 2015 年数据测度

样本	十等份组（由低到高）	1	2	3	4	5	6	7	8	9	10
家庭	初始收入（元/年）	424.57	1039.81	1492.66	2638.60	4899.71	8659.95	13329.58	19523.51	26035.98	34829.82
	再分配收入（元/年）	959.45	1740.90	2235.57	3226.29	5587.61	9335.73	13972.26	20042.74	26478.90	34924.39
	改善率（%）	125.98	67.42	49.77	22.27	14.04	7.80	4.82	2.66	1.70	0.27
	60岁以上人口占比（%）	57.37	67.55	63.24	55.93	52.81	42.32	43.61	38.94	28.39	21.30
	样本量	248	250	245	247	270	249	237	238	245	248
个人	初始收入（元/年）	217.98	538.16	873.90	1444.05	2488.84	4441.04	8431.54	13458.16	21270.56	32455.43
	再分配收入（元/年）	649.41	1058.81	1247.64	1786.66	2968.82	4708.30	8874.56	13819.66	21535.26	32599.23
	改善率（%）	197.92	96.75	42.77	23.73	19.29	6.02	5.25	2.69	1.24	0.44
	平均年龄（岁）	63.83	65.28	64.23	63.53	61.46	60.08	59.81	57.80	57.42	54.55
	样本量	250	248	256	238	251	245	273	227	262	231

注：改善率 =（再分配收入 - 初始收入）/初始收入。

新农保缴费期的人口相对较多，因而再分配收入总体上低于初始收入。这说明，高收入组别家庭和个人当年"牺牲"了自己的收入，而这些收入被新农保制度设计调节到了收入水平相对较低的家庭和个人中。然而，此项收入的转移幅度却非常低，高收入家庭转出的收入仅为其初始收入的 0.3%、高收入个人转出的收入仅占初始收入的 0.03%。这揭示了我国新农保制度在起到显著的收入再分配调节作用同时，其费用负担的累进性还非常低，很可能在长期上使现收现付制新农保陷入入不敷出的尴尬境地。

为深入探察新农保对中低收入阶层的影响，笔者进一步测算了相对贫困率 PR（收入低于中位数 50% 人群的占比）。结果显示，2011 年家庭初始收入和再分配收入的相对贫困率分别为 34.37% 和 34.34%，个人初始收入和再分配收入相对贫困率分别为 34.01% 和 32.24%，其降幅分别为 0.03% 和 1.77%。2013 年和 2015 年家庭初始收入和再分配收入的相对贫困率降幅分别为 1.19% 和 1.82%，而个人初始收入和再分配收入相对贫困率降幅分别高达 5.22% 和 3.63%[①]。可见，新农保制度无论在家庭层面还是个人层面均降低了相对贫困的发生。

综上所述，新农保制度使家庭收入和个人收入均得到普遍提升，其中个人收入改善率较家庭收入改善率相对更大。在不同收入阶层中，高收入组家庭和个人向低收入组家庭和个人转移了收入，使低收入组从中获得最大收益。新农保制度还降低了相对贫困的发生，但其费用负担的累进性还很低。受调查数据的严格限制，上述分析并未包含 16 ~ 45 岁人群，且家庭分析也未能囊括夫妻二人以外的其他家庭成员。若获得可靠数据放开上述限制，则考察样本中处于缴费期的人群将增多，家庭保险费支出额与收益额会显著扩大。可以预期：高收入组向低收入组转移收入的范围和力度都将扩大，相对贫困改善将更为有效；新农保对家庭收入和个人收入的再分配调节效果将更为乐观。

2. 对不同代际的影响

鉴于 60 岁之前缴费、60 岁之后受益的制度设计，新农保收入分配效应不仅体现在不同收入阶层的收入分配上，更应表现为不同代际间的收入转移。新农保制度的代际分配状况如何？本部分笔者将对此进行考察。

---

① 2013 年家庭初始收入和再分配收入的相对贫困率分别为 36.64% 和 35.45%，个人初始收入和再分配收入相对贫困率分别为 35.33% 和 30.11%，其降幅分别高达 1.19% 和 5.22%；2015 年家庭初始收入和再分配收入的相对贫困率分别为 37.87% 和 36.05%，个人初始收入和再分配收入相对贫困率分别为 37.57% 和 33.94%，其降幅分别为 1.82% 和 3.63%。

基于 2011 年、2013 年和 2015 年三期数据，分年龄构成进行的家庭收入再分配情况分析显示于表 6-3 中。三期数据均显示，夫妻年龄以 60 岁为界划分的三组家庭绝对收入额显著递减，但收入改善率却逐步递增。其中，"两人都不满 60 岁"的家庭向其他组别家庭转移了收入（其改善率均为负值），而"其中一人满 60 岁"和"两人都满 60 岁"的家庭则获得了转移收入，后者获益更大。利用 2011 年、2013 年和 2015 年三期数据均值描绘的折线图 6-1a 具体展示了这一趋势。可以看到，初始收入线与再分配收入线在"两人都不满 60 岁"家庭与"其中一人满 60 岁"家庭组间交替，"其中一人满 60 岁"和"两人都满 60 岁"家庭组的再分配收入高于初始收入。为更清晰地展示三组家庭间收入转移的这种变化，笔者还给出了仅依据参保样本数据绘制的趋势图 6-1b。以上数据特征表明，60 岁以上老年家庭成员比例越大，家庭从新农保制度中获得的收益就越大。

表 6-3 　　　　　　　　　　　分年龄构成家庭收入再分配

	变量	两人都不满 60 岁	其中一人满 60 岁	两人都满 60 岁
A 部分 CHARLS 2011 年数据测度	初始收入（元/年）	9922.22	6905.55	5189.62
	再分配收入（元/年）	9796.28	7021.39	5705.07
	改善率（%）	-1.27	1.68	9.93
	样本量	1747	407	1027
B 部分 CHARLS 2013 年数据测度	初始收入（元/年）	14798.74	11077.79	7416.461
	再分配收入（元/年）	14671.86	11191.36	8483.639
	改善率（%）	-0.86	1.03	14.39
	样本量	1304	334	953
C 部分 CHARLS 2015 年数据测度	初始收入（元/年）	15848.78	11434.07	8951.064
	再分配收入（元/年）	15640.18	12167.6	10476.94
	改善率（%）	-1.32	6.42	17.05
	样本量	852	221	707

表 6-4 描述了 2011 年、2013 年和 2015 年分年龄段个人收入再分配状况。可以看到，45 岁以上居民初始收入和再分配收入绝对数额呈现出随年龄增加而递减的基本走势，但收入改善率却以 60 岁为界呈现两极分化。小于 60 岁的各年龄组收入改善率均为负值，60 岁以上各年龄组改善率则全部为正且数值上呈现递增趋势。折线图 6-2a 展示了这一趋势。可以看到，初始收入线高于再分配收入线的走势大致在 55~59 岁这一年龄段后出现逆转，

依据参保样本数据绘制的图 6-2b 更明确地展示出了此种趋势。这反过来证实，新农保"60 岁后才可领取养老金"的规定在居民间具有显著的代际收入调节作用。

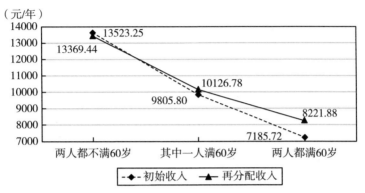

6-1a 分年龄构成家庭收入再分配：全样本

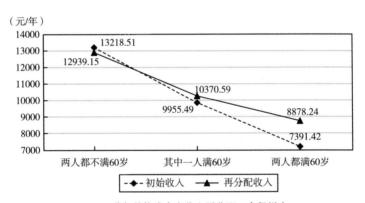

6-1b 分年龄构成家庭收入再分配：参保样本

图 6-1 分年龄构成家庭收入再分配

注：上述图形基于 CHARLS 2011 年、2013 年、2015 年三期相关变量均值展开描述。基于 2011 年、2013 年、2015 年各年数据所做描述统计图亦展示出同样的变化趋势，限于篇幅，此处省略。

表 6-4	分年龄段个人收入再分配						
	年龄组	45~49 岁	50~54 岁	55~59 岁	60~64 岁	65~69 岁	70 岁以上
A 部分 CHARLS 2011 年数据测度	初始收入（元/年）	3951.910	3720.340	3118.550	2225.120	1943.820	1177.770
	再分配收入（元/年）	3868.690	3656.220	3052.360	2492.530	2312.910	1455.490
	改善率（%）	-2.11	-1.72	-2.12	12.02	18.99	23.58
	样本量	1034	727	1075	818	550	681

	年龄组	45~49 岁	50~54 岁	55~59 岁	60~64 岁	65~69 岁	70 岁以上
B 部分 CHARLS 2013 年数据测度	初始收入（元/年）	8717.385	8295.178	6269.657	4546.084	3116.072	2248.492
	再分配收入（元/年）	8637.370	8232.009	6159.484	5003.677	3717.217	2844.170
	改善率（%）	−0.92	−0.76	−1.76	10.07	19.29	26.49
	样本量	824	752	930	965	615	786
C 部分 CHARLS 2015 年数据测度	初始收入（元/年）	11568.530	12532.830	10798.320	8466.468	5292.072	3493.759
	再分配收入（元/年）	11431.320	12365.240	10660.720	9142.027	6145.555	4314.913
	改善率（%）	−1.19	−1.34	−1.27	7.98	16.13	23.50
	样本量	365	393	348	497	397	481

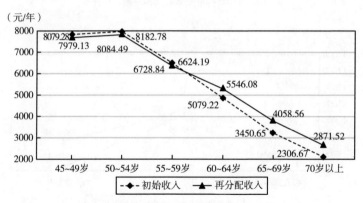

6−2a 分年龄段个人收入再分配：全样本

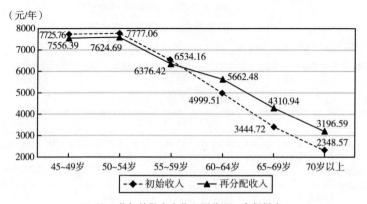

6−2b 分年龄段个人收入再分配：参保样本

图 6−2 分年龄段个人收入再分配

上述对新农保收入分配效应的分析均基于收入绝对值变化，接下来笔者将依据收入不平等程度的变化考察新农保制度的再分配效应。表 6 - 5 列示了新农保再分配对基尼系数的改善程度，前两列数据分别展示了家庭和个人层面的效果，后三列则是对三种家庭类型进行的分析。

表 6 - 5　　　　　　养老保险再分配对收入差距（基尼系数）的影响

	指标	定义式	家庭（全样本）	个人（全样本）	两人都不满 60 岁的家庭	其中一人满 60 岁的家庭	两人都满 60 岁的家庭
A 部分 CHARLS 2011 年数据测度	初始收入的基尼系数	G	0.5852	0.6973	0.5394	0.5486	0.5920
	再分配收入的基尼系数	G*	0.5758	0.6862	0.5467	0.5423	0.5528
	马斯格雷夫—辛恩指数 MT	G - G*	0.0094	0.0110	-0.0074	0.0063	0.0392
	再分配系数 R	MT/G×100	1.6295	1.6092	-1.3458	1.1632	7.0914
B 部分 CHARLS 2013 年数据测度	初始收入的基尼系数	G	0.5396	0.6413	0.4406	0.5018	0.5745
	再分配收入的基尼系数	G*	0.5200	0.6164	0.4473	0.4944	0.5143
	马斯格雷夫—辛恩指数 MT	G - G*	0.0197	0.0249	-0.0067	0.0073	0.0602
	再分配系数 R	MT/G×100	3.7825	4.0444	-1.5014	1.4834	11.7019
C 部分 CHARLS 2015 年数据测度	初始收入的基尼系数	G	0.5502	0.6166	0.4430	0.5288	0.5733
	再分配收入的基尼系数	G*	0.5256	0.5931	0.4486	0.5023	0.5122
	马斯格雷夫—辛恩指数 MT	G - G*	0.0246	0.0234	-0.0056	0.0265	0.0611
	再分配系数 R	MT/G×100	4.6855	3.9495	-1.2551	5.2772	11.9287

第一，总体上讲，新农保制度确实起到了缩小收入差距的作用。从表 6 - 5 可以看到，家庭样本再分配系数与个人样本再分配系数均为正值，即依据再分配收入测度的基尼系数绝对值小于依据初始收入测度的基尼系数，家庭及个人层面的收入不平等状况均得到了改善。

第二，新农保制度在家庭层面和个人层面的收入调节作用存在一定差异。

从表 6 - 5 A 部分、B 部分及 C 部分的 G 和 G* 值可以看出，无论基于初始收入还是再分配收入，三期数据的家庭基尼系数绝对数值均小于个人基尼系数，这表明整体上家庭收入分配相对个人收入分配更为公平。进一步地，2011 年和 2015 年家庭再分配系数 R 分别为 1.6295、4.6855，高于个人再分配系数 1.6092、3.9495。然而 2013 年情况则有所不同，个人再分配系数 R 为 4.0444，高于家庭再分配系数 3.7825。这揭示了近年来新农保制度在家庭层面和个人层面均显著改善了家庭和个人收入水平，但其收入调节作用在家庭层面的改善程度略优于个人层面。

第三，分三种家庭类型的再分配系数展现出不同变化趋势。与分年龄构成家庭收入再分配情况（见表 6 - 3）相一致，"两人都不满 60 岁"的家庭其再分配系数 R 为负值，说明这类家庭因缴纳养老保险费的差异使组内收入差距扩大了。"其中一人满 60 岁"和"两人都满 60 岁"的家庭则因获得一定程度的养老金使组内收入差距有所缩小。以此类推，在分年龄段居民收入再分配问题上类似组内调节作用亦将呈现。这表明，新农保制度缩小收入差距的作用在老龄人口比重较大的家庭更为显著，但对老龄人口比重较小的家庭则存在负向再分配调节效果。

6.3　本章小结

完善我国社会养老保险制度，提高养老保险的收入再分配功能，增强养老保险再分配的公平性是应对人口老龄化、人口红利消失现实国情的需要，也是缩小贫富差距、实现共同富裕的重要途径，更是政府实施调控、服务职责的必然要求。我国在 20 世纪末 21 世纪初开始大规模建立社会养老保险制度。在政府的大力推动下，1997 年我国城镇职工基本养老保险开始建立，2009 年新型农村社会养老保险开始试点，2011 年城镇居民社会养老保险启动试点。其中，城镇职工基本养老保险发展较早，保障水平较高，制度设计较为完善；而城镇居民养老保险和新农保则建立相对较晚。但是，城镇居民养老保险和新农保在制度设计上有很多共同之处，均实行个人缴费和政府补贴相结合、社会统筹和个人账户相结合，基本原则都是"保基本、广覆盖、有弹性、可持续"。在三项保险制度的接续问题上，我国政府给予了充分考虑。2005 年《城镇企业职工基本养老保险关系转移接续暂行办法》颁布，规定了参保人员在跨省、自治区、直辖市流动时养老保险关系转移接续的具体办法。2014 年 2 月，人社部、财政部印发了《城乡养老保险制度衔接暂行办法》，首次明确了城乡居民养老保险和城镇职工养老保险之间可以转移衔接。至此，我国规范、统一的全民养老保险体系基本建成。

基于 CHARLS 2011 年、2013 年和 2015 年三期数据，本章以新农保为例，检验了我国养老保险制度改革对家庭收入分配的影响。为更好地展示家庭收入分配效应，笔者还同步考察了新农保个人收入分配效应，并从不同收入阶层和不同代际两方面进行了探讨。经验研究显示，新农保制度使家庭收入和个人收入均得到普遍提升，具有良好的收入调节作用。高收入组家庭和个人向低收入组家庭和个人转移了收入，其中最低收入组获得了最大收益。同时，新农保制度还降低了相对贫困的发生，但其费用负担的累进性还很低。分年龄构成的家庭收入再分配相关描述显示，夫妻年龄以 60 岁为界划分的三组家庭绝对收入额呈显著递减，但收入改善率却逐步递增。这揭示了 60 岁以上老年家庭成员比例越大，家庭从新农保制度中获得的收益就越大。从分年龄段个人收入再分配状况可以看出，45 岁以上居民初始收入和再分配收入绝对数额呈现随年龄增加而逐步递减的走势，但小于 60 岁的各年龄组收入改善率均为负值，60 岁以上各年龄组改善率全部为正且数值上呈现递增趋势。新农保"60 岁后才可领取养老金"的规定在居民间亦具有显著的代际收入调节作用。依据收入不平等程度的变化对新农保制度的再分配效应考察显示，新农保制度使家庭及个人层面收入不平等状况均得到了改善，但其收入调节程度在家庭层面和个人层面存在一定差异，总体上家庭层面改善程度略优于个人。同时，新农保制度对改善老龄人口比重较大家庭的收入劣势有良好作用，但对老龄人口比重较小家庭的再分配存在一定的负向作用。虽然受数据严格限制，本部分还存在对新农保收入分配效应一定程度的低估，但从现有文献看，这是对新农保家庭收入分配效应的首次测度，其分析结果仍具有重要的政策参考价值。未来笔者还将不断跟进，在获得更全面的数据后对此问题进行进一步的补充研究。

第 7 章
中国个人所得税制度改革的家庭收入分配效应评估

个人所得税是国家对本国公民、居住在本国境内的个人的所得和境外个人来源于本国的所得征收的一种所得税。税收作为一项重要的宏观调控手段，历来受到各国政府的重视。我国自 1980 年开始征收个人所得税以来，经过不断改革与完善，个人所得税收入不断增加，目前已成为我国第四大税种。个人所得税不仅具有组织财政收入的功能，还具有调节收入分配、实现社会公平的重要作用。随着我国经济的快速发展，社会贫富差距问题逐渐凸显，通过对个人所得税的累进征收，可以减少社会分配不公，缓和社会矛盾。我国个人所得税坚持"高收入者多缴税，低收入者少缴税或不缴税"的立法精神，在筹集财政收入的同时，承担着以税收手段调节收入分配的职能，备受各界关注（万莹，2011）。

在个人所得税对我国居民收入分配的影响上，大多数现有文献的研究结果表明，虽然征收个人所得税对调节收入分配具有一定积极作用，但效果甚微。岳希明等（2012）使用 MT 分解方法考察 2011 年个人所得税改革的收入分配效应，发现平均税率的高低是个人所得税收入分配效应大小的主要决定因素，累进性则是次要的。由于平均税率降低，税制改革使本就微弱的个人所得税收入分配效应更加弱化。徐建炜、马光荣、李实（2013）则考察了自 1997 年以来个人所得税分配效应在不同时期的差别，发现在税制保持不变而居民收入增长时期（1997~2005 年），个人所得税累进性逐年下降，但是由于平均有效税率上升，个人所得税的收入分配效应仍在增强。在税制改革时期（2006~2011 年），尽管免征额三次提高和 2011 年税率层级调整，总体上提升了个人所得税累进性，但同时降低了平均有效税率，恶化了个人所得税的收入分配效应。田志伟、胡怡建、宫映华（2017）进一步证明了免征额提高可增加个人所得税的累进性，但降低了平均有效税率，从而使个人所得税的收入再分配效应呈倒"U"型走势。此外，万莹、熊惠君（2019）利用中国家庭追踪调查数据，模拟了 2018 年我国个人所得税改革的收入再分配效应，发现综合课税制大大提高了个人所得税的累进水平，从各个方面显著改善了个人所得税的横向公平和纵向公平，提升了个人所得税收入再分配效应。但从泰尔指数看，税改虽然加强了对高收入阶层的调节，对中等收入阶层收入差距的影响却不大。何宗樾、徐滇庆（2014）则通过分析 36 个国家 2010 年的横截面数据发现，个人所得税与基尼系数存在着相关关系，即个人所得税越高，社会公平程度越高，无论是转型国家还是发达国家，个人所得税都是调节收入差距的重要杠杆。但个人所得税对中国税收财政的贡献度依然微不足道，个人所得税调节杠杆的相对较弱引致中国贫富差距越来越大。

也有文献指出，个人所得税具有逆向调节收入分配的作用。孙玉栋、庞伟（2017）基于 2003～2015 年我国 24 个省级面板数据实证分析了个人所得税分类所得对城乡居民基尼系数的影响，发现个人所得税总体上与城乡居民基尼系数呈正相关关系，即个人所得税从整体上表现出累退性，不利于缩小城乡居民收入差距。可能的原因是个体工商户生产经营所得会扩大城乡居民收入差距，抵消了工资薪金所得和财产租赁所得对收入分配的正向调节作用。赵阳阳、王琴梅（2013）依据人均收入水平的不同将我国 31 个省（自治区、直辖市）划分为高、中、低收入组，并用税前税后基尼系数的计算结果对三个组进行了比较分析，发现大部分省（自治区、直辖市）个人所得税调节居民收入分配差距的功能弱化，甚至是逆向调节，近几年个人所得税在中低收入组的逆向调节作用越来越明显。

上述文献详细考察了我国个人所得税制度在居民个人层面的收入分配效应。事实上，由于家庭是不同类型劳动力的组合，个人所得税改革对某一位家庭成员的影响势必会通过少儿抚养、老年抚养等蔓延到其他家庭成员，从而影响整个家庭的福利水平。目前鲜有文献从家庭角度分析个人所得税收入分配效应，本章将尝试对我国个人所得税的家庭收入分配效应展开深入研究，以窥探我国个人所得税制度在家庭层面的收入分配效应。

7.1 中国个人所得税制度改革历程回顾

随着社会主义市场经济的不断发展，我国人民生活水平大幅度提高。而与此同时，我国贫富差距却越来越大，引发了一定的社会分配不均。个人所得税作为财政"自动稳定器",亦被赋予了调节收入分配、缩小贫富差距的重要职能。自1980年开征个人所得税以来,我国个人所得税制度经历了多次修改。本节将对我国个人所得税制度的改革发展历程进行简要回顾。

7.1.1 雏形阶段:1950~1979年

1950年,我国政务院发布新中国税制建设的纲领性文件《全国税政实施要则》,设立了对个人所得征收薪给报酬所得税和存款利息所得税。但是,由于新中国成立初期我国生产力水平和国民收入水平均较低,个人所得税并没有全面开征,个人所得税制度亦未发挥其收入调节作用。

7.1.2 摸索发展阶段:1980~1998年

1980年9月10日,第五届全国人民代表大会第三次会议通过并公布了《中华人民共和国个人所得税法》,规定起征点(即个人所得税费用扣除标准,也称免征额)确定为800元。这一法规成为我国个人所得税运行的标准和规范,我国个人所得税制度自此建立。同年12月14日,财政部公布《个人所得税施行细则》,实行了仅对外籍个人征收的个人所得税。1986年1月,我国公布并实施《中华人民共和国城乡个体工商户所得税暂行条例》,对个体工商户征收个人所得税。1986年9月25日,按照社会发展和经济运行状况,国务院发布《中华人民共和国个人收入调节税暂行条例》,规定对本国公民的个人收入统一征收个人收入调节税。密集推出的两个条例开创了我国个人所得税、个人收入调节税、城乡个体工商户所得税三大税种并存的格局。

1993年10月31日,第八届全国人民代表大会常务委员会第四次会议通过《关于修改〈中华人民共和国个人所得税法〉的决定》的修正案,对我国个人所得税法进行第一次修订。该法案规定,从1994年1月1日起在全国范围内实施新的个人所得税法,不分内、外,所有中国居民和有来源于中国所得的非居民均应依法缴纳个人所得税。新个人所得税法案将个人所得税、个人收入调节税、城乡个体工商户所得税三大税种进行合并,此外将偶然所得和财产转让所得正式纳入个人所得税征收范围,规定了三类减征个人所得税和扣除附加费用的具体情况。同时,对工资薪金税率表各档次税率和级距进行了相应调整,下调了个体工商户税率表的各档次税率,以适度减少税收负担。

7.1.3 初步探索阶段:1999~2010年

1999年8月30日,第九届全国人大常务委员会第十一次会议通过了《关于修改〈中华人民共和国个人所得税法〉的决定》，对我国个人所得税法进行第二次修正，规定"个人储蓄存款利息所得税"不再免税。2002 年 1 月 1 日，个人所得税收入实行中央与地方按比例分享。2005 年 10 月 27 日，第十届全国人大常委会第十八次会议审议通过《关于修改中华人民共和国个人所得税法的决定》，对我国个人所得税法进行了第三次修正，规定从 2006 年 1 月 1 日起将个人起征点从 800 元提高至 1600 元。2007 年 6 月 29 日，第十届全国人民代表大会常务委员会第二十八次会议通过《关于修改〈中华人民共和国个人所得税法〉的决定》，第四次修正我国个人所得税法，主要修改内容为储蓄存款利所得税的增征、减征、免征等。同年 12 月 29 日，第十届全国人大常委会第三十一次会议表决通过关于修改个人所得税法的决定，规定个人所得税起征点自 2008 年 3 月 1 日起由 1600 元提高到 2000 元，完成了对我国个人所得税法的第五次修正。为适应我国经济的发展，1999～2010 年，我国个人所得税频繁调整，主要调整内容集中在免征额的适度调高上，旨在降低中低收入阶层居民的税收负担、实现个人所得税调节收入分配的目的。

7.1.4 深入改革阶段：2011 年至今

2011 年 6 月 30 日，十一届全国人大常委会第二十一次会议表决通过了全国人大常委会对个人所得税法进行的第六次修正，个人所得税免征额从 2000 元提高到 3500 元。同时，个人所得税第 1 级税率由 5% 修改为 3%，9 级超额累进税率修改为 7 级，取消 15% 和 40% 两档税率，扩大 3% 和 10% 两个档次的级距，进一步降低了我国中低收入居民的税收负担。2012 年 7 月 22 日，中央政府有关部门启动全国地方税务系统个人信息联网工作，为实行综合税制、实现按家庭为单位征收所得税做准备。2018 年 6 月 19 日，我国个人所得税法修正案草案提请十三届全国人大常委会第三次会议审议通过，自 2018 年 10 月 1 日开始实施。这是我国个人所得税法自 1980 年出台以来第七次大修。该修订法案初次建立起综合与分类相结合的税制，将工资薪金、劳务报酬、稿酬和特许权使用费等四项劳动性所得合并为综合所得，个人所得税起征点由每月 3500 元提高至每月 5000 元（每年 6 万元）。同时，建立综合所得税前扣除机制，提高基本减除，首次增加了子女教育支出、继续教育支出、大病医疗支出、住房贷款利息、住房租金和赡养老人支出等 6 项专项附加扣除，并优化调整了税率结构，扩大了较低档税率级距。2018 年 12 月 22 日，国务院《关于印发个人所得税专项附加扣除暂行办法》的通知发布，说明个人所得税专项附加扣除遵循公平合理、简便易行、切实减负、改善民生的原则，于 2019 年

1月1日起施行。

1980年我国个人所得税法制度建立以来已经历七次大修和多次调整，改革一直朝着适应宏观经济环境、更好调节收入分配的方向发展。考虑到个人收入相同但家庭支出不同的纳税人的税收负担存在差异，我国政府也正有计划地将个人课税制逐步转向家庭课税制。那么，我国个人所得税制度在缩小家庭收入差距方面效果如何？在家庭层面和个人层面有何差异？本章接下来的部分将尝试探讨这些问题。

7.2 中国个人所得税制度改革家庭收入分配效应经验分析

7.2.1 研究设计与指标概述

为考察我国个人所得税制度的收入再分配效应，拟借鉴马斯格雷夫和辛恩（Musgrave and Thin，1948）提出的MT指数方法展开研究。MT指数（即马斯格雷夫-辛恩指数）被定义为税前基尼系数减去税后基尼系数的差值，其公式表示如下：

$$MT = G - G^* \tag{7.1}$$

其中，G和G^*分别表示税前和税后基尼系数。若MT指数为正值，表示征税降低了基尼系数，起到了缩小收入差距的作用；若MT指数为负值，则表示征税提升了基尼系数，起到了拉大收入差距的作用。为考察个人所得税主要构成要素对MT指数的影响，此处将沿袭卡瓦尼（Kakwani，1984）的分解方法，将MT指数分解如下：

$$MT = (C_d - G^*) + \frac{tP}{1-t} \tag{7.2}$$

其中，C_d表示按照税前收入排序的税后收入集中率；G^*表示税后基尼系数；t为平均有效税率（个人所得税纳税总额与税前收入总额的比值）；P为描述税收累进性或累退性指标，等于税收集中率减去税前基尼系数，其公式表示为：

$$P = C - G \tag{7.3}$$

其中，C为税收集中率，是描述个人税收负担分布情况的指标；G仍为税前基尼系数。若税收集中率大于税前基尼系数，则P指数为正值，表示税收是累进性的；若税收集中率小于税前基尼系数，则P指数为负值，表示税收是累退性的。

式（7.2）右侧第一项衡量了税收的横向公平原则，第二项则衡量了纵向公平原则。横向公平意指征税并不改变收入排序，此时税后收入集中率等于税后基尼系数，若征税改变了收入排序则称之为横向不公平。纵向公平则由衡量税收累进性的 P 指数和平均有效税率 t 组成。因为税率 t 的值一定大于或等于 0，而 P 指数的值可正可负，所以纵向公平衡量指标的正负符号取决于 P 指数。若税收具有累进性，P 指数为正，则税收符合纵向公平原则；若税收具有累退性，则税收破坏了纵向公平原则。岳希明等（2012）曾对 2011 年我国个人所得税改革的收入再分配效应展开分析。他们的研究发现，横向公平衡量指标最大值为 0，一般情况下取非常小的负值，对 MT 指数的影响可以忽略不计。因此，MT 指数和纵向公平衡量指标非常接近，并且在平均有效税率一定的情况下，MT 指数的符号和 P 指数的符号一致。

7.2.2 数据介绍及处理说明

北卡罗来纳大学卡罗来纳州人口中心和中国疾控中心营养与食品安全所合作采集的中国家庭营养健康调查数据①提供了较为详细的个人收入信息，同时允许匹配相应家庭信息，因此本章拟采用 CHNS 2015 年最新截面数据展开研究。目前我国个人所得税仅对城镇居民征收，因此本研究仅保留 CHNS 2015 年个人收入数据库中的城镇居民样本。我国个人所得税缴征办法规定，退休后的工资、奖金、补贴等转移性收入不在个人所得税缴纳范围，只对综合所得（工资薪金等）、经营所得、利息股利及偶然所得等三类收入分类征收相应税率下的税费。长期以来，我国所得税均以个人为单位缴纳且被赋名为"个人"所得税，因而本研究从个人和家庭两个层面同步展开了我国个人所得税制度的收入再分配效应探讨。为考察个人所得税在个人层面的收入再分配效应，此处仅保留有工资收入数据的个人样本。在剔除工资收入信息缺失的样本后，个人层面有效样本为 2486 个个人。考察个人所得税在家庭层面的再分配效应时，笔者把家庭所有成员匹配至该家庭 ID 中，将家庭所有成员的税前收入、应纳税额和税后收入汇总。在完成必要的整合处理后，家庭层面有效样本为 2217 个家庭。需要特别说明的是，经过调整后的 2486 个个人样本与 2217 个家庭样本并不具有完全的一一对应性。

CHNS 2015 年数据提供了个人收入的详细信息，包括全年工资、奖金、其他工作收入，经营性收入，退休收入。其中，全年工资、奖金、其他工作收入

---

① 具体参见本书第 4 章 4.1.2 数据介绍及前期处理部分的相关介绍。

可以对应税法中的工资、薪金所得和劳务报酬、稿酬所得。经营性收入可以对应税法中的个体工商户的生产、经营所得（数据提供了净经营性收入信息，即扣除了成本费用后的经营收入信息）。遗憾的是，CHNS 2015 年数据中没有给出财产性收入信息，此处无法将财产租赁收入、财产出售收入等纳入考察。由此，本研究在样本收入和税金缴纳上仅考察了在个人所得税税收中占主体地位的工资薪金（包含劳务报酬及稿酬）和个体工商户的生产经营所得（及对企事业单位的承包经营、承租经营所得）。因而样本个人税前收入将会被低估，个人征税总额也会在一定程度上被低估。但是，如国家统计局 2015 年城镇居民收入分项数据（见表 7－1）所示，财产性收入只占我国居民个人总收入的 9.75%，是四类收入中占比最小的一组，因此可以认为，本研究样本数据中的个人及家庭总收入整体上可以代表其税前总收入水平。

表 7－1　　　　　　　2015 年城镇居民人均分项收入数值及比例

收入分类	数额（元）	占人均收入的比例（%）
工资性收入	19337.1	61.99
经营性收入	3476.1	11.14
财产性收入	3041.9	9.75
转移性收入	5339.7	17.12

资料来源：2016 年《中国统计年鉴》。

2011 年我国个人所得税法案进行了调整。相比之前的个人所得税法案，2011 年个人所得税免征额进一步提高，同时税率和税级均有所调整。2018 年我国再次调整个人所得税，进一步提高免征额，并首次设立子女教育、继续教育、大病医疗、住房贷款利息、住房租金和赡养老人等 6 项专项附加扣除。本研究拟在 CHNS 2015 年数据允许的前提下对 2011 年个人所得税收入再分配效应进行测算，同时模拟 2018 年新个人所得税法案下的个人所得税收入再分配效应。笔者重点关注的家庭层面的收入再分配效应，将与传统个人层面的收入再分配效应分析同步给出。

具体操作上，笔者首先基于个人样本分项收入信息核算样本个人税前收入总额。其后，先后按照 2011 年或者 2018 年个人所得税法案依据各项收入分档税率分别计算每个单项收入的应纳税额，并加总获得样本个人应纳税总额。然后，在个人税前收入总额基础上减去应纳税总额后得到个人税后收入总额。家庭层面数据信息则以所有家庭成员的税前收入、应纳税额和税后收入进行汇总处理。需要特别说明的是，本研究计算个人应纳税额时可能存在几个方面的偏误。（1）如前所述，由于数据的缺失，本研究没有计算财产性收入的应纳税额。因此，样本个人和样本家庭收入总额以及相应税率下的税金收入将会在一定程度上被低估。（2）对工资薪金等收入统一适用综合所得（含工资薪金所得）对应的税率，事实上工资薪金收入包括工资、薪金所得和劳务报酬、稿酬所得两类，前者基于雇佣关系按月征收，后者则按照实际发生按次征收，二者在计征个人所得税时使用的税率存在一定差异。（3）按税法规定，工资、薪金所得应按月缴纳个人所得税，而本研究中个人工资性收入是以年为单位给出的，在计算工资性收入的应纳税额时笔者使用了月平均收入。而有研究发现，使用工资性收入的月平均值可能会低估这部分收入的税收负担（岳希明等，2012）。当然，本研究对个体工商户的生产经营所得仍然按年收入课征个人所得税。（4）受数据严格限制，本研究对 2018 年个人所得税法案展开的模拟考察并未考虑 6 项专项附加费的扣除。对 6 项专项附加费扣除考察的忽略，可能使个人与家庭层面税收上的差异被低估。

7.2.3 经验分析结果及比较

本节将区分个人和家庭层面，分别对我国 2011 年旧税制及 2018 年新税制下的个人所得税收入再分配效应进行 MT 指数估计。

基于 CHNS2015 年数据，此处首先探讨 2011 年税制下我国个人所得税收入再分配效应。我国个人所得税收入再分配效应的 MT 估计结果如表 7-2 所示。从表 7-2 可以看出，在 2011 年税制下，无论是个人层面还是家庭层面，税后收入基尼系数均低于税前收入。同时，MT 指数均为正值，其在个人层面取值为 0.0380，家庭层面相应取值为 0.0287，这说明我国个人所得税制度对居民个人收入和家庭收入的不平等都起到了积极的平滑作用。然而，个人收入和家庭收入的 MT 指数绝对数值非常小，且其变化幅度分别仅占个人和家庭税前基尼系数的 7.7% 和 6.1%。这表明我国个人所得税虽然缩小了城镇居民个

表 7-2   MT 指数

指标	2011 年税制		2018 年税制	
	个人	家庭	个人	家庭
税前基尼系数（G）	0.4930	0.4676	0.4930	0.4676
税后基尼系数（G*）	0.4550	0.4390	0.4642	0.4456
MT 指数（MT）	0.0380	0.0287	0.0288	0.0220

人和家庭收入差距，但影响效果甚微。从个人和家庭层面的对比来看，个人层面 MT 指数是大于家庭层面 MT 指数的。这意味着，基于 2011 年个人所得税法案，MT 指数所描述的平滑收入差距的作用在个人层面略优于家庭层面。由此，某些幼儿抚养或老人抚养责任较重的家庭将处于相对劣势，2011 年个人所得税法案还未能给予家庭层面收入不平等以足够调节。充分考虑纳税人的家庭负担，是我国个人所得税改革为什么要从以个人为单位征收向以家庭为单位征收转变的重要原因。未来在个人所得税制度的不断完善过程中，应更加注重个人所得税对家庭层面收入再分配的调节作用，减轻负担较重家庭的税负。

再回到对 MT 指数的探讨上，我国个人所得税的收入再分配功能为何会如此微弱？接下来，笔者将尝试通过 MT 指数的分解来剖析其中原因。表 7 - 3 展示了 MT 指数的分解结果。从中可以看出，横向公平测度指标（$C_d - G^*$）在个人层面及家庭层面取值均为负，这意味着我国个人所得税的征收引致了个人和家庭层面收入分配的横向不公平。但该数据绝对值无论在个人层面还是家庭层面均非常微小，相形之下个人层面数值相对更小，基本可以忽略不计。这表明我国个人所得税制度的收入再分配效应主要取决于纵向公平效应，表 7 - 3 中 MT 指数与纵向公平测度指标 $[P \times t/(1-t)]$ 的比较亦可佐证这一点。进一步地，税收的纵向公平效应由两部分组成，即描述税收累进（退）性的 P 指数以及平均有效税率 t；而根据 P 指数的定义，在税前基尼系数不变的条件下，P 指数完全取决于税收集中度 C。由前述卡瓦尼分解方法 [见式 (7.2)] 可知，纵向公平效应数值取决于平均有效税率 t 和税收累进性 P，并与二者成正比。也就是说，纵向公平效应越小，致 MT 指数越小，是由于 t 值和 P 值中某一数值过低或者两值均低造成的。

表 7 - 3   MT 指数的分解

指标	2011 年税制		2018 年税制	
	个人	家庭	个人	家庭
MT 指数（MT）	0.0380	0.0287	0.0288	0.0220
横向公平效应（$C_d - G^*$）	− 0.000028	− 0.000103	− 0.00000685	− 0.0000252
纵向公平效应 $[P \times t/(1-t)]$	0.0380	0.0287	0.0288	0.0220
税收集中度（C）	0.9599	0.9424	0.9834	0.9739
Kakwani 指数（P）	0.4669	0.4748	0.4904	0.5062
平均有效税率（t）	0.0752	0.0570	0.0556	0.0417

那么，我国个人所得税收入再分配效应不足是由于税率过低，或是累进性

不足，或是两者皆有的原因而存在？为强化我国个人所得税的收入再分配效应，是应提高平均有效税率，或增强其累进性，或是两者同时并举呢？与其他国家个人所得税平均有效税率的高低和累进性强弱展开对比，是一个较现实且有效的做法。瓦格斯塔夫等（Wagstaff et al.，1999）基于本节前述相同方法测量了 12 个 OECD 国家的个人所得税收入再分配效应，发现 12 个 OECD 国家税收集中度最低为 0.38、最高为 0.66、均值为 0.53。岳希明等（2012）亦采用同样的方法，基于 2011 年我国个人所得税税率表并运用 2009 年城镇住户调查收入数据对我国个人所得税的收入分配效应进行了研究，测度得出我国 2011 年个人所得税法案下个人所得税的税收集中度为 0.8361。本研究运用 CHNS 2015 年数据测算出我国税收集中度 C 在个人层面及家庭层面数值分别为 0.9599 和 0.9424，远高出 OECD 国家均值，较之岳希明等（2012）的测度结果也有一定提高。事实上，税收集中率 C 是相对收入而言的，是衡量税收负担在个人之间分布的指标。税收集中率 C 大于税前收入的基尼系数 G（即 P > 0）时，高收入人群在税收总额中的比重高于其在收入总额中的比重，即税收负担的分布偏重于高收入人群，这样的税收为累进性税收。相反，P < 0 的税收为累退性税收。表 7-3 中无论个人层面还是家庭层面，税收集中率 C 均大于税前收入基尼系数 G（即 P > 0）。这从侧面反映，我国城镇居民近年来收入大幅度提升，人们生活逐步改善，高收入人群相比以往占比更多。而家庭层面税收集中度略低于个人层面数值也提示，未来应该更加注重提高家庭层面的收入水平，关注家庭结构和家庭就业人群比重，对有劳动能力却主动或被动失业的家庭成员予以特别关注。再看个人所得税的累进性指数 P，12 个 OECD 国家最低的为 0.0891，最高的为 0.27，均值为 0.1963（瓦格斯塔夫等，1999），本研究得出我国个人所得税 P 值在个人层面和家庭层面分别为 0.4669 和 0.4748，是 OECD 国家均值的两倍以上。岳希明等（2012）得出 2011 年我国个人所得税累进度为 0.4966，与本研究得出结果相近。由此可以看出，我国个人所得税的累进度并没有偏低，并不是导致收入再分配效应偏低的主要障碍。最后看个人有效税率 t，OECD 国家有效税率的简单平均数为 16.61%，最低为 6.2%，最高为 32.7%（瓦格斯塔夫等，1999），远远高出我国个人层面的 7.53% 和家庭层面的 5.70%。值得注意的是，12 个 OECD 国家的数值分析是基于各国所有住户展开的，而本研究仅仅包括我国城镇居民，如果本研究扩大到农村住户，其累进性会更高，而平均有效税率则会更低。根据博德和佐特（Bird and Zolt，2005）给出的 2005 年前后亚洲主要国家个人所得税收入占

GDP 以及占中央政府税收收入比重的信息，亦可得出我国个人所得税的比重是所调查的亚洲发展中国家中最低的。

由于表 7-3 中个人层面及家庭层面个人所得税除了 MT 指数和平均有效税率 t 外，其他取值均非常接近，因此笔者认为，家庭层面 MT 指数小于个人层面是由于平均有效税率不同引起的。再对比我国个人层面及家庭层面的个人所得税平均有效税率，个人层面的 7.53% 显著高于家庭层面的 5.70%。由于本章考察个人所得税个人层面收入再分配效应时，剔除了没有工资收入的个人样本，而在考察个人所得税对家庭的收入分配效应时，以家庭为单位把没有工资收入的家庭成员也考虑在内。显然，没有工资收入的家庭成员工资性收入个人所得税为 0，这会对个人所得税累进性及平均有效税率产生影响，表现在个人所得税的累进性略高于个人层面、平均有效税率低于个人层面的结果并进一步影响其 MT 指数。由此可见，个人层面的平均税率高于家庭层面是导致个人层面比家庭层面 MT 指数略高的主要原因。

基于 2018 年新税制展开的我国个人所得税收入再分配效应模拟分析，得出了与 2011 年税制下趋势上一致的结果。再次回到表 7-2，可以看出 2018 年新税制下个人和家庭层面税后基尼系数均高于 2011 年估计结果，MT 指数在 2018 年税制下有所下降，这表明 2018 年新税制改革进一步削弱了我国个人所得税对居民收入不平等的调节作用。表 7-3 亦给出了 2018 年税制下 MT 指数的横向公平效应及纵向公平效应分析结果。在 2018 年新税制下，横向公平指数（$C_d - G^*$）为负值，但绝对值相比 2011 年税制下有所减小，这表明新税制下横向不公平有所减缓。这也说明新旧税制下 MT 指数存在差异的原因之一是纵向公平效应 $[P \times t/(1-t)]$ 存在差异。由前文介绍可知，纵向公平效应取决于累进性 P 和平均有效税率 t。从表 7-3 累进性指数 P 和平均有效税率 t 的对比可知，2018 年新税制下个人所得税累进性指数 P 在个人及家庭层面均有所提高，而平均有效税率 t 值均显著下降。这表明，2018 年新个人所得税体制下城镇居民收入再分配效应有所弱化，其主要原因是由于平均有效税率 t 有所降低。我国 2018 年个人所得税改革将免征额由 2011 年的 3500 元提升到 5000元，这意味着即使在不考虑专项附加抵扣的情况下个人所得税纳税总额也将大幅度减小。若把 2018 新税制下个人所得税的专项附加扣除计算入内，预期平均有效税率 t 值将更低。

由上述国际经验对比及测算模拟分析可知，我国个人所得税制度具有正向收入再分配效应，但影响效果甚微。其调节效应不足的主要原因，不是累进性不强，而是平均税率过低。杨沫（2019）利用 CHIPS 2013 年城镇居民数据，通过建立反事实研究框架对 2018 年新一轮个人所得税改革的减税与收入再分配调节效应进行模拟分析。他的研究发现，在不考虑专项附加扣除的情况下，城镇居民 2019 年个人所得税总额较 2018 年减少大约 17.81%。与 2011 年旧税制相比，2018 年新个人所得税体制下城镇居民的工资薪金收入不平等程度改善较小，其原因主要在于平均税率有所降低，这与本章研究结果基本一致。为更好地发挥个人所得税对我国收入再分配起到的积极调节作用，建议着重提高我国个人所得税制度的平均有效税率。同时，应将家庭视角纳入所得税征收范畴，尽早实现以家庭为单位征收所得税，以实现个人所得税在家庭层面更高、更强的收入调节作用。

7.3 本章小结

本章分别基于 2011 年个人所得税法案和 2018 年个人所得税法案，使用 CHNS 2015 年数据从个人和家庭两个层面对我国个人所得税制度的收入再分配效应进行估计和模拟。借助 MT 指数分析，本研究精确度量了我国个人所得税制度的收入再分配效应。同时，使用 MT 分解法，将收入再分配效应分解为横向公平效应和纵向公平效应，展开成因分析。

分析显示，个人所得税制度对我国收入不平等起到了积极的调节作用，有利于缩小收入差距，但是对收入再分配调节效应影响甚微。在 2011 年税制下，无论个人层面还是家庭层面，税后收入基尼系数均低于税前收入，税前收入基尼系数与税后收入基尼系数的差值 MT 指数均为正值，这说明我国个人所得税制度对居民个人收入和家庭收入的不平等都起到了积极的平滑作用。然而，个人收入和家庭收入的 MT 指数绝对数值非常小，且其变化幅度分别仅占个人和家庭税前基尼系数的 7.7% 和 6.1%。而 2018 年新税制模拟分析得出，个人和家庭层面税后基尼系数绝对值均高于 2011 年估计结果，MT 指数在 2018 年税制下有所下降。虽然基于 CHNS 2015 年数据，笔者无法估计纳税者 6 项专项附加扣除的调节效果，可能对个人所得税家庭层面收入调节作用有所低估，但前文分析表明，2018 年税制改革总体上削弱了我国个人所得税对收入不平等的调节作用。个人和家庭层面的对比分析显示，个人所得税平滑收入差距的作用在个人层面略优于家庭层面。可见，我国个人所得税法案还未能给予家庭层面收入不平等以足够调节，幼儿抚养或老人抚养责任较重的家庭在个人所得税制度的收入调节中处于相对不利的位置；而导致我国个人所得税收入调节效应相对不足的主要原因不是累进性不强，而是平均有效税率过低。因此，为进一步发挥我国个人所得税制度对收入再分配的积极调节作用，在充分发挥税收杠杆调节作用的前提下，应进一步提高我国个人所得税的平均有效税率。同时，应将家庭视角纳入所得税征收范畴，尽早全面实现以家庭为单位征收所得税，减轻负担较重家庭的税负，以实现个人所得税在家庭层面更高、更强的收入调节作用。

虽然受数据的严格限制，本研究对个人所得税制度在个人和家庭层面的收入再分配效应分析可能存在一定程度的低估，但本研究仍不失为探讨个人所得税制度对中国家庭之间收入再分配效应的一次有益尝试。其中，从个人和家庭层面展开的对比分析为未来我国以家庭为单位征收所得税、适度调节个人所得税制度的家庭收入再分配效应提供了有益参考。

附：我国个人所得税征缴说明

个人所得税是国家对本国公民、居住在本国境内的个人的所得和境外个人来源于本国的所得征收的一种所得税。依据我国个人所得税法，个人应缴税金计算基本公式为：

应缴纳的个人所得税 = [（应发工资 − 四金或三金）− 免征额] × 税率 − 速算扣除数

个人所得税征收方式可分为按月计征和按年计征。个体工商户的生产、经营所得，对企业事业单位的承包经营、承租经营所得，特定行业的工资、薪金所得，从中国境外取得的所得，实行按年计征应纳税额，其他所得应纳税额实行按月计征。2011 年我国个人所得税法案规定，公民纳税免征额为 3500 元。2018 年个人所得税改革后纳税免征额提升至 5000 元。

根据不同征税项目，个人所得税法案分别规定了三种不同的税率。（1）综合所得（工资、薪金所得，劳务报酬所得，稿酬所得，特许权使用费所得）。适用 7 级超额累进税率，按月应纳税所得额计算征税，适用税率见附表 1。（2）经营所得。适用 5 级超额累进税率。适用按年计算、分月预缴税款的个体工商户的生产、经营所得和对企事业单位的承包经营、承租经营的全年应纳税所得额计算征税，适用税率见附表 2。（3）比例税率。对个人的利息、股息、红利所得，财产租赁所得，财产转让所得，偶然所得和其他所得，按次计算征收个人所得税。

附表 1　　　　**2011 年个人所得税税率与 2018 年个人所得税税率对比**

（综合所得适用）

级数	2011 年		2018 年		税率（%）
	全月应纳税所得额（含税级距）	速算扣除数（元）	全月应纳税所得额（含税级距）	速算扣除数（元）	
1	不超过 1500 元	0	不超过 3000 元	0	3
2	超 1500～4500 元	105	超 3000～12000 元	210	10
3	超 4500～9000 元	555	超 12000～25000 元	1410	20
4	超 9000～35000 元	1005	超 25000～35000 元	2660	25
5	超 35000～55000 元	2755	超 35000～55000 元	4410	30
6	超 55000～80000 元	5505	超 55000～80000 元	7160	35
7	超过 80000 元的部分	13505	超过 80000 元的部分	15160	45

附表 2　　　　**2011 年个人所得税与 2018 年个人所得税税率对比**

（经营所得适用）

级数	2011 年		2018 年		税率（%）
	全月应纳税所得额（含税级距）	速算扣除数（元）	全月应纳税所得额（含税级距）	速算扣除数（元）	
1	不超过 15000 元	0	不超过 30000 元	0	5
2	超 15000～30000 元	750	超 30000～90000 元	1500	10
3	超 30000～60000 元	3750	超 90000～300000 元	10500	20
4	超 60000～100000 元	9750	超 300000～500000 元	40500	30
5	超过 100000 元的部分	14750	超过 500000 元的部分	65500	35

第 8 章

中国最低工资制度改革的家庭收入分配效应评估

　　最低工资是指劳动者在法定工作时间内，履行正常劳动义务的前提下，由单位支付的最低劳动报酬。由于生产技术、管理制度和法律法规的限制，最低工资标准上调将迫使低于该水平的劳动力工资提高至新最低工资水平，产生截断效应。此外，厂商为维持工资的行为激励效果，通常会刻意在低技能劳动力和高技能劳动力间保持一定工资差距，因此最低工资标准的提高还可能推动高技能劳动力工资的增长从而产生溢出效应。基于在工资分布上的截断效应和溢出效应，最低工资通常被视为一种调整收入分配和反贫困的政策工具（贾鹏，2012）。

　　在最低工资对我国居民工资收入的影响上，大量文献研究表明，提高最低工资将有效提升劳动者工资水平。谢富胜、陈瑞琳（2017）基于中国综合社会调查数据，采用无条件分位回归方法进行的经验分析发现，中国最低工资的不断调整显著提高了底层劳动者的收入，处于低收入阶层的年轻人和女性从最低工资的提高中获益更多。邱俊鹏、韩清（2015）利用全国 12 个省份数据也证实，最低工资每提高 1%，则劳动者工资收入平均提高 0.6%，且最低工资对收入的影响主要集中在低收入人群。马双、张劼、朱喜（2012）还利用规模以上制造业企业报表数据展开分析，研究表明最低工资标准上涨对不同行业、不同人均资本水平的企业存在差异影响，提高最低工资将更多地增加劳动密集型或人均资本较低企业的平均工资水平。贾朋、张世伟（2013）进一步对最低工资标准提高的溢出效应进行了细致分析，研究表明最低工资提升对男性和女性工资的溢出效应可以分别达到最低工资的 1.5 倍和 1.25 倍。同时，随着相对工资区间的升高，溢出效应呈逐渐下降的趋势，且最低工资执行力度越大，溢出效应越明显。然而，有部分学者提出了不同看法。翁杰、徐圣

(2015) 从理论上分析了最低工资制度影响劳动收入分配格局的主要作用机制, 并认为最低工资制度的实施既可以通过补偿效应和溢出效应提升劳动收入份额, 也可以通过淘汰效应和替代效应使收入分配格局向资本方向倾斜, 因此, 最低工资制度影响收入分配效应是不确定的。向攀、赵达、谢识予 (2016) 则实证探讨了最低工资对非正规部门工资的影响, 发现最低工资每提高 1%, 正规部门工资会增加 0.5%, 非正规部门平均工资下降统计不显著, 而处于最低工资线附近的非正规部门劳动者工资下降 0.77%; 最低工资提高使得失业者向非正规部门流动, 而非正规部门劳动者向正规部门流动, 最终将有利于劳动者在正规部门就业。

在最低工资对工资不平等的影响上, 众多学者从不同层面展开了研究。王弟海 (2011) 从动态的视角出发, 讨论了最低工资制度对我国收入分配格局的影响, 认为最低工资制度具有改善我国收入分配格局、缩小收入差距的功能。张世伟、贾鹏 (2014) 区分短期和长期的考察表明, 短期内最低工资提升会促进低技能劳动力就业并提升其收入水平从而降低不平等; 长期来看, 若最低工资提升在 25% 以内将起到降低不平等的作用, 而若最低工资提升超过 30% 则会在提升低技能劳动力收入的同时对就业产生负面影响。付文林 (2014) 则通过构建纳入调整成本的劳动力需求模型、利用省级分行业数据分析了最低工资制度的工资性收入分配效应, 发现最低工资制度目前未起到缩小工资收入分配差距的作用。权衡、李凌 (2011) 基于上海市最低工资标准演进历程进行的实证分析也表明, 提高最低工资标准不能起到缩小工资收入差距和可支配收入差距的作用, 无法使基尼系数出现下降的拐点。

上述文献详细考察了我国最低工资制度的收入分配效应, 但主要以居民个人为单位进行。事实上, 由于家庭是不同类型劳动力的组合, 为了保持家庭消费不发生较大变化, 低技能劳动力的就业变化可能会迫使同一家庭中高技能劳动力改变劳动供给, 从而引起家庭联合劳动供给的变化并进而对收入分配产生影响。本章将基于微观调研数据对最低工资的家庭收入分配效应展开深入研究。

8.1 中国最低工资制度的建立与发展

《中华人民共和国劳动法》规定: "国家实行最低工资保障制度。" "用人单位支付劳动者的工资不得低于当地最低工资标准。" 最低工资一般由一个国家或地区政府通过立法制定, 通常包含维持劳动者本人最低生活的费用, 即对劳动者从事一般劳动时消耗体力和脑力给予补偿的生活资料的费用、劳动者平均赡养人口的最低生活费以及劳动者为满足一般社会劳动要求而不断提高劳动标准和专业知识水平所支出的必要费用；不包括加班工资、特殊工作环境、特殊条件下的津贴，也不包括劳动者保险、福利待遇和各种非货币的收入。最低工资标准由最低工资率确定，通常用月薪制定或时薪制定，要求以法定货币按时支付。最低工资确定了劳动者最低工资标准，要求所有的用人单位在向本单位劳动者支付工资或通过劳动合同约定工资数额时，均不得低于最低工资率确定的工资标准，否则约定无效，并强制按最低工资标准执行。最低工资的制定反映了监管机构对劳动者权益的保护，是政府对劳动市场的正当干预。

我国最低工资的酝酿和建立经历了一个漫长的时期。1949 年新中国成立以后，社会主义计划经济体制建设在我国全面展开。社会主义世界没有最低工资的概念，因此最低工资在我国并未得到认可与重视。1956 年，我国开始推行工资制度改革，明确了工人的起始工资，这是我国有关最低工资举措的开端。改革开放后，随着我国经济体制由计划经济体制向市场经济体制转轨，最低工资举措逐步建立起来。但由于非公有制经济的迅速发展和国有经济改革的推进，最低工资的覆盖面越来越窄。随着社会经济迅速发展，人民生活水平明显提高，最低工资的调整速度远远滞后。为了使最低工资的发展速度跟得上社会经济发展、人民生活水平提高的速度，我国于 1984 年宣布批准承认国际劳工组织于 1928 年制定的《制定最低工资确定办法公约》，并于 1985 年实行了全国范围内的工资体制改革，规定了国有大中型企业工人的起点工资。

为了更好地适应社会主义市场经济发展需求，合理、规范并完善我国劳动力市场，充分保障劳动者的合法权益，我国劳动部于 1993 年印发了企业最低工资规定，这标志着我国开始建立规范的最低工资制度。该规定对最低工资的概念、调整方法、制度内容及相关监督机制及法律责任做了详细规定。1994 年 7 月 5 日，全国人大第八届八次会议通过并公布了《中华人民共和国劳动法》，其中第五章第四十八条规定："国家实行最低工资保障制度，最低工资的具体标准由省、自治区、直辖市人民政府规定，报国务院备案。用人单位支付劳动者的工资不得低于当地最低工资标准。"这使得最低工资制度以法律的形式确定下来。同年 10 月 8 日，我国劳动部又印发了《关于实施最低工资保障制度的通知》。上述各项规定、法规正式规定了我国最低工资制度的内容，至此我国最低工资保障制度初步确立。

随着经济体制改革的深入，起初有关最低工资的相关规定已经不能适应新的社会、经济现状，因此，劳动保障等部门经过反复调研、考察，于 2003 年

12 月 30 日在劳动和社会保障部第 7 次部务会议上通过了修改后的最低工资规定①，该规定于 2004 年 3 月 1 日开始正式实行。此次修订明确了最低工资标准的组成，"包括计时工资、计件工资和奖金等，不包括加班工资及夜班、高温、有毒有害等特殊工作环境、条件下的津贴，也不包括国家法律规定的劳动者福利待遇等；扩大了最低工资制度的覆盖范围，将境内企业、民办单位个体工商户和其雇佣者，政府机关、事业单位、社会团体相关雇用人员纳入了制度范围；规定了以小时计、以月计的最低工资标准；同时要求此标准至少每两年调整一次。"至此，我国最低工资制度的发展进入了一个新的阶段。

最低工资规定推动了最低工资制度在我国的全面实施。有数据显示，自最低工资保障制度建立以来，我国调整最低工资标准的地级城市比例稳步增长（见图 8－1）。2006 年，全国提高最低工资标准的城市比例达到 88%，2008 年这一比率为 70%。然而，2008 年全球金融危机对中国经济造成了一定冲击，随后的 2009 年全国所有 287 个地级市都没有对最低工资标准进行调整②；而 2010 年则几乎全部城市（重庆市除外）都提高了最低工资标准。2011 年和 2012 年又有超过 3/4 的地级市调整了最低工资标准（王美艳，2013）。然而，宏观经济的不景气持续影响了我国最低工资制度的发展和推进，地方政府对

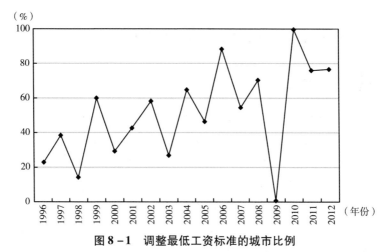

图 8－1 调整最低工资标准的城市比例

资料来源：王美艳. 中国最低工资制度的设计和执行［J］. 宏观经济研究，2013（7）：23.

---

① 劳动和社会保障部. 最低工资规定. http：//www. Trs. Molss. Gov. cn/2004.

② 受国际金融危机的影响，人力资源和社会保障部于 2008 年年底发出通知，要求各地在 2009 年暂缓上调最低工资标准。

最低工资制度的投入逐年下降。表8-1数据显示，2012～2018年我国调整最低工资标准的省份分别为25个、27个、19个、28个、9个、19个和15个，最低工资标准增幅分别为20.2%、17%、14.1%、14%、11.2%、9.9%和10.1%，趋势上存在较为明显的增幅下滑。这无疑将对劳动者的就业保障及工资水平产生一定影响。

表8-1　　　　　2012～2018年我国各省市最低工资标准调整情况

年份	调整省份数量（个）	平均增幅（%）
2012	25	20.2
2013	27	17
2014	19	14.1
2015	28	14
2016	9	11.2
2017	19	9.9
2018	15	10.1

资料来源：中华人民共和国人力资源和社会保障部官方网站，收集最低工资标准数据加以整理计算得到，统计时间截至2018年12月。

8.2　中国最低工资制度家庭收入分配效应实证分析

8.2.1　模型设定与数据说明

最低工资是劳动者在法定工作时间提供正常劳动的前提下，其雇主（或用人单位）支付的最低金额的劳动报酬。最低工资标准作为一项旨在"维护劳动者取得劳动报酬的合法权益，保障劳动者个人及其家庭成员的基本生活"的"保障制度"由国家或地区通过立法制定。然而，在政策执行层面上，最低工资标准不仅仅发挥了生活保障作用，同时还被附加了收入调控功能，成为"工资增长制度"（谢富胜、陈瑞琳，2017；邸俊鹏、韩清，2015；孙中伟、舒玢玢，2011；权衡、李凌，2011）。

鉴于中国"家文化"对居民行为决策的深刻影响，本节尝试从家庭层面分析我国最低工资制度的收入分配效应。笔者重点关注两个基本问题。（1）我国最低工资制度对家庭层面的收入分配产生了怎样的影响？（2）家庭收入分配效应伴随最低工资标准的提升呈现出怎样的动态变化？本节研究的特点是：（1）突破以个人为分析单位的传统做法，考察最低工资标准逐步提升对我国家庭之间收入分配的动态影响；（2）区分考察提高最低工资标准对不同收入水平家庭可能产生的差异化影响，重点关注其对我国家庭层面收入差距的作用。

本节将在第 3 章建立的家庭收入决定估计函数基础上引入"最低工资标准"政策变量，对最低工资标准的家庭收入分配效应进行实证研究。其计量模型设定如下：

$$\ln Y_{ij} = \alpha + \beta \ln Miniwage_j + \gamma_1 D_{ij} + \gamma_2 H_{ij} + \gamma_3 R_{ij} + year + \varepsilon_{ij} \quad (8.1)$$

其中，$\ln Y_{ij}$ 表示家庭工资年收入的对数（i 表示不同家庭；j 表示不同年份。所有收入已依据物价指数调整至 2015 年水平）；$\ln Miniwage_j$ 为家庭所在省份在 j 年份最低工资标准的对数；D_{ij} 是表征家庭人口构成的系列变量，包括家庭总人口数、家庭总人口数平方项；H_{ij} 为户主人力资本特征变量，包括户主性别、户主年龄、户主年龄平方项、户主受教育年限；R_{ij} 是表征样本家庭外部制度、环境的特征变量，包括其所在村或社区代码、所在省份、城乡地区；year 为年份虚拟变量；ε 为随机误差项。本节所关注的最低工资标准对家庭工资年收入的影响将集中表现在式（8.1）系数 β 上。

本节分析仍将以北卡罗来纳大学卡罗来纳州人口中心和中国疾控中心营养与食品安全所合作采集的中国家庭营养健康调查数据[①]为主数据，同时辅以笔者搜集整理的样本家庭所在省份于调查期内的最低工资标准（见表 8 - 2）信息展开研究。因 2004 年我国劳动和社会保障部修改《最低工资规定》实质推进了最低工资制度在我国的全面实施，本研究的考察期将选择从 2004 年开始。在匹配家庭经济、人口、家庭成员及外部特征后，2004 年、2006 年、2009 年、2011 年、2015 年五期混合截面数据合计有效样本为 6041 个家庭。因被解释变量家庭工资年收入为连续变量，本节将借鉴孙中伟、舒玢玢（2011）和权衡、李凌（2011）的做法，采用最小二乘法探究最低工资标准变化对家庭收入分配的动态影响。为考察提高最低工资标准对不同收入水平家庭可能产生的差异化影响，文中将适时运用分位数回归方法。

表 8 - 2 　　　　　　　　　　　样本省份最低工资标准　　　　　　　　（单位：元/月）

省份	2004 年	2006 年	2009 年	2011 年	2015 年
辽宁	450	590	700	1100	1530
黑龙江	390	620	680	880	1480

---

① 具体参见第 4 章。

省份	2004 年	2006 年	2009 年	2011 年	2015 年
江苏	620	750	850	1140	1320
山东	530	610	760	1100	1600
河南	380	480	650	1080	1600
湖北	460	580	700	1100	1550
湖南	460	600	665	1020	1390
广西	460	500	670	820	1400
贵州	400	550	650	930	1030

资料来源：劳动法宝网数据库（www. 51labour. com），均取各个省份最低工资标准的最高档。

8.2.2　描述统计与实证分析

最低工资标准是国家或地区政府根据区域宏观经济状况制定的劳动工资下限，其劳动报酬的本质属性使其同样具有工资增长的"刚性"特征。地区最低工资标准一旦被提高则必然引起整个地区总体工资水平的普涨，形成事实上的"增收效应"。然而最低工资标准的提高在缓解劳资关系的同时，也将对劳动者就业产生负面影响，在就业参与率的中介作用下形成"减收效应"。由此，提高最低工资标准究竟增加了还是减少了劳动者的工资收入，取决于上述"增收效应"和"减收效应"的共同作用。笔者对 CHNS 6041 个样本家庭的工资总收入与 9 个样本省份在 5 个样本年份的最低工资标准进行了相关关系考察。二者相关关系散点拟合图（见图 8 - 2）显示，家庭工资年收入与地区最低工资标准间存在积极的同向变化关系，即地区最低工资标准提升的同时家庭工资总水平也呈现同步上升。那么，地区最低工资标准的提高是否引致了家庭工资总水平的提升？这需要进一步的实证考察。

基于式（8.1），笔者对最低工资标准的家庭收入分配效应进行了实证检验。因最低工资标准和个人工资收入均为连续变量，且样本工资取得时间绝大部分滞后于（极小部分等同于）该年该地区适用的最低工资标准制定时间[①]，本研究采用了 OLS 模型展开回归分析，结果展示于表 8 - 3。从第 1 列 2004 ~ 2015 年五期全样本回归结果可以看出，当地区最低工资标准提高 1 个百分点，

---

①　例如，在考察 2015 年样本工资收入受最低工资标准的影响时，样本工资收入在 2015 年取得，而该样本所在省份 2015 年适用的最低工资标准是在 2013 年（最晚 2015 年）出台的。

家庭工资年收入将显著提升 1.03 个百分点，这证实最低工资标准的提高确实有助于家庭工资总水平的提升。这与谢富胜和陈瑞琳（2017）、邸俊鹏和韩清（2015）、权衡和李凌（2011）以及孙中伟和舒玢玢（2011）使用不同数据得出的结论一致。再来关注最低工资标准在 2004 ~ 2015 年 5 个调查年份对家庭工资年收入提升作用的差异影响。表 8 - 3 第（2）列至第（6）列的首行数据列示了最低工资标准增收效应的动态变化，在 5 个调查年份间最低工资标准的增收效应呈现阶段性差异表现，整体上展示出倒 "U" 型走势，其中 2004 年、2006 ~ 2009 年呈直线上升，2009 年达到峰值 2.182%，而 2011 年、2015 年呈逐步下降趋势。这可能与 2008 年世界金融危机致使宏观经济走低，引致各地区对最低工资制度投入的边际下降有关。

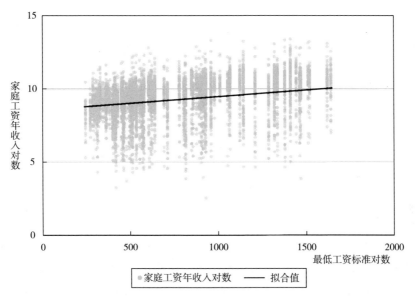

图 8 - 2　最低工资标准与家庭工资年收入相关关系散点拟合

表 8 - 3　　　　最低工资标准对家庭工资年收入的影响：OLS 回归

（全样本与年份差异）

变量	（1）	（2）	（3）	（4）	（5）	（6）
	2004 ~ 2015 年	2004 年	2006 年	2009 年	2011 年	2015 年
最低工资标准对数	1.030 ***	0.967 ***	1.185 ***	2.182 ***	1.646 ***	0.502 **
	(0.131)	(0.151)	(0.261)	(0.370)	(0.400)	(0.241)
家庭人口	0.656 ***	0.167 *	0.578 ***	0.530 ***	0.648 ***	0.707 ***
	(0.0405)	(0.0898)	(0.0977)	(0.0803)	(0.0977)	(0.0651)

变量	(1) 2004～2015 年	(2) 2004 年	(3) 2006 年	(4) 2009 年	(5) 2011 年	(6) 2015 年
家庭人口平方项/1000	- 0.0539 *** (0.00456)	- 0.00451 (0.0101)	- 0.0469 *** (0.0114)	- 0.0400 *** (0.00874)	- 0.0525 *** (0.0113)	- 0.0580 *** (0.00715)
户主性别	0.0287 (0.0466)	0.0289 (0.0815)	- 0.0412 (0.104)	0.115 (0.105)	- 0.130 (0.111)	- 0.000611 (0.0747)
户主年龄	0.0145 ** (0.00605)	0.0331 ** (0.0129)	0.0343 ** (0.0149)	0.0188 (0.0124)	0.00488 (0.0140)	0.00436 (0.00953)
年龄平方项	- 0.451 *** (0.0711)	- 0.450 *** (0.148)	- 0.643 *** (0.172)	- 0.540 *** (0.146)	- 0.398 ** (0.165)	- 0.307 *** (0.118)
户主受教育年限	0.0684 *** (0.00449)	0.0456 *** (0.00822)	0.0826 *** (0.00898)	0.0772 *** (0.00976)	0.0759 *** (0.0110)	0.0343 *** (0.00760)
所在社区	- 0.0005 *** (0.0000)	- 0.0004 *** (0.0000)	- 0.0005 *** (0.0000)	- 0.0005 *** (0.0000)	- 0.0006 *** (0.0000)	- 0.0003 *** (0.0000)
所在省份	5.260 *** (0.312)	3.813 *** (0.516)	5.041 *** (0.651)	5.477 *** (0.690)	6.234 *** (0.741)	3.206 *** (0.542)
城乡变量	0.552 *** (0.0432)	0.501 *** (0.0662)	0.326 *** (0.0928)	0.547 *** (0.101)	0.508 *** (0.105)	0.460 *** (0.0757)
年份虚拟变量	Yes	/	/	/	/	/
R²	0.335	0.291	0.311	0.302	0.287	0.259
P	0.0000	0.0000	0.0000	0.0000	0.0000	0.0000
N	6041	808	1193	1309	1253	1348

注：***、**、*分别表示在1%、5%、10%统计水平上显著。

按照最低工资标准"保障劳动者个人及其家庭成员的基本生活"的初衷，处于较低收入水平的家庭和个人可能成为该制度最大的受益群体。为考察提高最低工资标准对不同收入水平家庭可能产生的差异化影响，此处将运用分位数回归方法展开考察①。表8-4列示了最低工资标准影响家庭工资年收入的分位数回归结果。总体上看，最低工资标准提高对0.1、0.25、0.5、0.75和0.9分位的家庭工资年收入均具有广泛而显著的提升作用，然而五个收入分位上的边际提升却呈现倒"U"型走势，峰值1.235%出现在0.25分位上。此项分析表明，从最低工资标准提高中受益最多的是工资收入处于0.25分位上的家庭，处于0.1分位和0.5分位的家庭次之，而处于高工资收入分位的家庭从最低工

---

① 分位数回归估计的是在其他条件给定的情况下，收入分位点如何随关键自变量变化而变化。由于可以针对任何一个分位点做回归分析，因此可以更加细致地描述收入的条件分布与关键自变量水平之间的关系。此外，由于采用最小化绝对离差的方法，分位数回归的估计结果更加稳健（邢春冰，2008）。

资标准提升中的受益则是相对较低的。综合来看，以工资收入分位 0.5 为界进行对比分析可以发现，最低工资标准提升对工资收入处于 0.5 分位以下家庭的边际提升作用大于 0.5 分位以上的家庭，这表明最低工资标准提高对处于较低收入水平家庭的"增收效应"作用更大，这也符合最低工资标准设立的初衷。然而在家庭工资年收入 0.1 分位上，最低工资标准提高的边际提升却较小，这可能与最低工资收入家庭中家庭劳动力就业状况相关。笔者尝试着从家庭结构上寻找原因。对所有样本家庭特征变量进行的收入五分组描述统计（见表 8 −5）显示，从最低工资收入家庭到最高工资收入家庭，家庭工资收入占比由 7.73%上升到 75.87%，同时户主受教育年限亦呈现逐步递增的趋势。这说明，低工资收入家庭中家庭成员人力资本水平普遍较低，很有可能存在被动失业情况。同时，城乡变量分析进一步展示，低工资收入家庭在农村地区分布较多，以务农为主的收入来源使得工资收入在家庭总收入中并不那么重要，这与前述家庭工资收入占比指标在低收入工资收入家庭中较低相呼应。这些结构特

表 8 −4　最低工资标准对家庭工资年收入的影响：OLS 回归和分位数回归

变量	（1）	（2）	（3）	（4）	（5）	（6）
	全样本	0.1 分位	0.25 分位	0.5 分位	0.75 分位	0.9 分位
最低工资标准	1.030 ***	0.959 ***	1.235 ***	1.057 ***	0.896 ***	0.843 ***
对数	(0.131)	(0.356)	(0.206)	(0.133)	(0.111)	(0.135)
家庭特征	Yes	Yes	Yes	Yes	Yes	Yes
户主特征	Yes	Yes	Yes	Yes	Yes	Yes
外部特征	Yes	Yes	Yes	Yes	Yes	Yes
R^2	0.335	/	/	/	/	/
P	0.0000	0.0000	0.0000	0.0000	0.0000	0.0000
N	6041	6041	6041	6041	6041	6041

注：*** 表示在 1% 统计水平上显著。

表 8 −5　　　　　　样本家庭典型特征描述：家庭工资年收入五分组

变量	<20%	20%~40%	40%~60%	60%~80%	>80%
家庭工资收入占比	7.73%	28.21%	42.17%	54.71%	75.87%
户主受教育程度（年）	6.75	8.29	9.69	10.08	10.78
城乡变量（urban =1）	0.20	0.27	0.42	0.49	0.50

注：家庭工资收入占比 = 家庭工资总收入 ÷ 家庭总收入。

征使得低工资收入家庭对劳动力市场变化相对不那么敏感，由此最低工资标准这一"工资增长制度"的变化对最低工资收入家庭组没有产生最大的影响便是在情理之中了。

基于家庭工资年收入 2004～2015 年五期 OLS 回归分析结果，笔者采用 G. Field 分解法就最低工资标准对家庭工资收入差距的影响进行了进一步探讨。此处重点关注最低工资标准设置对家庭工资收入不平等的影响，同时以户主数据考察了文献涉及较多的受教育年限的影响，以检验前述分析的稳健性。表 8－6 给出了基于 G. Field 分解法的我国家庭工资收入基尼系数动态变化。S 为相关变量对总体收入不平等的解释份额，π 为各变量对不同时期收入差距变动的解释。S 和 π 的具体计算将基于第 3 章收入不平等影响因子分解方法介绍中展示的式（3.27）、式（3.28）展开。

表 8－6　　　　　我国家庭工资收入基尼系数变动分解：G. Field 分解　　（单位:%）

变量	(1)	(2)	(3)	(4)	(5)	(6)	(7)	(8)	(9)
	S^{04}	S^{06}	S^{09}	S^{11}	S^{15}	π (04－06)	π (06－09)	π (09－11)	π (11－15)
最低工资标准对数	5.40	4.18	7.14	4.63	0.85	－3.41	90.27	95.09	－62.84

注：S 为相关变量对总体收入不平等的解释份额，π 为各变量对不同时期收入差距变动的解释。

表 8－6 第（1）至第（5）列列示了最低工资标准对当期基尼系数的解释份额（指标 S），虽然其绝对数值并不大，但所有考察期中却均为正值，这说明最低工资标准对 5 个观测年份的工资收入差距均有正向影响。该项分析表明，最低工资标准在显著提升家庭工资收入的同时却拉大了家庭间工资收入差距，这与权衡、李凌（2011）的研究结果趋势上一致。同时，最低工资标准对当期基尼系数的解释份额 S 趋势上呈现倒"U"型走势，峰值出现在 2009 年，为 7.14%。这表明，2009 年以来最低工资标准对工资收入差距的正向贡献存在逐步减小的趋势。

表 8－6 第（6）至第（9）列列示了最低工资标准对不同时期基尼系数变动的解释份额（指标 π）。可以看出，最低工资标准对五个时期跨期工资收入差距的动态影响亦呈现倒"U"型变化，在 2004～2006 年 π 值为负、2006～2009 年和 2009～2011 年转负为正后，又在 2011～2015 年回归负值。π 值这一变化走势说明，从历史演进的角度上看，最低工资标准在设立之初确实缩小了家庭工资收入差距，但在其后一段时期内却反向拉大了收入差距，而近年来提高最低工资标准则向着有利于缩小工资收入差距方向发展。然而，提高最低工

资标准在跨期间平滑工资收入不平等的效果并不能从根本上改变最低工资标准拉大家庭工资收入差距的事实。因此，提高最低工资标准并不能起到缩小收入差距的作用，也无法使基尼系数出现下降的拐点；而只有通过调整高收入户收入增长过快以及收入增长过程中的分配不公问题，基尼系数才有可能出现下降的拐点（权衡、李凌，2011）。

8.2.3 家庭收入分配效应与个人收入分配效应比较分析

为深入了解最低工资标准在家庭层面的收入分配效果，有必要对家庭收入分配效应与文献惯常考察的个人收入分配效应进行进一步对比分析。遗憾的是，受数据的严格限制，本节对最低工资标准个人收入分配效应的考察不能基于与家庭收入分配效应考察——匹配的居民工资收入数据展开。此处将采用以CHNS 个人收入数据（indinc）为基础的 2004 ~ 2015 年五期混合截面数据进行研究，在完成必要的前期处理后，本研究有效样本囊括 11809 位居民信息。基于经典明瑟方程（Mincer，1974），本节将就最低工资标准对个人工资收入的影响进行实证检验。计量模型设置如下：

$$lnY_{ij} = \alpha + \beta lnMiniwage_j + \gamma I + \delta\theta + year + \varepsilon_{ij} \tag{8.2}$$

其中，lnY_{ij} 表示个人工资收入的对数（此处 i 表示不同家庭；j 表示不同年份，所有收入已依据物价指数调整到 2015 年水平）；$lnMiniwage_j$ 是居民所在省份在 j 年份最低工资标准的对数；I 是反映个人特征的系列变量，包括性别、年龄、年龄平方项、婚否、受教育年限；θ 是表征样本个人所处外部环境的特征变量，包括其所在社区、所在省份、城乡变量；year 为年份虚拟变量；ε 为随机误差项。笔者最关注的最低工资标准对个人工资收入的影响将集中表现在式（8.2）的系数 β 上。

因个人工资收入变量为连续变量，本节将沿用最小二乘法探究最低工资标准对个人收入分配效应的影响，并适时运用分位数回归方法就提高最低工资标准对不同收入水平居民的收入可能产生的差异化影响展开考察。

从图 8-3 可以看出，最低工资标准与居民（个人）工资收入水平亦存在同方向变化关系，即伴随地区最低工资标准的提升，个人工资水平也出现同步上升。那么，提高地区最低工资标准是否确实引致了个人工资收入的提升？基于与家庭工资收入考察部分相同的考量，此处将直接采用 OLS 模型展开回归分析，结果如表 8-7 所示。回归结果第一行第（1）列 2004 ~ 2015 年五期全样本回归结果表明，当地区最低工资标准提高 1 个百分点，居民个人工资收入将显著提升 1.367 个百分点，这证实最低工资标准的提高确实有助于提升个人

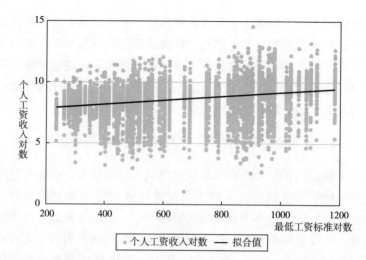

图 8-3　最低工资标准与居民（个人）工资收入水平相关关系散点拟合

表 8-7　　　　最低工资标准对个人工资收入的影响：OLS 回归

（全样本与年份差异）

变量	(1)	(2)	(3)	(4)	(5)	(6)
	2004～2015 年	2004 年	2006 年	2009 年	2011 年	2015 年
最低工资标准对数	1.367 ***	0.835 ***	0.807 ***	1.487 ***	0.692 ***	2.041 ***
	(0.0784)	(0.0874)	(0.145)	(0.210)	(0.214)	(0.203)
个人特征	Yes	Yes	Yes	Yes	Yes	Yes
外部特征	Yes	Yes	Yes	Yes	Yes	Yes
年份	Yes	/	/	/	/	/
R^2	0.440	0.345	0.417	0.437	0.473	0.445
P	0.0000	0.0000	0.0000	0.0000	0.0000	0.0000
N	11754	1473	2212	2459	2486	3124

注：*** 表示在 1% 统计水平上显著。

工资水平。这与前文家庭收入分配效应研究结论趋势上保持一致，但在绝对数值上略微高于家庭收入分析 1.03% 的水平。进一步察看年度差异发现，最低工资标准在 2004～2015 年 5 个调查年份间对个人工资收入的提升作用呈现"W"型波动变化。而与家庭收入分配效应变化趋同的是，2006～2009 年最低工资标准增收效应快速上升，在 2009 年升至高值后反转下降。在 2008 年国际金融危机过后，最低工资标准增收效应在个人和家庭层面均出现显著下降，这一结果证实，当期最低工资制度的收入调节作用确实受到了宏观经济走低的影响。

　　为考察最低工资标准提升对处于不同工资收入水平的居民可能产生的差异影响，此处将进一步展开分位数回归分析。表 8-8 列示了最低工资标准对个人工资收入的分位数回归结果。可以看到，与家庭收入分配效应相一致，提高最低工资标准对处于 0.1、0.25、0.5、0.75 和 0.9 分位居民的工资收入具有广泛且显著的提升作用。而与家庭层面五个收入分位分析展示的倒 "U" 型变化不同，最低工资标准的个人增收效应随工资收入的提升整体上展现出明显的下降走势。个人层面与家庭层面的对比分析更进一步证实，最低工资制度确实使工资收入较低的群体得到了最大实惠。基于 G. Field 分解法的我国居民收入基尼系数动态变化（见表 8-9）显示，在对当期基尼系数的解释份额（指标 S）上，最低工资标准对个人工资差距的贡献与对家庭工资年收入不平等的贡献一样均为正值，数值上波动不大，这说明最低工资标准存在拉大当期个人工资差距的作用。在对跨期基尼系数变化的解释份额（指标 π）上，2004~2006 年这一跨期中最低工资标准展现出缩小个人工资差距的作用，然而在随后的 2006~2009 年、2009~2011 年、2011~2015 年三个时期中却拉大了工资收入差距，且此拉大效应呈先升后降趋势。综上所述，最低工资标准对收入差距的影响虽然在家庭和个人层面存在一定差异，但总体上并未起到平滑工资收入差距的作用，反而扩大了工资收入不平等。

表 8-8　　最低工资标准对个人工资收入的影响：OLS 回归和分位数回归

变量	(1)	(2)	(3)	(4)	(5)	(6)
	全样本	0.1 分位	0.25 分位	0.5 分位	0.75 分位	0.9 分位
最低工资标准对数	0.769 *** (0.0758)	0.993 *** (0.148)	0.850 *** (0.102)	0.713 *** (0.0763)	0.601 *** (0.0641)	0.664 *** (0.0819)
个人特征	Yes	Yes	Yes	Yes	Yes	Yes
外部特征	Yes	Yes	Yes	Yes	Yes	Yes
年份	Yes	Yes	Yes	Yes	Yes	Yes
R^2	0.445	/	/	/	/	/
P	0.0000	0.0000	0.0000	0.0000	0.0000	0.0000
N	11754	11754	11754	11754	11754	11754

注：*** 表示在 1% 统计水平上显著。

表8-9　　　　我国居民工资收入基尼系数变动分解：G. Field 分解　　　单位:%

变量	(1) S^{04}	(2) S^{06}	(3) S^{09}	(4) S^{11}	(5) S^{15}	(6) π (04-06)	(7) π (06-09)	(8) π (09-11)	(9) π (11-15)
最低工资标准对数（个人）	0.0462	0.0265	0.0452	0.0165	0.0487	-0.0448	0.5444	2.8358	0.2656
最低工资标准对数（家庭）	0.0540	0.0418	0.0714	0.0463	0.0085	-0.0341	0.9027	2.9509	-0.6284

注：S为相关变量对总体收入不平等的解释份额，π为各变量对不同时期收入差距变动的解释。

8.3　本章小结

最低工资是指劳动者在法定工作时间内履行了正常劳动义务的前提下，由单位支付的最低劳动报酬。由一个国家或地方政府通过立法制定。最低工资的制定反映了监管机构对劳动者权益的保护，是政府对劳动市场的正当干预，对就业和工资产生一定影响。1993年劳动部发布《企业最低工资规定》标志着我国开始建立最低工资制度。1995年实施的《中华人民共和国劳动法》明确我国实行最低工资制度，使得最低工资制度以法律的形式确定下来。2004年，劳动和社会保障部颁布《最低工资规定》，推动了最低工资制度在我国的全面实施。然而，在最低工资制度全面实施不久的2008年，金融危机席卷全球，我国宏观经济也受到严峻影响。随即，各地方政府对最低工资制度投入开始逐年下降。这对劳动者的就业保障及工资水平都将产生一定影响。而随着宏观经济的逐步恢复，后续各年度各地区逐步提高的最低工资标准对保障劳动者权益起到了重要作用。

基于CHNS 2004~2015年五期混合截面数据，本章检验了我国最低工资标准对家庭工资年收入分配的动态影响。OLS全样本回归表明，提高最低工资标准确实显著提升了家庭工资总水平。然而，在五个调查年份间最低工资标准的增收效应呈现了阶段性差异表现，其中2004年、2006~2009年呈直线上升，而2009年后却出现反转下降。这可能与2008年世界金融危机致使宏观经济走低，引致各地区对最低工资制度投入的边际下降有关。分位数回归分析进一步发现，较低工资收入家庭在最低工资制度保障下获得了较大收益。基于G. Field 分解法的研究进一步发现，最低工资标准对2004年、2006年、2009年、2011年和2015年五个观测年份当期家庭工资收入基尼系数的解释份额均为正值，且呈现倒"U"型走势。这表明最低工资标准在显著提升家庭工资收入的同时拉大了家庭间工资收入差距，但其对工资收入不平等的正向贡献呈逐步减小之势。对不同时期基尼系数变动解释份额的考察表明，最低工资标准对五个时期跨期收入差距的动态影响呈先负后正再负的交替变化，这说明最低工资标准对家庭跨期工资收入不平等起到了由缩小到拉大再到缩小的作用。综合而言，近期以来提高最低工资标准存在缩小我国家庭工资收入差距的正向影响趋势，这必将有利于缓解我国严峻的收入不平等形势。受到数据基础的严格限制，本章家庭和个人层面对比分析没能基于一一匹配的家庭和个人数据展开，但个人工资收入考察结果仍然展示了与家庭工资年收入分析较为良好的一致性，证实了最低工资标准家庭收入分配效应研究的稳健性。

第9章
家庭收入变化与夫妻间资源配置博弈[*]

本书前述各章均以家庭为单位考察我国收入分配制度改革的分配效应。但事实上，家庭并不是一个黑箱（a black box），在个人之间、家庭之间的竞争博弈之外，家庭内部成员之间亦存在资源配置问题。著名经济学家盖瑞·贝克尔就曾因对家庭内部资源配置的深入研究获得诺贝尔经济学奖。在家庭经济学（Family Economics）研究体系中，梳理家庭成员间关系、特别是作为家庭基石和核心的夫妻关系，成为进一步深入剖析家庭经济问题的重要前提。新古典单一家庭模型（unitary family model）把家庭视为一个由偏好相同的家庭成员组成的整体（Becker，1965），遵循夫妻决策目标一致的假设，被称为"一致同意模型"（consensus models）。而家庭内部博弈模型则假设夫妻具有各自不同的偏好，都试图在家庭中最大化个人利益（Lundberg and Pollak，1993；Carter and Katz，1997；Konrad and Lommerud，2000；Chen and Woolley，2001；Chiappori，1988，1992，1997；Quisumbing and Maluccio，2003），共同归属于"非一致同意模型"（nonconsensus models）①。本章将以丈夫和妻子为家庭成员代表，基于"非一致同意"假设，考察家庭在社会经济资源配置中获得更多优势（或处于更大劣势）时，家庭成员将如何进行资源配置的调整和博弈。时间是一种重要资源，如何配置时间将直接影响个人福利水平（Gronau，1977；Floro，1995）。本章拟对夫妻间时间配置展开分析，考察家庭收入变化对丈夫和妻子全天时间配置的影响。此外，家庭内部资源在夫妻之间的配置亦归属性别平等这一传统论题，由此本章也将借助性别福利视角展开有关夫妻资源配置博弈的探讨。

---

* 本章分析结果曾汇集成文，以《家庭收入变化、夫妻间时间利用与性别平等》为题在《世界经济》2015 年第 11 期上发表。

① "非一致同意"模型可分为合作博弈模型（含纳什谈判模型、集体模型）和非合作博弈模型，具体参见贝尔曼（Behrman，1997）及齐良书（2012）。

9.1 研究设计与理论框架

9.1.1 研究设计

作为一种重要资源，时间如何配置直接影响着个人福利水平（Gronau，1977；Floro，1995）。夫妻如何在不同活动、特别是家务劳动上分配时间是考察性别影响力的重要指标（Gershuny and Robinson，1988；Baxter，1997；Baxter and Hewitt，2013）。贝克尔（1965）认为各种外生因素，包括工资率、家庭财产、商品价格的变化都会引起家庭成员时间配置的变化。据此，一些文献考察了收入对夫妻间时间配置的影响以探察性别影响力（gender power）的动态变化并辨析福利水平的性别差异。戈什和坎普尔（Ghosh and Kanbur，2008）对家庭福利的考察表明，男性工资增加时，男性工作时间会相对增加但家务时间相对减少，而家庭中的女性却会在家务上耗费更多时间。比德尔和哈默梅什（Biddle and Hamermesh，1990）基于 12 国数据的研究显示，工资率提高将使就业男性睡眠时间减少，但工作时间增加。同时，对就业女性睡眠时间亦存在负向影响。此外，麦克费尔和董（MacPhail and Dong，2007）利用中国农村数据发现女性个人收入在夫妻共同收入中的相对份额决定了家庭劳动性别分工，女性对家庭收入的相对贡献越大则承担的家务劳动相对越少。齐良书（2005）基于中国双收入家庭数据，对以夫妻双方工资率之差与工资率之和的比值代表的议价能力进行的研究显示，议价能力上升时男性家务劳动时间较女性家务劳动时间更富有弹性。此类分析准确清晰地描述了夫妻在时间配置上的对抗博弈，但限于狭窄的分析基础对收入提升能否推进时间利用上的性别平等却不置可否。与此相对，将家庭收入引入两性时间利用分析可充分展示夫妻在相同经济条件下的不同时间配置模式，并使探查收入变化对夫妻间时间利用差异的影响成为可能。为避免互为因果引致结果偏误，已有文献主要探讨了家庭非劳动收入变化对夫妻间时间利用的影响。阿伦泽和沃尔登（Alenezi and Walden，2004）使用美国 1979~1991 年数据发现，伴随家庭非劳动收入（non-labor income）的增加，夫妻双方家务时间均有所减少，丈夫市场工作时间增加，但妻子外出工作时间无显著变化。舒尔茨（Schultz，1990）利用泰国 1981 年的数据进一步证实，非劳动收入（non-earned income）更高的妇女享有更多闲暇时间。畅等（Chang et al.，2011）在对中国农业劳动力女性化问题的研究中发现，家庭非劳动收入增加将引致包含有偿劳动和无偿劳动在内的个人总劳动时间上升，但夫妻在总劳动时间绝对差异上并没有显著扩大。上述文献初步探讨了家庭非劳动收入变化对夫妻间时间配置的影响，但主要集中在家务、工作等单项活动时间配置上。家庭非劳动收入变化对夫妻之间时间利用模式及其性别福利的全面影响还有待深入研究。

本章拟采用囊括中国 25 个省份、包含城镇和农村地区 6033 对夫妻信息的微观数据，就家庭非劳动收入变化对夫妻之间时间利用模式及其性别差异的影响进行深入探讨。

本章的研究特色如下。（1）从家庭收入角度探查夫妻间时间资源的配置博弈。与已有文献多基于个人收入探讨性别议价能力不同，本研究将着重考察家庭非劳动收入变化对夫妻间时间利用的差异影响，从而探查性别福利状况。（2）全面考察中国夫妻全天时间配置差异，克服现有时间利用研究多停留在对家务（MacPhail and Dong，2007；齐良书，2005）、工作（Chang et al.，2011）等单项活动的探讨上，就夫妻全天活动时间配置①进行细致考察。（3）聚焦性别福利，首次设置标准化时间利用性别距指标②。依托标准化时间利用性别距指标，本研究重点关注家庭非劳动收入变化对夫妻之间时间配置产生的影响。当然，夫妻间时间利用模式完全一致并不代表性别福利水平上的绝对公平，但仍可借助家庭非劳动收入变化条件下夫妻间时间利用性别距的反应探查性别福利状况的相对变化。（4）嵌入文化和家庭分析（culture and family embeddedness）对经济学解释进行补充。对经济行为的理解不能置之于所在社会结构和社会关系之外（Polanyi，1944；Granovetter，1985，1990，1992），事实上除了夫妻双方相对收入、财产等家庭内部因素外，社会规范、婚姻市场状况等家庭外部非经济因素也在左右着性别影响力（Agarwal，1997；Heisig，2011；Bertocchi et al.，2014）。将文化与家庭因素嵌入到家庭非劳动收入变化对夫妻间时间利用模式的影响分析上将有利于获得更为立体、有效的解释。

本章将着重关注两个主要问题：（1）伴随家庭非劳动收入的相对提升，夫妻间时间利用模式将呈现怎样的变化，这在性别福利层面有何启示；（2）家庭非劳动收入相对提升是否会引致夫妻间时间利用性别距朝着有利于性别和谐的方向发展，以利于提升妻子的福利水平。

---

① 借鉴文献（刘娜，2013）做法，本研究将居民全天活动分为家务、工作、闲暇、个人照料四类。其中，用于工作的时间称为市场活动时间，用于家务、闲暇和个人照料的时间统称为非市场活动时间。

② 本研究将时间利用性别距（time use gender gap）定义为：妻子每日用于某项活动的时间与其丈夫用于该活动时间的差值，与此夫妻从事该项活动时间之和的比值。其取值范围位于 -1~1 区间。

9.1.2　理论框架

经典"收入—闲暇"模型（income-leisure model）解释了为何存在向后弯曲的劳动供给曲线，也为本研究探讨收入变化对时间配置的影响提供了理论依据（Mincer，1962；Becker，1965；Sharir，1975；Benjamin，1992；Altman，2001）。依据贝克尔（1965）提出的购买的市场产品需要在家庭内部耗费时间加工才能产生效益的观点，该模型假设个人效用函数为：

$$U = f(C, NM) \tag{9.1}$$

其中，C 为对物品与劳务的消费，NM 为包含家务、闲暇和个人照料时间在内的非市场活动时间。据此，个人效用最大化将受到收入和时间两种资源的双重约束：

$$C \leqslant Y = wL + A \tag{9.2}$$

$$T = L + NM \tag{9.3}$$

式（9.2）说明，商品消费 C 受限于总收入水平 Y，即对商品的最大消费额等于由劳动收入（工资率 w 与市场活动时间 L 的乘积）与非劳动收入（相应时段非工资收入 A）共同组成的收入总额。式（9.3）则表明总时间 T 为市场活动时间 L 与非市场活动时间 NM 之和[①]。依据式（9.1）和式（9.2），增加市场活动时间 L 的投入可扩大收入预算 Y，进而扩大商品消费 C 以获得个人效用的提升。式（9.1）同时表明，对非市场活动时间 NM 的投入本身便可提高效用水平。市场活动时间 L 与非市场活动时间 NM 的投入在有限时间禀赋 T 的约束下形成了此消彼长的替代关系，因而非市场活动的价格或机会成本可以由市场劳动工资率 w 来衡量（Altman，2001）。由此可见，工资率是影响非市场活动时间 NM 配置的重要因素。

$$NM = f(w) \tag{9.4}$$

同时，凭借收入，人们可购买具有时间节约效应的物品或劳务，从而节省从事家庭维护（maintenance）等活动的时间。此类产品购买越多，节约的可支配时间就越多，可用于休闲等活动的时间也随之增多（Becker，1965）。因而，几乎无须时间投入的非劳动收入 A 亦将影响非市场活动时间 NM 的决定。

[①]　T 是个人效用最大化可利用的时间总额，由此转换的 T－NM 也成为从时间利用角度描述劳动供给的常用表达式。

$$NM = f(A) \qquad (9.5)$$

综合上述分析，非市场活动时间 NM 的确定将受到非劳动收入 A 和工资率 w 的共同影响：

$$NM = f(A,w) \qquad (9.6)$$

在市场活动时间配置上，依据"收入—闲暇"模型，劳动供给函数可以描述为（Altman，2001）：

$$L = f(A,w) \qquad (9.7)$$

也就是说，市场活动时间 L 的确定亦取决于非劳动收入 A 与工资率 w。由此，结合式（9.6）和式（9.7），非劳动收入 A 与工资率 w 是影响人们各项活动时间配置 T 的决定因素。

$$T = f(A,w) \qquad (9.8)$$

由式（9.2）可知，市场活动时间 L 影响了收入水平 Y 的决定，而式（9.3）展示了市场活动时间 L 与非市场活动时间 NM 存在着共线关系，这可能引致家庭总收入与夫妻间时间配置间存在互为因果的内生性问题。有鉴于此，笔者秉承文献（Aleneziet al.，2004；Schultz，1990；Chang，2011）惯常做法，仅从独立于时间禀赋的家庭非劳动收入层面考察家庭收入变化对夫妻间时间利用的影响。因着重考察夫妻面对同一家庭经济条件变化可能产生的差异反应，所以本研究未对家庭非劳动收入是否仅仅来自夫妻二人做限定。

要考察家庭非劳动收入提升对夫妻间时间配置的影响，探讨夫妻关系是重要前提。新古典单一家庭模型（unitary family model）把家庭视为一个由偏好相同的家庭成员组成的整体（Becker，1965），遵循夫妻决策目标一致的假设，被称为"一致同意模型"（consensus models）。而家庭内部博弈模型则假设夫妻具有各自不同的偏好，都试图在家庭中最大化个人利益（Lundberg and Pollak，1993；Carter and Katz，1997；Konrad and Lommerud，2000；Chen and Wooley，2001；Chiappori，1988，1992，1997；Quisumbing and Maluccio，2003），共同归属于"非一致同意模型"（nonconsensus models）[①]。本研究拟采用"非一致同意"假设，即夫妻双方具有不同的个人效用函数，家庭内部资源配置是夫妻双方博弈的结果。基于更具一般性的集体模型，家庭决策可被看

---

① "非一致同意模型"可分为合作博弈模型（含纳什谈判模型、集体模型）和非合作博弈模型，具体参见 Behrman（1997）及齐良书（2012）。

作两阶段决策过程：第一阶段，夫妻双方决定家庭资源的"分配规则"；第二阶段，夫妻各自在所分配到资源的约束下，对个人效用最大化求解（齐良书，2012）。假设夫妻个人效用函数为：

$$U^a = U^a(C^a, NM^a), a = m, f \tag{9.9}$$

以男性为例，其决策过程可以写为：

$$\max \quad U^m = U^m(C^m, NM^m) \tag{9.10}$$

$$\text{s. t.} \quad C^m p_c^m + NM^m w^m \leqslant \mu(z)^m(w^m L^m + w^f L^f + A^m + A^f) \tag{9.11}$$

$$T = L^m + NM^m \tag{9.12}$$

$$\mu(z)^m(w^m L^m + w^f L^f + A^m + A^f) = S - \mu(z)^f(w^m L^m + w^f L^f + A^m + A^f) \tag{9.13}$$

其中，S 为家庭资源总额，$\mu(z)^a$，$a = m$，f 表示家庭资源的分配规则。此时，若获得 U^a 函数的具体表达式则可利用 Kuhn – Tucker 定理求解个人效用最大化一阶条件。依据"非一致同意"假设，有 $\mu(z)^m + \mu(z)^f = 1$，因而 $\mu(z)^a$ 取值范围在 [0, 1] 区间，由此家庭总效用可表示为 $U_{household} = \mu(z)^m U_{male} + [1 - \mu(z)^m] U_{female}$（Browning et al., 2007）。少量文献曾对分配规则进行了考察，发现 $\mu(z)^a$ 总体上受到个人及配偶对家庭结构和社会存在影响的系列变量 z 的作用，包括收入（income）、就业状况、年龄、教育程度、理财知识、健康状况等（Dobbelsteen and Kooreman，1997；Elder and Rudolph，2003；Woolley，2003；Friedberg and Webb，2006；Lührmann and Maurer，2007）。式（9.13）显示，夫妻双方劳动收入或家庭非劳动收入发生变化都将引致丈夫和妻子时间资源分配的变化，此种变化根本上取决于受传统社会性别角色规范约束的夫妻在"非一致同意"假设前提下采用怎样的分配规则，即夫妻在博弈过程中对时间资源的控制程度。

事实上，夫妻间的竞争博弈并不仅仅基于个人能力，更受到社会价值体系（value system）和社会规范（societal norms）的重要影响，将文化和家庭分析嵌入经济学研究将有利于获得更为立体、有效的解释。简言之，文化嵌入分析（cultural embeddedness）囊括价值体系、社会规范、地区传统、行为规范、法律及制度框架等众多内容。家庭嵌入分析（family embeddedness）则涉及家庭角色参与（participation in family roles）、家庭资源获取（access to household resources）及家庭体系特征。文化和家庭规范相互交织，对夫妻间时间利用产生不同影响。例如，传统父权制（patriarchal norms）在家庭劳动性别分工的形成上起到了重要作用。一直以来，性别时间利用模式严格遵循着传统性别角色分工，即男人应为获得收入、养家糊口在市场工作，而女人应待在家中料理家务、照顾家人。研究显示，中国女性视照顾家庭为己任，较男性而言承担了更多家务劳动（每周多 7.5 小时）（MacPhail and Dong，2007）。有鉴于此，在传统社会性别角色规范的潜在影响下，中国夫妻个人时间配置对家庭非劳动收入变化的反应必将有所差异。

　　基于经典的"收入—闲暇"模型和"非一致同意"假设，本研究将考察家庭非劳动收入变化对夫妻间时间利用模式及其性别差异的影响，进而探查家庭内部性别福利状况。如何在工作、家务和闲暇间分配时间（Gronau，1977），可否自主进行时间配置决策（Floro，1995；Burchardt，2010）成为衡量福利水平高低的重要依据（Ghosh and Kanbur，2008；Offer and Schneider，2011；Chang et al.，2011；Heisig，2011）。秉承刘娜（2013）的做法，本研究将居民全天所有活动归类为家务、工作、闲暇、个人照料四类，以考察家庭非劳动收入对居民时间福利的影响。因城镇家庭非劳动收入和农村家庭非劳动收入在绝对数额和相对结构上存在一定差异，且不同地区居民生活方式不尽相同，本研究将分别考察城镇地区和农村地区家庭非劳动收入变化对夫妻间时间配置的影响。考虑到居民各项活动的时间配置弹性在工作日和休息日存在一定差异，接下来还将区分工作日组与休息日组展开分析。

9.2 数据介绍与模型设计

9.2.1 数据介绍与统计描述

　　本研究采用中国家庭动态跟踪调查（china family panel studies，CFPS）2010 年数据。该数据由北京大学 985 项目资助、北京大学中国社会科学调查中心（ISSS）执行。基于入户个人调查，CFPS 2010 年数据提供了覆盖全国 25 个省（区）、直辖市[①]，涉及城镇和农村居民的大量经济信息，其特有的时间利用模块为本研究提供了居民全天各项活动时间利用的详细信息[②]。在处理了

---

　　① 样本取自中国 25 个省、自治区、直辖市，分别为：北京、天津、河北、山西、辽宁、吉林、黑龙江、上海、江苏、浙江、安徽、福建、江西、山东、河南、湖北、湖南、广东、广西、重庆、四川、贵州、云南、陕西及甘肃。

　　② CFPS 2010 是至本书成稿时为止唯一一个可公开获取的 24 小时时间利用数据。

缺漏值、剔除了主要变量同时为零的数据和奇异值后，有效样本包含 16～60 岁①的 6033 对在婚夫妻的相关信息。

表 9－1 列示了主要变量定义，表 9－2 是利用 CFPS 2010 年数据的主要变量描述性统计。

表 9－1   主要变量定义

	变量	定义
时间值（分钟/天）	家务时间（工作日/休息日）	每日用于干家务的时间，包括照顾家庭成员和做饭、清洁扫扫等的时间
	工作时间（工作日/休息日）	每日用于薪酬工作或务农ᵃ的时间
	闲暇时间（工作日/休息日）	每日用于看电视、阅读、做运动、上网、个人爱好和社会交往等活动的时间
	个人照料时间（工作日/休息日）	每日用于睡觉、洗澡、饮食等活动的时间
时间利用性别距（G）（%）	家务 G（工作日/休息日）工作 G（工作日/休息日）闲暇 G（工作日/休息日）个人照料 G（工作日/休息日）	妻子每日用于家务/工作/个人照料/闲暇的时间与丈夫用于此活动时间的差值，与该夫妻从事此项活动时间之和的比值。详见式（9.15）
家庭收入（元/年）	家庭非劳动收入	家庭所有成员全部非劳动收入总和。涵盖以家庭为单位核算获得的存款利息和出租房屋、土地、生产资料和其他物品的租金收入，离/退休金、社保、低保收入以及收到的礼金/礼品折现ᵇ

注：a 某些受访者报告了工作之余的学习时间，然而分析显示，这一时间平均为每周半小时，即每天最多 4 分钟。本研究中学习时间被视为是积累工作能力而纳入工作时间统计。b 数据库中债券、股票、基金等相关数据有明显的非正常亏损，考虑可能仍受 2008 年全球金融危机影响，因而本研究家庭非劳动收入不包含金融资产收益。基于对女性福利的特别关注，夫妻间时间利用性别距的定义与测度均以妻子时间利用模式为基准。

表 9－2   主要变量描述性统计

变量	变量符号	观测值	均值	方差	最小值	最大值
家务时间（工作日）	T_w_hw	12066	164.59	154.77	0	960
家务时间（休息日）	T_r_hw	12066	187.62	158.82	0	960

---

① 中国劳动法规定最低劳动年龄为 16 周岁，男性退休年龄为 60 周岁，女性为 55 周岁。为保证研究的全面性和统计上的方便，本研究选取 16～60 周岁人群作为研究对象。另外，全日制在校生样本被剔除。

变量	变量符号	观测值	均值	方差	最小值	最大值
工作时间（工作日）	T_w_mw	12066	356.29	246.32	0	1200
工作时间（休息日）	T_r_mw	12066	213.57	246.73	0	1200
闲暇时间（工作日）	T_w_l	12066	199.76	140.56	0	960
闲暇时间（休息日）	T_r_l	12066	257.55	173.30	0	960
个人照料时间（工作日）	T_w_pc	12062	621.50	105.86	0	1320
个人照料时间（休息日）	T_r_pc	12063	648.10	116.17	0	1440
家务时间利用性别距（工作日）	G_w_hw	5950	0.43	0.48	−1	1
家务时间利用性别距（休息日）	G_r_hw	5973	0.39	0.45	−1	1
工作时间利用性别距（工作日）	G_w_mw	5287	−0.27	0.52	−1	1
工作时间利用性别距（休息日）	G_r_mw	3772	−0.23	0.62	−1	1
闲暇时间利用性别距（工作日）	G_w_l	5934	−0.06	0.43	−1	1
闲暇时间利用性别距（休息日）	G_r_l	5954	−0.10	0.39	−1	1
个人照料时间利用性别距（工作日）	G_w_pc	6029	0.02	0.10	−0.79	0.83
个人照料时间利用性别距（休息日）	G_r_pc	6030	0.01	0.10	−1	1
家庭非劳动收入	I_nonl	12066	5189.64	9595.56	0	68000
家庭非劳动收入对数	lnI_nonl	12066	6.50	2.81	0	11.13

注：T 代表时间，G 代表时间利用性别距，I 代表收入，下标 w 代表工作日，下标 r 代表休息日；家务、工作、闲暇和个人照料四类活动分别用 hw、mw、l、pc 表示；非劳动收入用 I_nonl 表示。

表 9 - 3 是基于 CFPS 2010 年数据的夫妻间时间利用统计描述及城镇与农村地区的差异。t 值检验表明，各项活动在时间配置上的性别差异相当显著。

总体而言，妻子比丈夫在家务上花费更多时间（每个工作日多 131.5 分钟，合 2.2 小时），其次为个人照料（每个工作日多 26 分钟），而丈夫比妻子享受更多闲暇（每个工作日多 18.1 分钟），但却在工作上付出更大努力（每个工作日多从事 137.1 分钟，合 2.3 小时）。夫妻在家务和工作上相对明确的分工模式无论在城镇还是乡村、工作日或是休息日都广泛存在，这说明传统社

表 9 - 3 夫妻时间利用统计描述

分钟/天	男性 (N=6033)	女性 (N=6033)	平均差异	时间利用性别距(G)	城镇 男性 (N=2896)	女性 (N=2896)	平均差异	时间利用性别距(G)	农村 男性 (N=3137)	女性 (N=3137)	平均差异	时间利用性别距(G)
T_{w_hw}	98.82*** (111.85)	230.36 (163.55)	131.54	0.43 (0.48)	91.01*** (105.94)	223.28 (168.51)	132.27	0.43 (0.50)	106.04*** (116.60)	236.89 (158.58)	130.85	0.42 (0.47)
T_{r_hw}	122.40*** (124.06)	252.84 (162.94)	130.44	0.39 (0.45)	119.41*** (124.34)	253.51 (170.69)	134.10	0.39 (0.46)	125.16*** (123.75)	252.22 (155.48)	127.06	0.38 (0.44)
T_{w_pc}	608.50*** (102.04)	634.50 (107.99)	26.00	0.02 (0.10)	593.53*** (94.54)	618.27 (102.04)	24.74	0.02 (0.10)	622.31*** (106.67)	649.48 (111.13)	27.17	0.02 (0.10)
T_{r_pc}	639.63*** (115.98)	656.58 (115.76)	16.95	0.01 (0.10)	629.11*** (119.21)	645.38 (117.30)	16.27	0.01 (0.10)	649.34*** (112.05)	666.90 (113.36)	17.56	0.01 (0.10)
T_{w_l}	208.82*** (142.83)	190.71 (137.67)	-18.11	-0.06 (0.43)	244.52*** (149.54)	223.10 (145.07)	-21.42	-0.06 (0.41)	175.86*** (127.79)	160.81 (123.15)	-15.05	-0.06 (0.45)
T_{r_l}	282.30*** (185.09)	232.80 (156.80)	-49.50	-0.10 (0.39)	333.53*** (192.28)	275.70 (163.95)	-57.83	-0.09 (0.37)	235.00*** (164.63)	193.20 (138.59)	-41.80	-0.10 (0.42)
T_{w_mw}	424.82*** (225.55)	287.75 (247.16)	-137.07	-0.27 (0.52)	419.14*** (234.48)	276.13 (261.38)	-143.01	-0.30 (0.56)	430.06*** (216.88)	298.49 (232.80)	-131.57	-0.25 (0.47)
T_{r_mw}	252.26*** (258.52)	174.88 (227.90)	-77.38	-0.23 (0.62)	215.20*** (262.89)	141.65 (228.58)	-73.55	-0.27 (0.69)	286.47*** (249.62)	205.57 (222.94)	-80.90	-0.20 (0.57)

注：表中男性、女性时间利用数值均为匹配夫妻统计值；"平均差异"为同一活动中女性耗费的时间值减去男性所耗费的时间值；"时间利用性别距(G)"排序。需特别说明的是，CFPS 时间利用数据是基于回顾方法（retrospective method）由被调查者进行估计得到的，精确度仍有所欠缺。*** 表示在 1% 统计水平上显著；括号中为标准差。

会性别角色规范仍然深刻影响着中国夫妻间时间利用模式。对比农村妇女和城镇妇女的时间配置可以看到，每个工作日，农村妇女在家务劳动上平均投入236.9分钟，比城镇妇女多13.6分钟。同时，农村妇女在工作上平均耗费298.5分钟，亦比城镇妇女多22.4分钟。然而，农村妇女仅获得160.8分钟闲暇，比城镇妇女少约60分钟。可见，农村妇女以牺牲闲暇为代价承担着比城镇妇女更高的总体劳动强度。这可能与中国农村女性受更为传统的性别分工意识影响以及当代中国农村男性劳动力向城市临时迁移（农民工潮）息息相关。观察男性家务参与情况可知，农村男性每个工作日在家务上平均耗费106分钟，比城镇男性多分担15分钟家务。农村男性之所以承担绝对数量上更多的家务劳动，可能源于农村生活方式下相对更重的家务负担以及相对缓慢的生活节奏。由此可见，中国居民"二元"结构差异不仅仅局限在户籍上，城乡居民时间利用模式差异本身已相当大。

上述统计展示出，即使在社会经济长足发展的今天，传统社会性别角色规范仍然存在着广泛作用并深刻影响着中国居民时间利用性别模式。那么，家庭非劳动收入相对提升将如何影响夫妻间时间利用模式？这一变化能否改善夫妻间时间利用上的不平等、更利于妻子福利水平的提升？对此笔者进行了更为细致的描述分析。

图9-1列示了基于家庭非劳动收入的夫妻间时间利用模式（家务、工作、闲暇及个人照料）比较。所有样本按照家庭非劳动收入划分为十组。① 其中，图9-1列示了家庭非劳动收入提升对夫妻家务时间配置的影响。伴随家庭非劳动收入的逐步增加，夫妻家务时间虽有小幅波动但却几乎保持了同一水平。可见，在刚性家庭照料责任约束下，家庭非劳动收入提升对夫妻家务时间配置影响甚微；家庭非劳动收入变化对夫妻市场工作的影响显示于图9-1b。当家庭非劳动收入增加时，夫妻工作日和休息日工作时间均显著减少，尤其是最低收入组和最高收入组人群。这表明，当经济条件较好时，居民更偏好减少在市场工作上的时间投入。图9-1c和图9-1d描述了家庭非劳动收入变化对夫妻闲暇及个人照料时间的影响。有意思的是，当家庭非劳动收入提升时，夫妻闲暇时间均有所增加，同时个人照料时间却都在减少。这呈现出一个矛盾的

---

① 家庭非劳动收入划分为十组，分别为：第一组：0~2元/年；第二组：3~200元/年；第三组：201~300元/年；第四组：310~500元/年；第五组：503~1000元/年；第六组：1001~1600元/年；第七组：1620~3000元/年；第八组：3001~8100元/年；第九组：8200~17200元/年；第十组：17300~680000元/年。

问题：家庭非劳动收入提升对个人总体福利到底会产生怎样的影响？后文将对此问题持续关注。

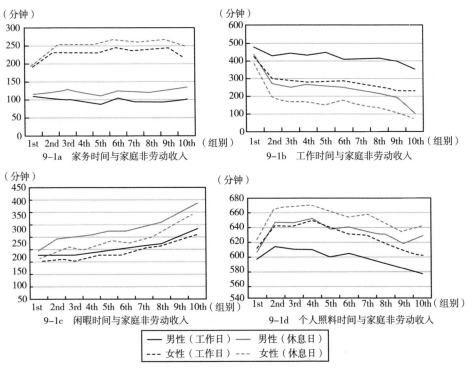

（分钟）
9-1a 家务时间与家庭非劳动收入

（分钟）
9-1b 工作时间与家庭非劳动收入

（分钟）
9-1c 闲暇时间与家庭非劳动收入

（分钟）
9-1d 个人照料时间与家庭非劳动收入

男性（工作日）　　男性（休息日）
女性（工作日）　　女性（休息日）

图9-1　夫妻间时间利用：家庭非劳动收入与四种活动

注：图中数据以匹配夫妻为统计对象；横轴为家庭非劳动收入十组分组，纵轴为活动时间（分钟）。

图9-2展示了工作日家庭非劳动收入增加对夫妻间时间利用性别距 G 值①的影响（休息日影响趋同，此处略去）。总体上，若 G 值更集中于 G>0 区域，说明该项活动中女性较男性投入了更多时间，反之则说明男性较女性投入了更多时间。而随着家庭非劳动收入的不断提升，G 值呈现上行还是下行的变化走势分别代表夫妻从事某项活动的时间利用性别距的扩大或缩小。

首先，考察夫妻在家务上的时间利用性别距（图9-2a）。当家庭非劳动收入为0时，夫妻家务 G 值在 -1~1 区间均有分布，相对更集中于 G>0 区域。伴随家庭非劳动收入的增加，夫妻家务 G 值呈现向 G>0 区域集中趋势，然而拟合线并未展示出显著向右上方倾斜的走势。这总体上表明，妻子承担着家庭中相对较多的家务劳动，而随着家庭非劳动收入不断提升，妻子

① 详见表9-1定义。

将承担更多家务劳动，但夫妻家务时间利用性别距是否会拉大，趋势并不明显。接下来，观察夫妻工作时间利用性别距（图9-2b）。总体上，夫妻工作 G 值围绕 G=0 水平线成锥形分布。当家庭非劳动收入为 0 时，G 值样本点主要分布在 0.5～-1 区间，偏向 G<0 区域。随着家庭非劳动收入的不断增加，G 值逐渐趋近于 G=0 水平线，但绝对数值上依然向 G<0 区域下倾。拟合线展示了显著向右下方倾斜的走势。这说明，总体上丈夫较妻子承担了更多工作，而随着家庭非劳动收入的提升，夫妻在工作上的时间利用性别距逐步缩小了。再来考察夫妻闲暇（图9-2c）和个人照料时间利用性别距（图9-2d），可以看到家庭非劳动收入逐步增加时，夫妻 G 值几乎都是以 G=0 线为界对称分布，拟合线亦呈现水平状态。据此可以推测，家庭经济状况的改善并未对夫妻在闲暇与个人照料上的时间利用性别距产生明显影响。

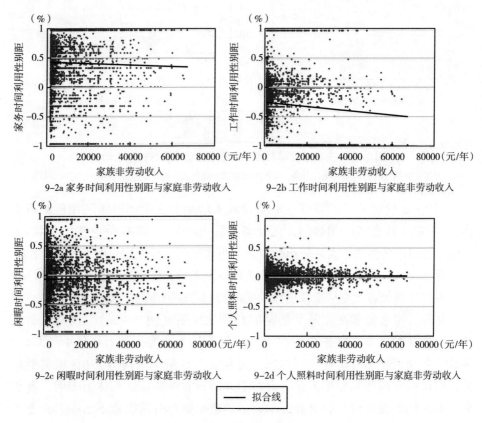

9-2a 家务时间利用性别距与家庭非劳动收入 　　　　9-2b 工作时间利用性别距与家庭非劳动收入

9-2c 闲暇时间利用性别距与家庭非劳动收入 　　　　9-2d 个人照料时间利用性别距与家庭非劳动收入

——— 拟合线

图9-2　夫妻间时间利用性别距：家庭非劳动收入与四种活动（工作日）

注：时间利用性别距以女性时间利用模式为基准进行测度。

上述描述分析初步展示了夫妻间时间利用模式及时间利用性别距随家庭非劳动收入增加发生的变化。然而，夫妻间时间利用模式会受个人及家庭特征的影响（齐良书，2005；MacPhail and Dong，2007），夫妻个人特征差异也将作用于性别影响力（Bertocchi et al.，2014）。家庭非劳动收入相对提升究竟会对夫妻间时间利用模式产生怎样的影响？又在多大程度上扩大或缩小了性别福利差异？这些问题还有待进一步的分析。

9.2.2　分析方法与模型设计

本研究拟通过两个估计函数分别就家庭非劳动收入变化对夫妻间时间利用模式及其性别福利的影响展开研究。遵循经典文献（Chang et al.，2011；Qi and Dong，2013）并尊重中国现实，居民人力资本禀赋、家庭结构特征以及地区差异等因素被纳入估计函数，此处特别加入"家庭年总收入"变量以代征家庭总体经济水平。

首先，观察家庭非劳动收入提升将如何影响夫妻间时间配置。假设每个人在 j 日参与 i 活动耗费的时间是家庭非劳动收入及隐形社会性别角色规范的函数，其估计函数如式（9.14）所示：

$$T_{ij} = \alpha_0 + \alpha_1 \log(HNLI_k) + \alpha_2 I + \alpha_3 H + \alpha_4 urban + \varepsilon_{ij} \qquad (9.14)$$

其中，T_{ij} 表示时间值（i = 家务、工作、闲暇、个人照料；j = 工作日、休息日）；$HNLI_k$ 表示非劳动收入（k = 家庭非劳动收入、家庭财产性收入、家庭转移性收入），其对数形式被纳入估计函数；I 是反映个人特征的系列变量，包括年龄（age）、年龄平方项（age^2）、教育年限（schoyear）、户口（hukou）、所在省份（province）；H 是衡量家庭特征的系列变量，包括家庭年总收入对数（lnHTI）、家庭总人口数（NFM）、家庭总人口数平方项（NFM^2）、家中最年长成员的年龄（eage）、家中最年幼成员的年龄（yage）；urban 是表征城镇或农村的城乡虚拟变量；ε 为随机误差项。家庭非劳动收入变化对夫妻间时间配置的影响将集中表现在系数 α_1 上。

已有文献常采用 Tobit 方法对时间利用问题进行计量估计（齐良书，2005；畅红琴和董晓媛 2009；MacPhail and Dong，2007；Chang et al.，2011），而弗斯特和卡伦科斯基（Foster and Kalenkoski，2013）亦用澳大利亚数据验证了在时间利用分析中 Tobit 模型估计优于 OLS，因此本研究将采用 Tobit 模型对中国居民时间利用展开回归分析。

鉴于对女性福利的重点关注，本研究将时间利用性别距定义为：妻子每日用于家务、工作、个人照料、闲暇的时间与其丈夫用于此活动时间的差值，与该夫妻从事此项活动时间之和的比值。定义式如下：

$$G_{ij} = \frac{T_{ij\_wife} - T_{ij\_husband}}{T_{ij\_wife} + T_{ij\_husband}} \quad\quad\quad (9.15)$$

其中，G_{ij} 表示夫妻在 j 日参与 i 活动的时间利用性别距（i = 家务、工作、闲暇、个人照料；j = 工作日、休息日），T_{ij_wife} 和 $T_{ij\_husband}$ 分别表示妻子与其丈夫在 j 日参与 i 活动的时间值。基于此定义，可依据式（9.16）就家庭非劳动收入提升对夫妻间时间利用性别距的影响展开考察。

$$G_{ij} = \beta_0 + \beta_1 \log(HNLI_k) + \beta_2 I_{difference} + \beta_3 H + \beta_4 urban + \mu_{ij} \quad\quad (9.16)$$

其中，$I_{difference}$ 表示妻子与其丈夫在个人特征上的差异，具体包括夫妻户口差异（diff_Hukou）、年龄差异（diff_age）、受教育年限差异（diff_schoyear）；H 为反映家庭特征的系列变量［同式（9.14）相关设定］；urban 为城乡虚拟变量；ε 为随机误差项。系数 β_1 将具体展示家庭非劳动收入提升对夫妻间时间利用性别距的影响。[1] 因为变量 G_{ij} 是连续变量，且与各控制变量间无完全的共线性，因而此处采用最小二乘法（OLS）进行函数估计。

表 9 - 4 展示了相关控制变量的描述性统计。

表 9 - 4　　　　　　　　　　相关控制变量描述性统计

	变量	观测值	均值	方差	最小值	最大值
家庭特征变量	lnHTI	12066	10.07	1.14	0	14.53
	NFM	12066	4.38	1.67	2	17
	NFM^2	12066	21.92	19.42	4	289
	eage	12064	53.91	13.31	20	97
	yage	12064	15.17	13.84	0	60

---

① 夫妻工资率确实影响着个人收入及议价能力（齐良书，2005；Liebig et al.，2012），但相关数据的取得仅限于雇佣劳动生产形式，城镇家庭经营和农村家庭生产形式下无法精确确定家庭成员的个人贡献，亦无法精确测度基于此贡献的"工资率"水平。本研究是对中国城镇和农村样本进行综合考察，因而没有对夫妻工资率进行控制。

续表

	变量	观测值	均值	方差	最小值	最大值
个人特征变量	age	12066	42.64	10.03	16	60
	age^2	12066	1918.81	842.71	256	3600
	schoyear	12066	6.78	4.73	0	22
	hukou	12052	0.30	0.46	0	1
	gender	12066	0.50	0.50	0	1
	urban	12066	0.48	0.50	0	1
夫妻差异变量	diff_hukou	6019	-0.03	0.30	-1	1
	diff_age	6033	-1.76	3.02	-21	16
	diff_schoyear	6033	-1.57	4.40	-15	16
其他变量	职业类型、所在省份	—	—	—	—	—

注：性别（gender）虚拟变量，男性取值1；户口（hukou）虚拟变量，非农户口取值1；城乡（urban）变量，城镇取值1；夫妻差异系列变量为相应变量"妻子—丈夫"的值。

9.3 家庭非劳动收入变化对夫妻间时间配置影响的实证分析

9.3.1 家庭非劳动收入变化与夫妻间时间利用模式

家庭非劳动收入相对增加对夫妻间时间利用模式影响［如式（9.14）］的 Tobit 估计结果见表9－5和表9－6[1]。其中，表9－5列示了夫妻家务时间、工作时间所受影响，夫妻闲暇时间与个人照料时间所受影响则展示于表9－6。结合两表首行数据可以发现，夫妻在家务、工作、闲暇和个人照料四项活动上的时间配置均对家庭非劳动收入变化存在差异影响。以工作日为例，若家庭非劳动收入相对其他家庭提高1%，则该家庭中男性家务时间将显著减少4.8分钟，而女性家务时间没有明显变化。相同情况下，夫妻工作时间分别显著减少了14.2分钟和29.3分钟。可见，不论男性还是女性，工作都不是必需品。较之工作，家务是相对缺乏弹性的，尤其成为女性的刚性责任。出乎意料的是，与图9－1c上行走势不同，回归结果显示非劳动收入更高的家庭中男性闲暇时间无显著变化，而女性对闲暇活动的参与却是显著减少的。妇女闲暇时间的显

---

① 受单期数据限制，文中夫妻间时间利用模式回归分析展示的是：相对于其他家庭，当夫妻所在家庭的非劳动收入变化时，夫妻二人各自在某项活动上时间配置额的变化情况。

著减少是因为与工作关联的娱乐活动减少？还是以牺牲闲暇为代价争取更多自身权益？后续探讨中笔者将继续关注。此外，非劳动收入更高的家庭中，夫妻个人照料时间普遍减少，这可能与购买时间节约型产品的市场替代行为有关。上述时间利用分析表明，女性工作时间、闲暇时间较男性更富弹性，但家务责任却对女性时间配置形成了刚性约束。这些差异反应无不体现出传统社会性别角色规范的显著影响。

表 9 – 5　　　　　　　　夫妻时间利用 Tobit 估计：家务时间与工作时间

	T_w_hw		T_r_hw		T_w_mw		T_r_mw	
	男性	女性	男性	女性	男性	女性	男性	女性
$\ln I\_nonl$	– 4.77 ***	– 0.81	– 4.63 ***	0.27	– 14.18 ***	– 29.26 ***	– 35.35 ***	– 45.84 ***
	(0.70)	(0.76)	(0.78)	(0.82)	(1.39)	(1.87)	(2.23)	(2.39)
age	– 3.74 ***	– 4.89 ***	– 5.65 ***	– 8.94 ***	20.23 ***	62.65 ***	24.34 ***	58.56 ***
	(1.43)	(1.42)	(1.55)	(1.49)	(2.81)	(4.00)	(4.70)	(5.00)
age^2	0.05 ***	0.08 ***	0.08 ***	0.13 ***	– 0.29 ***	– 0.82 ***	– 0.30 ***	– 0.72 ***
	(0.02)	(0.02)	(0.02)	(0.02)	(0.03)	(0.05)	(0.06)	(0.06)
schoyear	– 0.39	– 0.27	0.48	– 0.51	3.55 ***	7.31 ***	– 0.43	– 3.66 **
	(0.45)	(0.48)	(0.49)	(0.51)	(0.89)	(1.23)	(1.46)	(1.62)
hukou	7.29	– 10.34 *	9.70 *	– 16.01 ***	– 54.48 ***	– 27.17 **	– 163.96 ***	– 90.85 ***
	(4.88)	(5.34)	(5.32)	(5.67)	(9.60)	(13.82)	(16.20)	(18.83)
$\ln HTI$	– 9.56 ***	– 7.98 ***	– 10.19 ***	– 10.39 ***	32.24 ***	27.83 ***	2.55	4.92
	(1.77)	(1.85)	(1.92)	(1.96)	(3.51)	(4.75)	(5.68)	(6.10)
NFM	– 9.66 **	– 21.88 ***	– 4.87	– 28.87 ***	– 10.56	– 3.47	43.76 ***	34.18 *
	(4.83)	(5.12)	(5.26)	(5.44)	(9.55)	(13.12)	(15.82)	(17.87)
NFM^2	0.85 **	1.70 ***	0.56	2.33 ***	0.54	– 0.15	– 1.50	– 2.04
	(0.34)	(0.36)	(0.37)	(0.38)	(0.67)	(0.93)	(1.11)	(1.28)
eage	0.30 *	0.43 **	0.24	0.45 **	– 0.27	1.08 **	– 1.05 *	0.68
	(0.17)	(0.18)	(0.19)	(0.19)	(0.34)	(0.46)	(0.56)	(0.60)
yage	– 1.55 ***	– 3.58 ***	– 1.73 ***	– 4.00 ***	0.14	1.79 ***	2.12 ***	2.26 ***
	(0.21)	(0.22)	(0.22)	(0.23)	(0.41)	(0.57)	(0.68)	(0.76)
urban	2.17	0.56	1.04	7.78	– 6.53	– 32.32 ***	20.46	– 12.68
	(4.38)	(4.59)	(4.76)	(4.87)	(8.57)	(11.81)	(14.10)	(15.54)
χ^2	1372.56	2556.12	945.18	1671.31	644.07	1030.17	999.60	1148.98
P 值	0	0	0	0	0	0	0	0
样本量	5980	5984	5980	5994	5980	5984	5980	5984

　　注：上述男女均为匹配夫妻；城乡虚拟变量定义为：农村 = 0，城镇 = 1。"所在省份"项回归结果省略；在对家务时间、闲暇时间和个人照料时间进行回归分析时分别控制了相应时日的工作时间（Biddle and Hamermesh, 1990）。***、**、* 分别表示在 1%、5%、10% 统计水平上显著。P 值达到 "0.0000" 精确度的均简化标记为 "0"。下表同。

表 9 - 6　　　　　夫妻时间利用 Tobit 估计：闲暇时间与个人照料时间

变量	T_{w_l}		T_{r_l}		T_{w_pc}		T_{r_pc}	
	男性	女性	男性	女性	男性	女性	男性	女性
lnI_nonl	0.19	- 1.92 ***	- 0.55	- 3.15 ***	- 1.03 **	- 1.16 **	- 0.57	- 1.05 *
	(0.66)	(0.67)	(0.81)	(0.77)	(0.52)	(0.56)	(0.60)	(0.61)
age	- 3.60 ***	- 1.07	- 2.59	1.71	- 2.17 **	- 1.93 *	- 2.18 *	- 2.53 **
	(1.33)	(1.26)	(1.61)	(1.40)	(1.05)	(1.04)	(1.19)	(1.12)
age^2	0.03 **	0.01	0.02	- 0.03	0.03 **	0.01	0.02	0.01
	(0.02)	(0.02)	(0.02)	(0.02)	(0.01)	(0.01)	(0.01)	(0.01)
schoyear	4.15 ***	4.06 ***	4.84 ***	5.62 ***	0.71 **	- 0.52	- 0.15	- 1.03 ***
	(0.42)	(0.42)	(0.51)	(0.48)	(0.33)	(0.35)	(0.38)	(0.38)
hukou	18.95 ***	14.64 ***	8.88	7.17	- 17.84 ***	- 19.23 ***	- 16.78 ***	- 16.04 ***
	(4.51)	(4.70)	(5.51)	(5.31)	(3.58)	(3.92)	(4.09)	(4.24)
lnHTI	11.98 ***	14.20 ***	16.54 ***	17.59 ***	- 1.06	0.79	- 0.64	1.70
	(1.65)	(1.65)	(2.00)	(1.86)	(1.31)	(1.36)	(1.48)	(1.47)
NFM	- 3.19	6.41	- 9.97 *	4.38	4.60	0.17	- 4.66	- 0.61
	(4.51)	(4.52)	(5.49)	(5.10)	(3.57)	(3.76)	(4.06)	(4.07)
NFM^2	0.32	- 0.55 *	0.75 *	- 0.51	- 0.49 *	- 0.28	0.11	- 0.30
	(0.32)	(0.32)	(0.39)	(0.36)	(0.25)	(0.27)	(0.29)	(0.29)
eage	- 0.26	- 0.44 ***	- 0.16	- 0.35 **	0.04	0.19	0.23	0.13
	(0.16)	(0.16)	(0.19)	(0.18)	(0.13)	(0.13)	(0.14)	(0.14)
yage	1.10 ***	1.85 ***	1.22 ***	2.02 ***	0.13	0.33 **	- 0.16	0.34 **
	(0.19)	(0.19)	(0.23)	(0.22)	(0.15)	(0.16)	(0.17)	(0.17)
urban	28.13 ***	16.61 ***	32.79 ***	21.91 ***	- 13.04 ***	- 15.29 ***	- 12.76 ***	- 11.78 ***
	(4.04)	(4.05)	(4.92)	(4.57)	(3.20)	(3.37)	(3.64)	(3.65)
χ^2	2614.33	2294.55	3163.74	2315.02	862.57	934.49	802.91	790.77
P 值	0	0	0	0	0	0	0	0
样本量	5980	5984	5980	5984	5978	5982	5978	5983

　　表 9 - 7 列示了家庭非劳动收入相对增加对夫妻工作日时间利用模式影响的地区差异①。不难发现，无论是在城镇地区还是在农村地区，女性家务时间对家庭非劳动收入的相对提升都不敏感，相反家庭非劳动收入相对增加将引致男性家务时间的显著减少。若家庭非劳动收入相对其他家庭增加 1%，则城镇男性家务时间平均减少 4.1 分钟，而农村男性比城镇男性多减少 1.1 分钟。由

---

　　① 本研究各项考察均基于工作日组和休息日组数据同时展开，两组分析结果趋势上完全一致。限于篇幅，后续部分分析仅给出了工作日组数据结果，休息日组分析结果备索。

基于家庭视角的中国收入分配制度改革效果评估研究 ▎

表 9 - 7　　　　　　　夫妻时间利用 Tobit 估计：地区差异（工作日）

变量	城镇男性	城镇女性	乡村男性	乡村女性	城镇男性	城镇女性	乡村男性	乡村女性
	T_w_hw				T_w_mw			
lnI_nonl	−4.13***	−0.71	−5.23***	−1.11	−19.69***	−37.18***	−9.14***	−22.32***
	(1.11)	(1.25)	(0.91)	(0.95)	(2.28)	(3.39)	(1.71)	(2.12)
eage	0.43	0.36	0.12	0.46**	−0.04	2.25***	−0.24	0.40
	(0.27)	(0.30)	(0.22)	(0.23)	(0.56)	(0.83)	(0.42)	(0.52)
yage	−1.68***	−3.27***	−1.40***	−3.91***	1.15*	2.72***	−0.36	2.48***
	(0.31)	(0.34)	(0.29)	(0.30)	(0.64)	(1.00)	(0.54)	(0.69)
χ^2	542.09	1270.66	898.46	1334.44	562.52	690.82	242.83	503.98
P 值	0	0	0	0	0	0	0	0
样本量	2869	2874	3111	3110	2869	2874	3111	3110
	T_w_l				T_w_pc			
lnI_nonl	0.77	−0.69	−0.20	−2.51***	−1.65**	−1.77**	−0.64	−0.67
	(1.09)	(1.12)	(0.82)	(0.82)	(0.80)	(0.85)	(0.71)	(0.74)
eage	−0.59**	−0.62**	−0.04	−0.42**	0.03	0.11	0.07	0.27
	(0.26)	(0.26)	(0.20)	(0.19)	(0.19)	(0.20)	(0.17)	(0.18)
yage	1.40***	1.78***	0.86***	1.99***	0.35	0.55**	−0.04	0.25
	(0.30)	(0.30)	(0.26)	(0.25)	(0.22)	(0.23)	(0.22)	(0.23)
χ^2	1262.98	1042.68	1089.07	1043.23	298.25	376.77	498.19	513.28
P 值	0	0	0	0	0	0	0	0
样本量	2869	2874	3111	3110	2867	2872	3111	3110

注：所有控制变量如式（9.14）所示，其他变量回归结果此处省略。

此可见，城镇男性在统计上转变了传统观念，非劳动收入更高的城镇家庭中，男性更多参与到了家务劳动中来；相同情况下，夫妻工作时间均有显著减少，且女性工作时间减少得更快，这无疑是受到了"男主外、女主内"传统社会性别角色规范的影响。家庭非劳动收入相对增加 1% 时，城镇男性工作时间比农村男性多减少约 10 分钟，城镇女性则比农村女性多减少 15 分钟。这说明在工作上，城镇居民和农村居民面临着不同的"收入—时间"梯度，城镇居民工作时间随收入提升减少得相对更快。从闲暇时间回归结果看，家庭非劳动收入相对增加 1% 时，有且仅有农村女性显著减少了 2.5 分钟闲暇时间。这说明表 9 - 6 回归中妇女闲暇时间上的显著减少主要来源于农村妇女。农村女性组比其他组别承担了更多家务和工作，这是造成此现象的重要原因。有意思的是，伴随家庭非劳动收入的相对增加，仅有城镇居民在个人照料上花费更少时间。联系在图9-1分析中涉及总体福利水平的疑问可知，只有城镇居民在家庭经济相对宽裕时显著减少了个人照料时间，农村居民并没有此种行为变化。那么，是不是城镇化改变了市民的生活方式？抑或只是城镇居民在更完善、更自由的市场中可以更便捷地购买到时间节约型产品从而改善生活质量的缘故？将工作和闲暇合并来看，家庭非劳动收入相对增加时，唯有农村女性显著减少了闲暇时间，同时较城镇女性而言，农村女性工作时间上的边际减少更小。这种行为差异说明，农村女性比城镇女性更渴望得到经济赋权。无独有偶，对家庭财产性收入的检验发现（见表9-8），在拥有更多以租金和利息为主要来源的家庭财产性收入的农村家庭中，妻子会显著增加工作时间，而丈夫在工作上的时间投入无明显变化。对家庭内部资源的获取、支配以及性别影响力的动态变化可以解释为什么农村女性会如此热衷于市场工作。这一现象与贝克尔（1991）的"两性在市场与家庭劳动上的分工是基于各自生产效率"的人力资本理论有很大的差异。笔者更倾向基于中国农村深厚的社会家庭规范（family embeddedness）来对此进行解释（Aldrichet al.，2003；Brushet al.，2009，2014；Jennings and McDougald，2007）。

表9-8　　　　　　　　夫妻时间利用 Tobit 估计系数：家庭财产性收入

	样本	T_w_hw	T_w_mw	T_w_l	T_w_pc
lnI_c&p	农村男性	- 2. 15 ** (0. 97)	- 0. 45 (1. 79)	3. 56 *** (0. 84)	- 0. 30 (0. 73)
lnI_c&p	农村女性	- 0. 65 (0. 97)	4. 05 * (2. 27)	2. 58 *** (0. 83)	0. 54 (0. 76)

注：笔者基于家庭财产性收入和家庭转移性收入分别进行了全样本、男性、女性、城镇男性、城镇女性、农村男性、农村女性样本的详细考察。限于篇幅，表9-8仅列出农村男性、农村女性时间配置对家庭财产性收入增加的估计结果。

家庭财产性收入是指家庭所有成员全部资本、资产收益总和，涵盖以家庭为单位核算获得的存款利息和，出租房屋、土地、生产资料和其他物品的租金收入。

考虑到本研究数据的单期性，计量检验实属必要，但仅有一期的年度数据不足以提供滞后变量进行更为稳健的分析，亦不能完成格兰杰因果检验。为克服可能存在的内生性问题，本研究以家庭非劳动收入样本序次为家庭非劳动收入对数的工具变量，使用两阶段 Tobit 模型就非劳动收入变化对夫妻间时间利用模式的影响进行稳健性检验。全样本 IV 检验结果见本章末附表。从关键变量与工具变量的相关性检验可知，工具变量在对四种活动进行的回归分析中均表现出良好效果。① 二阶段 Tobit 模型回归证实：家庭非劳动收入的相对提升显著减少了男性家务时间，女性的家务时间依然呈现中性。同时，夫妻都将显著减少工作时间和个人照料时间。而在对闲暇时间配置的分析上，IV 估计结果较 Tobit 估计展示了更为鲜明的性别差异。此外，本部分区分工作日组与休息日组的相关回归结果证实：在不同时间弹性下，夫妻间时间利用模式对家庭非劳动收入变化的反应是普遍一致的。两组数据分析相互佐证了同一规律，即夫妻全天活动时间配置均对家庭非劳动收入变化具有显著弹性，且存在遵从社会性别角色规范的明显差异。

此外，地区差异回归的稳健性检验采用了相同方法，限于篇幅，相关结果不予赘述。

9.3.2 家庭非劳动收入变化与夫妻间时间利用性别距

表 9-9 列示了家庭非劳动收入相对增加对夫妻间时间利用性别距影响［如式（9.16）界定］的全样本 OLS 估计结果②。以工作日数据为例，当家庭非劳动收入相对其他家庭增加 1% 时，夫妻在家务上的时间利用性别距显著扩大 0.013，而工作时间利用性别距则显著缩小 0.026。这揭示出一个有趣的现象：在非劳动收入更高的家庭中，"女主内"的家庭内部分工被进一步强化了，但在市场工作上夫妻间时间投入却表现出趋同趋势。正如麦克费尔和董（2007）研究发现的，家务时间配置并不显著依赖于工作时间的配置，存在家务时间配置上的"性别不平等"与工作时间配置上的"性别和谐"并存的现象。结合表 9-5 回归结果可知，夫妻家务时间利用性别距的显著扩大主要归因于男性家务时间随家庭非劳动收入相对增加而显著减少，而工作时间利用性别距的显著缩小则源于收入相对提升时夫妻工作时间减少上的边际差异。另外，在闲暇与个人照料上，夫妻间时间利用性别距无显著变化，仅有休息日闲暇时间利用性别距显著缩小了 0.005。总体上看，男性获得了更多的时间福

---

① 女性休息日闲暇时间二阶段 Tobit 分析没有通过 IV 相关性检验，但因闲暇时间弹性较大（Kawaguchi et al. , 2013）且在不同人群间具有极其复杂的异质性（胡军辉，2011；刘娜，2013），同时收入序次工具变量在其他各项时间配置检验中呈现良好效果，有理由相信此处是不能充分识别，而非 IV 选取不当。

② 夫妻间时间利用性别距回归分析展示的是：相对于其他家庭，当夫妻所在家庭的非劳动收入变化时，夫妻在某项活动上相对用时的差异变化。

表9-9 夫妻时间利用性别距 OLS 估计：全样本

变量	G_w_hw	G_r_hw	G_w_mw	G_r_mw	G_w_l	G_r_l	G_w_pc	G_r_pc
lnI_nonl	0.013 ***	0.012 ***	− 0.026 ***	− 0.020 ***	0.001	− 0.005 **	0.001	− 0.000
	(0.003)	(0.002)	(0.003)	(0.004)	(0.002)	(0.002)	(0.001)	(0.001)
diff_Hukou (wife- husband)	− 0.014	− 0.020	− 0.026	− 0.103 ***	0.043 **	0.054 ***	0.001	0.004
	(0.021)	(0.020)	(0.024)	(0.036)	(0.019)	(0.017)	(0.004)	(0.004)
diff_age (wife- husband)	0.004 *	0.003	− 0.001	− 0.002	− 0.001	− 0.003	− 0.001 *	− 0.001 *
	(0.002)	(0.002)	(0.002)	(0.003)	(0.002)	(0.002)	(0.000)	(0.000)
diff_schoyear (wife- husband)	− 0.003 *	0.000	0.004 **	− 0.000	0.005 ***	0.006 ***	0.000	0.000
	(0.001)	(0.001)	(0.002)	(0.002)	(0.001)	(0.001)	(0.000)	(0.000)
lnHTI	0.019 ***	0.006	0.004	0.002	0.013 **	0.012 **	0.001	0.001
	(0.006)	(0.006)	(0.007)	(0.010)	(0.006)	(0.005)	(0.001)	(0.001)
NFM	− 0.003	− 0.011	− 0.000	− 0.002	0.029 *	0.039 ***	− 0.004	0.004
	(0.018)	(0.017)	(0.020)	(0.030)	(0.016)	(0.015)	(0.004)	(0.004)
NFM^2	− 0.000	0.001	− 0.001	− 0.002	− 0.002 *	− 0.003 **	0.000	− 0.000
	(0.001)	(0.001)	(0.001)	(0.002)	(0.001)	(0.001)	(0.000)	(0.000)
eage	− 0.001	− 0.001	0.002 ***	0.002 **	− 0.002 ***	− 0.001 **	− 0.000	− 0.000 **
	(0.001)	(0.001)	(0.001)	(0.001)	(0.001)	(0.001)	(0.000)	(0.000)
yage	− 0.001 *	− 0.001 *	0.001	0.000	0.002 **	0.002 ***	− 0.000 *	0.000
	(0.001)	(0.001)	(0.001)	(0.001)	(0.001)	(0.001)	(0.000)	(0.000)
urban	− 0.030 **	− 0.023 *	− 0.006	− 0.033	− 0.027 **	− 0.001	− 0.005	− 0.001
	(0.015)	(0.014)	(0.017)	(0.024)	(0.013)	(0.012)	(0.003)	(0.003)
province	是	是	是	是	是	是	是	是
P 值	0	0	0	0	0	0	0.0567	0.1076
R^2	0.032	0.031	0.048	0.036	0.018	0.018	0.008	0.007
样本量	5892	5915	5231	3724	5877	5898	5971	5972

注：其他变量回归系数变化多出现在小数点后四位，相关结果备索。

利，女性仍处于劣势地位[①]。表9-10对城镇与农村样本进行的分析佐证了表9-9基于全样本的分析结果，以工作日组数据为例，无论城镇地区还是农村地区，夫妻在家务和工作上的时间利用性别距对家庭非劳动收入相对提升都很

---

① 特别说明，夫妻个人照料时间利用性别距，特别是休息日时间利用性别距相关分析并未完全通过 P 值检验。文献研究发现，高工资率将减少劳动者睡眠时间且存在一定性别差异（Biddle and Hamermesh，1990），而奉行"男主外"的中国社会习惯餐桌社交，通常女性较男性在梳洗打扮上花费更多时间。由此可见，包含睡觉、洗澡、饮食等在内的个人照料活动自身较复杂且存在一定性别差异。此问题只能有待未来借助精准的时间利用数据进行更为细致的分项讨论。

表 9 - 10 夫妻时间利用性别距 OLS 估计：地区差异（工作日）

变量	G_w_hw	G_w_mw	G_w_l	G_w_pc
城镇样本				
lnI_nonl	0.009 ** (0.004)	- 0.030 *** (0.005)	- 0.000 (0.003)	- 0.000 (0.001)
P 值	0.0045	0	0.0246	0.3001
R^2	0.021	0.041	0.018	0.013
样本量	2814	2458	2853	2864
农村样本				
lnI_nonl	0.017 *** (0.003)	- 0.024 *** (0.003)	0.002 (0.003)	0.001 * (0.001)
P 值	0	0	0	0.0161
R^2	0.067	0.083	0.032	0.017
样本量	3078	2773	3024	3107

注：城镇和农村样本回归控制了式（9.16）中所有变量，除"家庭非劳动收入对数"变量外，其他变量回归结果此处省略。

敏感，但在闲暇和个人照料上基本呈现中性。当家庭非劳动收入相对其他家庭增加1%，城镇夫妻家务时间利用性别距显著扩大0.009，但依然小于农村夫妻0.008。工作上，城镇夫妻间时间利用性别距显著缩小0.03，比农村夫妻多缩减0.006。虽然，夫妻间时间利用性别距的相对变化都受到传统社会性别角色规范的束缚，但这种城乡差异亦显示，城镇夫妻间时间利用模式较之农村夫妻更趋近于性别和谐的理想状态。家庭收入的提升和城镇化的推动将使夫妻间时间利用模式越来越接近。

为检验家庭非劳动收入变化对夫妻间时间利用性别距是否存在差异影响，笔者将全样本按照家庭非劳动收入水平划分为高收入、中等收入和低收入三组分别进行检验。表9-11列示了基于工作日数据的相关估计。结果显示，低收入组夫妻间时间利用性别距对家庭非劳动收入的相对增加相当敏感，而中等收入组、高收入组夫妻则完全不敏感。由此可见，全样本考察中夫妻家务时间利用性别距的扩大及工作时间利用性别距的缩小主要源于低收入夫妻的显著反应，家庭非劳动收入相对增加对不同收入组夫妻间时间利用性别距确实存在差异影响。

表 9 – 11   夫妻时间利用性别距 OLS 估计：三等份收入组（工作日）

变量	G$_w$_hw	G$_w$_mw	G$_w$_l	G$_w$_pc
低收入组（小于 33.3%）				
lnI_nonl	0.033 ***	− 0.036 ***	0.006	0.002 **
	(0.004)	(0.004)	(0.004)	(0.001)
P 值	0	0	0.0003	0.1106
R^2	0.079	0.100	0.033	0.021
样本量	2084	1927	2066	2094
中等收入组（33.3% ~ 66.6%）				
lnI_nonl	0.002	− 0.007	− 0.024	− 0.007
	(0.023)	(0.027)	(0.021)	(0.005)
P 值	0	0	0.0287	0.3718
R^2	0.055	0.046	0.028	0.019
样本量	1846	1653	1832	1875
高收入组（高于 66.6%）				
lnI_nonl	− 0.016	− 0.010	0.004	− 0.004
	(0.018)	(0.022)	(0.014)	(0.004)
P 值	0.0172	0.0019	0.1118	0.3504
R^2	0.027	0.038	0.022	0.018
样本量	1962	1651	1979	2002

9.4　本章小结

家庭并不是一个黑箱。在个人之间、家庭之间的竞争博弈之外，家庭内部成员之间亦存在资源配置问题。本章以丈夫和妻子为家庭成员代表，基于"非一致同意"假设，辅以性别福利视角，考察了家庭收入变化对丈夫和妻子全天时间配置的影响。利用中国家庭动态跟踪调查（CFPS）2010 年数据，本研究有三点主要发现。（1）传统社会性别角色规范对中国夫妻性别分工依然存在显著影响。在时间配置上，女性仍然承担了更多家务，男性则在工作上耗费更多时间并享受更多闲暇。夫妻分工依旧呈现"男主外、女主内"的传统模式。（2）家庭非劳动收入的相对提升对夫妻间时间配置决策具有明显的差异影响，夫妻间时间利用性别距的相对变化仍然体现出传统性别角色规范的深刻影响。总体上，在拥有更多非劳动收入的家庭中，夫妻工作时间都有显著减少，然而在男性家务参与显著减少的同时女性家务时间并无显著变化。同时，非劳动收入增加显著扩大了夫妻家务时间利用性别距，但工作时间利用性别距则显著收敛了。（3）总体上看家庭非劳动收入的相对提升并未显著改善中国夫妻间时间利用上的性别不平等。相对其他家庭，非劳动收入的相对提升使男性家务与工作负担呈现双重下降，而女性必须在承担相对较多家务劳动的同时面临沉重的工作压力。对夫妻间时间利用模式的考察，发现女性在家庭内部资源的控制上依然弱于男性，农村妇女尤为突出。

本章从时间利用视角全面展示了家庭收入变化时丈夫和妻子在时间资源配置上的变化。限于存在一定程度内部不一致的单期数据，本书在经验分析上还有一定局限，时间质量信息的缺乏也使本章的讨论只能限定在时间配置上。但借助本研究的分析至少可以明确：中国宏观经济长足发展使居民收入得到大幅提升，但在中国并没有伴随（如他国经验所展示的）对性别福利的显著改善，女性在家庭内部资源的控制上依然弱于男性，农村妇女尤为突出。基于上述经验分析，笔者认为在以家庭为单位展开中国收入分配问题研究的同时，还应进一步探察家庭收入变化对家庭内部成员间资源配置的影响，以尽可能使所有家庭成员福利水平与家庭总体福利水平实现同步帕累托改进。

附表

夫妻时间利用二阶段 Tobit 估计：IV 检验

变量	T_w-hw 男性	T_w-hw 女性	T_r-hw 男性	T_r-hw 女性	T_w-mw 男性	T_w-mw 女性	T_r-mw 男性	T_r-mw 女性	T_w-l 男性	T_w-l 女性	T_r-l 男性	T_r-l 女性	T_w-pc 男性	T_w-pc 女性	T_r-pc 男性	T_r-pc 女性
lnI_nonl	-3.41*** (0.77)	-0.22 (0.82)	-2.97*** (0.85)	1.15 (0.88)	-15.29*** (1.50)	-27.56*** (2.06)	-31.77*** (2.47)	-37.59*** (2.70)	1.24* (0.72)	-0.94 (0.73)	0.34 (0.88)	-2.66*** (0.83)	-1.54*** (0.57)	-1.91*** (0.60)	-1.16* (0.66)	-1.51** (0.67)
个人特征变量	是	是	是	是	是	是	是	是	是	是	是	是	是	是	是	是
家庭特征变量	是	是	是	是	是	是	是	是	是	是	是	是	是	是	是	是
地区虚拟变量	是	是	是	是	是	是	是	是	是	是	是	是	是	是	是	是
家庭非劳动收入IV相关性检验	18.69	3.42	23.79	6.61	3.64	3.95	10.84	40.31	14.46	11.92	6.85	2.36	5.46	10.23	5.98	3.50
P值	0	0.0643	0	0.0101	0.0564	0.0470	0.0010	0	0.0001	0.0006	0.0089	0.1242	0.0195	0.0014	0.0145	0.0614
Wald检验 χ²	1474.03	3166.69	980.66	1927.90	659.70	956.03	849.61	848.87	3247.23	2752.70	4155.56	2786.40	940.57	1016.75	863.32	838.61
P值	0	0	0	0	0	0	0	0	0	0	0	0	0	0	0	0
样本量	5980	5984	5980	5984	5980	5984	5980	5984	5980	5984	5980	5984	5978	5982	5978	5983

注：上述男女均为匹配夫妻。

第 10 章
主要结论与政策建议

10.1 主要结论

10.1.1 从家庭视角探究中国收入分配问题实属必要

将理性选择分析原理应用于家庭问题的家庭经济学理论主张,家庭作为一个综合经济行为主体,可以对家庭生产、家庭消费、家庭决策做出理性安排(Becker,1991)。传统社会小农自然经济和宗族自然结构(费孝通,1947)使家庭成为"社会的细胞,亦是中国历史上承载各项社会、经济、法律活动的基础单位"(邓伟志、刘达临,1982;周子良,2010)。考察中国经济问题,忽略家庭层面必将是有失偏颇的。

分配正义是实现社会公平的必然要求,因此,对我国家庭收入分配问题展开深入研究实属必要。罗尔斯认为,不存在判定结果正当性的独立标准,实现分配正义的方法是设计出一套分配正义的原则和程序(罗尔斯,1998,2002)。马克思、恩格斯则提出,分配公平始终由社会生产方式和生产关系决定,且仅为具有相对性和历史性的公平(马克思,1995;恩格斯,2003)。皮凯蒂主张人口变化会带来经济增长的放缓,更有加深分配不平等的效力(Piketty,2014)。据此,若能设计出与我国现阶段社会生产方式和生产关系相适应的、充分考虑我国家庭人口构成变化的合理的分配制度,将有利于在我国实现分配正义与社会公平。

10.1.2 中国家庭收入基尼系数呈先升后降的倒"U"型走势

使用 CHNS 十期数据,笔者测算得出,我国 1989 ~ 2015 年基于家庭总收入的家庭基尼系数位于 0.3968 ~ 0.5084 区间。1989 年以来,我国家庭收入差距呈现持续扩大态势且一直在高位运行。值得高兴的是，从 2006 年开始，家庭基尼系数呈现缓慢回落，展示出平稳的下行趋势，呈现了先升后降的倒 "U" 型走势。这与国家统计局公布的居民基尼系数先升后降趋势相互印证。可以证实，截至本研究考察期末的 2015 年，我国收入差距扩大态势确实得到了遏制。区分城镇和农村地区的考察发现，农村内部的家庭收入差距比城镇内部更为严峻；区分东部、中部、西部区域的考察显示，家庭收入差距扩大的发生与地区经济发展水平呈正相关。

基于相同数据基础同步测算的居民基尼系数显示，以家庭人均收入（以个人为单位加权平均计算）为基础测度的个人基尼系数位于 0.3987 ~ 0.5377 区间，且与家庭基尼系数在城乡、区域等层面分析结果趋势上基本一致。而对劳动收入和转移性收入的分项考察则展示，转移性收入在家庭层面表现出更好的收入调节效果。

10.1.3　中国家庭收入分配结构呈现"倒金字塔"型

基于 CHNS 十期数据进行的皮凯蒂百分位数结构分析显示，我国家庭收入不平等结构上表现为社会总收入由低收入家庭向高收入家庭的聚集，总体上呈现"倒金字塔"型。高收入家庭持续占据着社会总收入的较大部分，而最低收入家庭收入损失较大，中等收入家庭收入则表现得相对平稳。将家庭收入百分位数结构分析结果与家庭总收入基尼系数动态走势结合起来进行的对比发现，2006 年以前，社会总收入向高收入家庭的聚集与家庭总收入基尼系数显著上升基本同步，而 2006 年以来，我国家庭收入差距总体上的改善也表现为部分收入从高收入家庭向低收入家庭回流。同时，基于城乡、地区、户主年龄差异的分析表明，在 20 余年的调查期中，我国城镇家庭总收入占全部社会总收入的比值在 60% 左右浮动，明显高于农村家庭 40% 左右的水平。东部、中部、西部家庭总收入在社会总收入中的占比逐渐拉开距离，形成"东部家庭领跑、中部家庭追赶、西部家庭落后"的格局。而基于户主年龄进行的考察发现，户主年龄小于 40 岁的家庭，其家庭总收入在社会总收入中的占比呈显著下降趋势。可见，农村家庭、中西部地区家庭、青年户主家庭在社会总收入分配中均处于不利地位。

10.1.4　家庭收入决定取决于人口构成、人力资本及外部制度环境因素

综合相关文献成果并尊重中国事实，笔者认为家庭人口构成、家庭成员人力资本特征以及家庭外部制度、环境对家庭收入总水平产生了重要影响，因此

将家庭总收入设置为家庭人口构成、家庭成员人力资本特征和家庭外部制度、环境因素的函数 $y_{i,t} = f(d_{i,t}, h_{i,t}, r_{i,t})$。在数据条件允许的情况下，家庭收入决定应充分控制家庭总人口数、家庭成员年龄构成、劳动年龄人口平均受教育年限、家庭劳动力就业率、家庭劳动力性别比、家庭老年抚养比、家庭幼儿抚养比等家庭人口构成特征；以户主为代表的家庭成员受教育程度、工作经验、健康、生育选择、人力资本积累能力、理性预期及户籍类型等人力资本特征；以及家庭所在省/区/市/县/建制村/社区、所属城乡区域划分、当地劳动力平均工资水平、GDP 及价格指数等家庭外部制度、环境特征变量。

10.1.5　医疗保险制度改革具有家庭增收效应但趋向于拉大收入差距

基于 CHNS 2000 ~ 2011 年五期混合截面数据，笔者检验了医疗保险制度改革对家庭收入分配的动态影响。2SLS 全样本回归表明，家庭成员参加城镇职工医疗保险、城镇居民医疗保险、农村合作医疗保险及公费医疗四类医疗保险可以使家庭总收入获得显著提升，这证实医疗保险制度确实具有增收效应，说明我国医疗保险体系具备良好的家庭收入再分配调节作用。2000年到 2011 年五期分期动态考察显示，"是否参保"对家庭总收入存在从统计显著性到绝对数值上的"U"型影响。这表明，医疗保险改革进程本身影响了"是否参保"对家庭收入水平提升的作用。从不同收入组及城乡差异结果进一步探知，我国医疗保险体系增收效应主要集中于低收入家庭，且对农村家庭的影响高于城镇家庭。基于 G. Field 分解法的研究进一步发现，2006年前以存在严格参保范围限定的公费医疗制度为代表的老医保体系对家庭收入不平等的贡献程度较大。改革后的新医疗保险体系对缓解我国收入不平等起到了积极作用，然而随着新型农村合作医疗和城镇居民医疗保险的逐步推进，"是否参保"在 2009 年和 2011 年对收入不平等的贡献再次反负为正，且显现出在收入差距扩张上逐步增大的贡献率，这一现象值得高度重视。

基于相同数据基础，笔者还考察了医疗保险制度改革的居民收入分配效应。家庭层面和个人层面的对比说明，"是否参保"在个人收入提升上的相对作用高于家庭。从再分配平滑收入差距的角度看，参加医保缩小收入差距的调节作用在个人层面具有更为广泛的效果。这说明，通过家庭人口构成的中介影响，收入分配调控政策在个人和家庭层面呈现出一定的差异效果。

10.1.6　养老保险制度改革具有家庭增收效应且有利于缩小收入差距

基于 CHARLS 2011 年、2013 年和 2015 年三期数据，笔者以新农保为例检验了我国养老保险制度改革对家庭收入分配的影响。经验研究显示，新农保制度使家庭收入得到普遍提升，具有良好的收入调节作用。高收入组家庭向低收入组家庭转移了收入，其中最低收入组获得了最大收益。同时，新农保制度还降低了相对贫困的发生，但其费用负担的累进性还很低。分年龄构成的家庭收入再分配相关描述显示，夫妻年龄以 60 岁为界划分的三组家庭绝对收入额呈显著递减，但收入改善率却逐步递增。这揭示了 60 岁以上老年家庭成员比例越大，家庭从新农保制度中获得的收益就越大。依据马斯格雷夫—辛恩指数 MT、再分配系数 R 的考察显示，新农保制度的实施使家庭收入不平等状况得到了改善。同时，新农保制度缩小收入差距的作用在老龄人口比重较大的家庭中更为显著，但对老龄人口比重较小的家庭则存在负向再分配调节效果。

为更好地展示家庭收入分配效应，笔者还同步考察了新农保个人收入分配效应，并从不同收入阶层和不同代际两方面进行了探讨。分析发现，高收入组个人也向低收入组个人转移了收入，其中最低收入组获得了最大收益。从分年龄段个人收入再分配状况可以看出，60 岁以下居民初始收入和再分配收入绝对数额都随年龄的增加而逐渐减少，但其收入改善率均为负值，60 岁以上各年龄组改善率全部为正且数值上呈现递增趋势。新农保"60 岁后才可领取养老金"的规定在居民间亦具有显著的代际收入调节作用。总体上，新农保制度使我国收入不平等状况得到了改善，且家庭层面改善程度略优于个人。

10.1.7　个人所得税制度有利于平滑我国收入差距但影响效果甚微

基于我国 2011 年个人所得税法案和 2018 年个人所得税法案，使用 CHNS 2015 年最新数据，笔者对我国个人所得税制度的收入分配效应进行了估计和模拟。经验分析显示，个人所得税制度对我国个人和家庭间的收入不平等起到了正向调节作用、有利于缩小收入差距，然而其影响效果甚微。在 2011 年税制下，无论是个人层面还是家庭层面，税后收入基尼系数均低于税前收入，税前收入基尼系数与税后收入基尼系数的差值 MT 指数均为正值，这说明我国个人所得税制度对居民个人收入和家庭收入的不平等都起到了积极的平滑作用。但是，个人收入和家庭收入的 MT 指数绝对数值非常小，且其变化幅度分别仅占个人和家庭税前基尼系数的 7.7% 和 6.1%。而 2018 年新税制模拟分析得出，个人和家庭层面税后基尼系数绝对值均高于 2011 年估计结果，MT 指数在 2018 年税制下有所下降。虽然基于 CHNS 2015 年数据，笔者无法估计纳税者 6 项专项附加扣除的调节效果，这可能对个人所得税家庭层面收入调节作用有所低估，但综合前述分析，2018 年税制改革总体上削弱了我国个人所得税收入调节作用①。基于 MT 分解法进行的成因分析揭示，导致我国个人所得税收入调节效应相对不足的主要原因不是累进性不强，而是平均有效税率过低。

个人和家庭层面的对比分析显示，个人所得税平滑收入差距的作用在个人层面略优于家庭层面。可见，我国个人所得税法案还未能给予家庭层面收入不平等以足够调节，幼儿抚养或老人抚养责任较重的家庭在个人所得税制度的收入调节中处于相对不利的位置。

10.1.8 最低工资制度具有家庭增收效应但倾向于拉大收入差距

基于 CHNS 2004～2015 年五期混合截面数据，笔者检验了我国最低工资标准对家庭工资总收入分配的动态影响。OLS 全样本回归表明，提高最低工资标准确实显著提升了家庭工资总水平。然而，五个调查年份间最低工资标准的增收效应呈现了阶段性差异表现，其中 2004 年、2006～2009 年呈直线上升，而 2009 年后却出现反转下降。这可能与 2008 年世界金融危机致使宏观经济走低，引致各地区对最低工资制度投入的边际下降有关。分位数回归进一步发现，较低工资收入家庭在最低工资制度保障下获得了较大收益。基于 G. Field 分解法的研究进一步发现，最低工资标准对 2004 年、2006 年、2009 年、2011 年和 2015 年五个观测年份当期家庭工资收入基尼系数的解释份额均为正值，且呈现倒"U"型走势。这表明最低工资标准在显著提升家庭工资收入的同时拉大了家庭间工资收入差距，但其对工资收入不平等的正向贡献呈逐步减小之势。对不同时期基尼系数变动解释份额的考察展示出，最低工资标准对五个时期跨期收入差距的动态影响呈先负后正再负的交替变化，这说明最低工资标准对家庭跨期工资收入不平等起到了由缩小到拉大再到缩小的作用。综合而言，近期以来提高最低工资标准存在缩小我国家庭工资收入差距的正向影响趋势，这必将有利于缓解我国严峻的收入不平等形势。

受到数据基础的严格限制，最低工资制度收入分配效应在家庭和个人层面对比分析没能基于一一匹配的家庭和个人数据展开，但个人工资收入考察结果仍然展示了与家庭工资年收入分析良好的一致性。这佐证了我国最低工资标准制度存在着显著的增收效应，然而，最低工资标准提升却倾向于拉大工资收入差距。

10.1.9 家庭收入提升并未使每个家庭成员均等受益

家庭并不是一个黑箱。在个人之间、家庭之间竞争博弈之外，家庭内部成

---

① 本部分研究结果与杨沫（2019）2018 税制下收入再分配效应模拟分析的结果一致。

员之间亦存在资源配置问题。以丈夫和妻子为家庭成员代表，基于"非一致同意"假设，辅以性别福利视角，笔者考察了当家庭收入变化时丈夫和妻子如何配置其全天时间资源。

利用中国家庭动态跟踪调查（CFPS）2010 年数据，本研究有三点主要发现。（1）传统社会性别角色规范对中国夫妻性别分工依然存在显著影响。在时间配置上，女性仍然承担了更多家务，男性则在工作上耗费更多时间并享受更多闲暇。夫妻分工依旧呈现"男主外、女主内"的传统模式。（2）家庭非劳动收入的相对提升对夫妻间时间配置决策具有明显的差异影响，夫妻间时间利用性别距的相对变化仍然体现出传统性别角色规范的深刻影响。总体上，在拥有更多非劳动收入的家庭中，夫妻工作时间都有显著减少，然而男性家务参与显著减少的同时，女性家务时间并无显著变化。同时，相对其他家庭，非劳动收入增加显著扩大了夫妻家务时间利用性别距，但工作时间利用性别距则显著收敛了。（3）总体上看，家庭非劳动收入的相对提升并未显著改善中国夫妻间时间利用上的性别不平等。非劳动收入的相对提升使男性家务与工作负担呈现双重下降，而女性必须在承担相对较多家务劳动的同时面临沉重的工作压力。对夫妻间时间利用模式的考察发现女性在家庭内部资源的控制上依然弱于男性，农村妇女尤为突出。由此可见，宏观经济长足发展虽然使居民收入得到大幅提升，但在中国并没有伴随（如他国经验所展示的）对性别福利的显著改善，女性在家庭内部资源的控制上依然弱于男性，农村妇女尤为突出。

10.2 政策建议

10.2.1 制定和评估收入调控政策应融入家庭视角

制定和评估收入调控政策时，应根本上着眼于居民生活水平，考察其是否确实提高了居民收入水平并切实改善了居民实际生活状况。受传统"家文化"的深刻影响，中国居民行为决策多遵从"家庭利益至上"。在中国实践中，大部分收入是以家庭为单位统计的，大部分消费也都是以家庭为单位支出的。因此，制定和评估我国系列收入调控政策不应仅仅考察居民个人收入是否提升，更应考虑其个人收入的提升是否使全体家庭成员的福利水平得到改善（及在多大程度上得到改善）。事实上，这一间接效果才是更为准确地考察收入调控政策效绩的真实表现，也更符合居民对福利改善的直观感受。有鉴于此，在制定、实施和评价我国系列收入调控政策时，应在充分评估个人收入提升效果的同时并入家庭视角分析，考察收入调控政策的家庭福利改善效应。当然，实践中从家庭视角评估调控政策效果的具体手段、方法和标准还有待进一步探索。

另外，本书从家庭和个人差异视角探查医疗保险、养老保险制度改革收入分配效应的研究结果显示：无论在家庭层面还是个人层面，我国医疗保险、养老保险制度改革总体上都具备良好的正向收入分配效应。但若充分考虑家庭人口构成可能产生的影响，以家庭为单位对系列收入调控政策进行考察，其结果可能较个人层面的考察更为温和，更贴近中国居民生活实际，更易为广大民众接受。

10.2.2　应重视家庭层面因素对收入及其不平等的影响

综合文献成果并结合中国现实，笔者认为家庭人口构成、家庭成员人力资本和家庭外部制度、环境等因素将对我国家庭收入水平产生重要影响。考虑到中国居民行为决策受"家文化"的深刻影响，上述家庭因素对个人收入水平亦可能产生间接影响。因此，制定和实施系列收入调控政策应充分考虑家庭人口特征对居民收入、家庭收入可能产生的影响，使相关政策向弱势群体倾斜。可考虑通过对生育、教育、户籍、劳动力市场用工政策及宏观经济调控政策的主动调节来影响收入水平、缓解收入差距，同时评估人口政策调整、户籍制度改革、城乡一体化发展可能对收入差距产生的影响。

此外，我国政府还应积极考虑将市场和家庭联立起来探索收入差距成因，从而对症下药缓解我国严峻的收入差距形势。近年来，有学者关注到提供家庭照料对收入差距的影响，发现提供家庭照料对居民收入提升具有显著的负向约束作用，且家庭照料增收约束引致了收入差距的进一步扩大（刘娜、刘长庚，2014）。也有学者认为，托幼体制改革迫使贫困家庭女性退出劳动力市场，使居民收入差距进一步扩大（杜凤莲、董晓媛，2010），我国公共服务市场化改革事实上也助推了贫富差距（刘伯红、张永英、李亚妮，2010）。还有研究从劳动力性别差异视角发现，已婚女性就业收入可以起到缩小家庭收入差距的作用，然而其就业比例却明显下降了（丁赛、董晓媛、李实，2007）。上述研究揭示，公共服务市场化改革、劳动力性别差异等相关政策亦存在对收入差距的潜在影响，在这类政策的制定、实施过程中必须就其对收入差距可能产生的影响进行预估。

10.2.3 基于中国收入不平等的典型特征制定和实施收入调控政策

我国收入分配不平等状况与中国现实国情是紧密相连的，具有中国特色，因此，就中国家庭收入不平等展开研究有必要对我国现实不平等的基本面展开分析。从我国家庭收入差距动态测度的城乡对比发现，农村内部的家庭收入差距比城镇内部更为严峻。区分东部、中部、西部区域的考察显示，家庭收入差距扩大的发生与地区经济发展水平呈正相关。收入不平等结构分析也显示，我国家庭收入分配结构呈现"倒金字塔"型。而对劳动收入和转移性收入的分项考察则展示，转移性收入在家庭层面表现出更好的收入调节效果。家庭收入分析结果在城乡、区域、收入不平等结构上再次展示了我国收入不平等的典型特点。

结合上述分析，笔者认为，要缩小中国家庭收入差距，可考虑从以下五方面做政策设定。（1）把农村地区作为调控我国收入不平等的重点地区，家庭收入调节政策应更多、更大程度上向农村倾斜。（2）着重监控经济相对发达地区收入不平等动态变化，防止发达地区收入差距陡然扩大对全国收入不平等趋降形势造成威胁。（3）探究青年户主家庭在收入分配中处于弱势地位的影响机制与作用路径，针对性地制定和出台有利于青年户主家庭的收入调控政策。（4）在"限高""提低"的过程中进一步注重"扩中"，促使收入分配结构由"倒金字塔"稳健转换为"橄榄型"。（5）充分利用转移性收入良好的家庭收入调节效果，把家庭收入差距控制在合理水平。

10.2.4 对官方基尼系数统计对象及测度指标进行必要阐释

在有关收入分配的研究实践中，收入统计和差距测度通常有三种基本统计口径：一是按家庭总收入计算；二是按家庭人均收入但以家庭为单位计算；三是按家庭人均收入但以个人为单位加权平均计算（钟伟，2004）。如若数据足够精确，还可基于个人总收入展开考察。使用不同来源、不同口径的收入基础数据会得到不同的基尼系数（王萍萍，2013）。2012 年 12 月以前，国家统计局居民收入数据为全国 14 万户抽样家庭以日常记账形式取得的、区分城镇和农村的收入分组数据，2012 年以后则是按照全国统一城乡可比的统计标准和指标体系、以全国 40 万户抽样家庭日常记账为基础获取的居民收入分组数据。此前，国家统计局公布的 1997～2012 年系列基尼系数（国家统计局，2013）是利用区分城乡、老口径的历史住户收入资料在全国统一城乡可比的新统计标准分类口径上整理计算所得，2012 年以后公布的基尼系数则全部按照全国统一城乡的入户调查一线数据为基础测算。因此，我国官方公布的居民收入基尼系数实际上是基于全国居民人均可支配收入测度的基尼系数。为使民众全面了解我国收入差距现状，建议国家统计局在公布基尼系数测度结果时对统计对象和测度指标进行必要的注解。在数据允许的条件下，可考虑同时公布家庭和个人两个层面的基尼系数。

另外，居民收入数据统计口径统一之前，《中国统计年鉴》所载农村居民收入分组数据是五分组的家庭人均纯收入数据，城镇居民收入分组数据是七分组的家庭人均可支配收入数据。统一口径后公布的则是居民家庭人均收入五分组数据[①]。基于该官方收入分组数据，民间机构对基尼系数进行的测度只能利用收入分布方法对以家庭为单位计算的家庭人均收入基尼系数进行拟合测度（胡志军，刘宗明，龚志民，2011），不能对国家统计局公开发布的基尼系数进行复核测算。为消除民众对官方低估收入差距的疑虑、加大高成本数据的利用效率，建议国家统计局相关收入数据的公布应更为公开、透明。

10.2.5　完善医疗保险制度改革的具体建议

基于本书第 5 章对我国医疗保险制度改革家庭收入分配效应进行的考察，建议考虑从两方面进一步完善我国医疗保险制度改革、提升政策的收入调节效果。

（1）进一步快速推进医保制度改革，把改革进程的负效应降到最低。实证分析表明，我国医疗保险制度改革总体上具有显著的家庭增收效应，但伴随医保改革进程，此增收效应呈"U"型动态变化。这一现象与我国医疗保险制度改革的进程有密切联系。2006 年之前，城镇职工医疗保险改革持续进行，处于医疗保险制度改革新、旧体系交替的攻坚阶段，"是否参保"对家庭总收入的收入转移效果受到了一定影响。而随着始于 2007 年的城镇居民医疗保险改革等各项改革的全面、稳定铺开，政府主导系列医疗保险的高覆盖率使其对家庭总收入的影响迅速回升。可见，医疗保险制度改革进程本身对改革的收入分配效应是有负向影响的。因此，虽然当前我国医疗保险制度已基本实现全覆盖，但政府仍应进一步快速推进普惠诊疗、高效医疗等深层次医疗保险改革进

---

① 《中国统计年鉴》所载农村居民收入分组数据是按照农村低收入户、中等偏下收入户、中等收入户、中等偏上收入户和高收入户五分组的家庭人均纯收入数据。城镇居民收入分组数据则是按照城镇最低收入户、低收入户、较低收入户、中等收入户、较高收入户、高收入户和最高收入户七分组的家庭人均可支配收入数据。统一口径后公布的则是居民家庭人均收入五分组数据。

程，以提高改革效率，努力将改革本身的负效应降到最低。

（2）实施强制参保，维持医疗保险制度的正常运行。现有医疗保险参保制度设计中除城镇职工医疗保险要求强制参保外，城镇居民医疗保险、农村合作医疗保险均实施自愿参保。而本研究就医疗保险制度改革对收入差距的分析显示，我国医保制度改革并未展现出对收入差距显著、一致的收敛作用，亦呈现出"U"型变化趋势。2006 年之后，随着系列医保制度改革的快速推进，在收入水平得以提升的同时，收入差距也在不断上升。这不能排除是大部分医疗保险制度实施"自愿参保"给投保人过大"自选择"空间，造成更多高收入家庭参保并享受制度福利却"遗漏"抗风险能力更低的低收入家庭，形成事实上拉大收入差距的政策效果。因此，即使在全国医疗保险具有较高参与率的现实背景下，我国政府也应尽可能创造条件，全面实施强制参保。

10.2.6 完善养老保险制度改革的具体建议

基于本书第 6 章对我国养老保险制度改革家庭收入分配效应进行的考察，建议考虑从以下两方面进一步完善我国养老保险制度改革、提升政策的收入调节效果。

（1）适当提高养老保险缴费的累进费率。初始收入十等分组下收入再分配效应分析显示，无论家庭层面还是个人层面，新农保制度的实施均使高收入组向低收入组转移了收入，其中最低收入组获得了最大收益。但从改善率上看，仅有 2011 年和 2013 年两个样本期间的高收入组转出了收入，其中 2011年最高收入组家庭仅向外转出了收入的 0.3%，最高收入组个人仅向外转出了收入的 0.03%。可见，我国新农保制度费用负担的累进性还非常低，对高收入群体的收入调节作用还不够理想。建议适当提高养老保险缴费的累进费率，以基本维持养老保险制度收支平衡。

（2）建立科学的养老基金营运制度，实现稳健养老。分年龄构成的家庭收入再分配相关描述显示，夫妻年龄以 60 岁为界划分的三组家庭绝对收入额呈显著递减，但收入改善率却逐步递增。这揭示了 60 岁以上老年家庭成员比例越大，家庭从新农保制度中获得的收益就越大。可见，我国养老保险"60岁以后才可领取养老金"的制度设计使之具有显著的代际收入分配效应。然而，在我国人口老龄化逐年加剧及现收现付制管理背景下，养老基金可能面临"拆东墙补西墙"甚至入不敷出的尴尬境地。应及早完善养老基金营运制度，以"钱生钱"实现稳健养老。

10.2.7 完善个人所得税制度改革的具体建议

基于本书第 7 章对我国个人所得税制度收入分配效应展开的考察，建议考虑从以下三方面进一步完善我国个人所得税制度改革、提升政策的收入调节效果。

（1）进一步提高我国个人所得税的平均有效税率。MT 分解分析显示，导致我国个人所得税收入调节效应相对不足的主要原因不是累进性不强，而是平均有效税率过低。因此，为进一步发挥我国个人所得税制度对收入再分配的积极调节作用，在充分发挥税收杠杆调节作用的前提下，应进一步提高个人所得税平均有效税率。比如，考虑通过降低所得税免征额来提高平均有效税率，然而现行个人所得税制度和所得税改革方向却是与此相悖的。

（2）尽早全面实施以家庭为单位征收个人所得税。个人与家庭层面对比分析显示，我国个人所得税平滑收入差距的作用在个人层面略优于家庭层面，现行个人所得税法案还未能给予家庭层面收入不平等以足够调节。笔者呼吁继续推进家庭视角在个人所得税征纳环节中的运用，继续推动综合与分类相结合的所得税制度改革，尽早全面实施以家庭为单位征收个人所得税。应特别关注幼儿抚养或老人抚养责任较重的家庭，减轻其税负负担，以实现个人所得税在家庭层面更高、更强的收入调节作用。

（3）适度开放国家权威大样本数据库，以利于学者对我国个人所得税制度收入调节效果展开深入研究。因当前公开可获取的数据库主要是微观抽样调查数据，其样本量和代表性均十分有限，在我国越来越复杂的个人所得税法案体系下，学者对我国个人所得税制度收入再分配调节效应展开的分析或多或少存在着偏误。要获得科学严谨的分析，为制定政策提供精准效果评估和预测，对学术界适度开放国家权威大样本数据库是十分必要的。这将有利于完善我国现行个人所得税制度，也将对未来个人所得税制度改革提供有益参考。

10.2.8 完善最低工资制度改革的具体建议

基于本书第 8 章对我国最低工资制度家庭收入分配效应进行的考察，建议考虑从以下两方面进一步完善我国最低工资制度改革、提升政策的收入调节效果。

（1）积极推进最低工资标准的稳步提高。回归分析证实，最低工资标准的提高确实有助于广泛提升工资水平。然而，虽然 2004 年出台的《最低工资规定》要求地方最低工资标准至少每两年需调整一次，但事实上各地市对最低工资标准的调整从频率到幅度都存在一定差异，尤其在 2008 年后宏观经济下滑的背景下，全国各地最低工资标准的提升整体趋缓。各地方政府应克服经济下行压力，因地制宜，积极推进最低工资标准的稳步提高，以保障劳动者基本权益。

（2）基于政策实践，探寻最低工资标准拉大工资收入差距的可能原因和作用路径，有效抑制工资收入差距的扩大。基于 G. Field 分解法的我国家庭工资收入基尼系数动态变化分析显示，最低工资标准对当期基尼系数的解释份额具有正向贡献。虽然此贡献的绝对数值并不大，且近年来存在逐年递减趋势，但却表明最低工资标准在显著提升家庭工资收入的同时拉大了家庭间工资收入差距①。对不同时期基尼系数变动解释份额进行的进一步考察也显示，总体上最低工资标准对跨期工资收入差距也存在正向贡献。综合而言，提高最低工资标准对家庭工资收入差距扩大产生了正向影响，这不利于缓解我国严峻的收入差距形势。政府部门应基于基层政策实践，探寻最低工资标准拉大工资收入差距的可能原因和作用路径，出台具有针对性的可行办法，以有效抑制工资收入差距的扩大、缓解我国严峻的收入差距形势。

10.2.9 关注家庭成员间资源配置的异质影响，力争实现福利的同步改善

本书第 9 章就家庭收入变化对夫妻全天时间资源配置影响的考察证实，夫妻双方并不是一个利益共同体，他们各自具有不同的个人效用函数，而家庭内部资源的配置是夫妻双方博弈的结果。我国宏观经济长足发展虽然使居民收入得到大幅提升，但并没有伴随对性别福利的显著改善，女性在家庭内部资源的控制上依然弱于男性，农村妇女尤为突出。

从夫妻关系上推而广之，一个家庭中所有家庭成员均拥有自己不同的个人效用函数，虽然仍然存在利他主义等影响，家庭所有内部资源如何配置根本上仍是各个家庭成员间相互博弈的结果。基于此，笔者认为，在以家庭为单位展开中国收入分配问题研究的同时，还应进一步探察家庭收入变化对家庭内部成员之间资源配置的影响，以尽可能使所有家庭成员福利水平与家庭总体福利水平同步实现帕累托改进。

---

① 国内其他学者的研究也证实了这一趋势（权衡、李凌，2011）。

参考文献

[1] 恩格斯. 家庭、私有制和国家的起源 [M]. 北京：人民出版社，2003.

[2] 费孝通. 江村经济：中国农民的生活 [M]. 北京：商务印书馆，2001.

[3] 费孝通. 乡土中国 [M]. 上海：人民出版社，2006.

[4] 李实，岳希明，史泰丽，佐藤宏等. 中国收入分配格局的最新变化 [M]. 北京：中国财政经济出版社，2017.

[5] 罗尔斯. 正义论 [M]. 何怀宏，何包钢，廖申白，译. 北京：中国社会科学出版社，1988.

[6] 罗尔斯. 作为公平的正义：正义新论 [M]. 姚大志，译. 上海：三联书店，2002.

[7] 马克思. 政治经济学批判导言，马克思恩格斯选集（第2卷）[M]. 北京：人民出版社，1995.

[8] 齐良书. 家庭内部资源配置中的性别差异//张莉琴，杜凤莲，董晓媛. 社会性别与经济发展：经验研究方法 [M]. 北京：中国社会科学出版社，2012.

[9] 权衡. 收入分配与社会和谐 [M]. 上海：社会科学院出版社，2006.

[10] 中华人民共和国国家统计局. 2013中国统计年鉴 [M]. 北京：中国统计出版社，2014.

[11] 中华人民共和国国家统计局. 2016中国统计年鉴 [M]. 北京：中国统计出版社，2016.

[12] 安体富，蒋震. 对调整我国国民收入分配格局、提高居民分配份额的研究 [J]. 经济研究参考，2009（25）.

[13] 白重恩，钱震杰. 谁在挤占居民的收入：中国国民收入分配格局分析 [J]. 中国社会科学，2009（5）.

[14] 白菊红. 农村家庭户主人力资本存量与家庭收入关系实证分析[J].

西北农林科技大学学报（社会科学版），2004（9）.

[15] 蔡萌，岳希明. 中国社会保障支出的收入分配效应研究 [J]. 经济社会体制比较，2018（1）.

[16] 畅红琴，董晓媛. 中国农村劳动力外流对留守家庭成员时间配置的影响 [J]. 世界经济文汇，2009（4）.

[17] 陈东，黄旭锋. 机会不平等在多大程度上影响了收入不平等：基于代际转移的视角 [J]. 经济评论，2015（1）.

[18] 陈华帅，曾毅. 新农保使谁受益：老人还是子女？[J]. 经济研究，2013（8）.

[19] 陈书伟. 我国农户家庭收入流动性实证分析：基于 CHNS 农村样本数据的发现 [J]. 经济经纬，2017（3）.

[20] 陈宇辉，倪志良. 收入结构与城乡家庭收入不平等：基于 CHIP 2013 的实证研究 [J]. 经济问题探索，2018（6）.

[21] 池振合，杨宜勇. 2004－2008 年劳动收入占比估算 [J]. 统计经济研究，2013（7）.

[22] 初可佳. 社会医疗保险与养老保险发展对居民收入分配的影响研究 [J]. 现代财经（天津财经大学学报），2015（12）.

[23] 崔军，朱志钢. 中国个人所得税改革历程与展望：机遇促进构建橄榄型收入分配格局的视角 [J]. 经济与管理研究，2012（1）.

[24] 邓伟志，刘达临. 家庭社会学讲座：人人都来关心家庭社会学[J]. 社会，1982（1）.

[25] 邱俊鹏，韩清. 最低工资标准提升的收入效应研究 [J]. 数量经济技术经济研究，2015（7）.

[26] 丁赛，董晓媛，李实. 经济转型下的中国城镇女性就业、收入及其对家庭收入不平等的影响 [J]. 经济学（季刊），2007（7）.

[27] 杜凤莲，董晓媛. 转轨期女性劳动参与和学前教育选择的经验研究：以中国城镇为例 [J]. 世界经济，2010（2）.

[28] 都阳，王美艳. 中国最低工资制度的实施状况及其效果 [J]. 中国社会科学院研究生院学报，2008（6）.

[29] 方福前. 中国居民消费需求不足原因研究：基于中国城乡分省数据 [J]. 中国社会科学，2009（2）.

[30] 方鸿. 中国农业生产技术效率研究：基于升级层面的测度、发现与解释 [J]. 农业技术经济，2010（1）.

［31］方鸣，应瑞瑶．中国城乡居民的代际收入流动及分解［J］．中国人口·资源与环境，2010（5）．

［32］付文林．最低工资、调整成本与收入分配效应的结构差异［J］．中国人口科学，2014（1）．

［33］高书生，宋军花．我国收入分配体制改革的现状、趋势与政策建议［J］．经济研究参考，2005（8）．

［34］郭继强．收入差距测度及分解方法述评［J］．*Social Sciences in China*，2011（8）．

［35］郭继强，姜俪，陆利丽．工资差异分解方法述评［J］．经济学（季刊），2011（2）．

［36］国家发改委宏观经济研究院课题组．我国国民收入分配格局研究［J］．经济研究参考，2012（21）．

［37］何花．我国收入分配的演变及启示［J］．西部经济管理论坛，2011（3）．

［38］何立新．中国城镇养老保险制度改革的收入分配效应［J］．经济研究，2007（3）．

［39］何立新，潘春阳．破解中国的 Easterlin 悖论：收入差距、机会不均与居民幸福感［J］．管理世界，2011（8）．

［40］何立新，佐藤宏．不同视角下的中国城镇社会保障制度与收入再分配：基于年度收入和终生收入的经验分析［J］．世界经济文汇，2008（5）．

［41］何晓斌，夏凡．中国体制转型与城镇居民家庭财富分配差距：一个资产转换的视角［J］．经济研究，2012（2）．

［42］何亦名．教育扩张下教育收益率变化的实证分析［J］．中国人口科学，2009（2）．

［43］何宗樾，徐滇庆．个人所得税与基尼系数的动态关系及其政策启示［J］．经济学家，2014（10）．

［44］洪兴建，李金昌．如何正确测算我国居民收入基尼系数［J］．南开经济研究，2005（4）．

［45］洪兴建，马巧丽．中国城镇居民家庭收入流动性及其对收入不平等的影响［J］．统计研究，2018（4）．

［46］洪银兴．兼顾公平与效率的收入分配制度改革40年［J］．经济学动态，2018（4）．

［47］侯明喜．防范社会保障体制对收入分配的逆向转移［J］．经济体制

改革，2007（4）.

[48] 胡军辉. 非劳动收入对家庭时间配置的影响：一个基于工作异质性的比较研究 [J]. 中国工业经济，2011（7）.

[49] 胡芳肖，张美丽，郭春艳. 城镇职工基本养老保险制度的收入再分配效应研究：以陕西省为例 [J]. 西安财经学院学报，2014（3）.

[50] 胡莹，郑礼肖. 十八大以来我国收入分配制度改革的新经验与新成就 [J]. 马克思主义研究，2018（2）.

[51] 胡志军，刘宗明，龚志民. 中国总体收入基尼系数的估计：1985 - 2008 [J]. 经济学（季刊），2011（7）.

[52] 胡祖光. 基尼系数理论最佳值及其简易计算公式研究 [J]. 经济研究，2004（9）.

[53] 黄祖辉，王敏，万广华. 中国居民收入不平等问题：基于转移性收入角度的分析 [J]. 管理世界，2003（3）.

[54] 贾洪波. 新农保制度收入再分配效应的一般均衡研究 [J]. 南开经济研究，2014（1）.

[55] 贾朋，张世伟. 最低工资标准提升的溢出效应 [J]. 统计研究，2013（4）.

[56] 金双华，于洁. 医疗保险制度对收入分配的影响：基于陕西省的分析 [J]. 中国人口科学，2017（3）.

[57] 雷针，高传胜. 我国社会养老保险的收入再分配功能研究 [J]. 中国劳动，2019（5）.

[58] 李定. 我国收入分配制度的变革与思考 [J]. 中国集体经济，2010（3）.

[59] 李芬. 我国当代养老保险制度与收入分层 [J]. 湖北社会科学，2010（1）.

[60] 李权葆，薛欣. 城乡基尼系数测算与收入分配差距分析：基于 CHNS 的实证研究 [J]. 管理评论，2013（3）.

[61] 李稻葵，刘霖林，王红领. GDP 中劳动份额演变的 U 型规律 [J]. 经济研究，2009（1）.

[62] 李力行，周广肃. 家庭借贷约束？公共教育支出与社会流动性 [J]. 经济学（季刊），2015.

[63] 李旻，赵连阁. 农业劳动力"女性化"现象及其对农业生产的影响 [J]. 中国农村经济，2009（5）.

［64］李实，朱梦冰．中国经济转型40年中居民收入差距的变动［J］．管理世界，2018（12）．

［65］李实．中国收入分配格局新变化［J］．中共浙江省委党校学报，2018（5）．

［66］李实．中国个人收入分配研究回顾与展望［J］．经济学（季刊），2003（2）．

［67］李实．理性判断我国收入差距的变化趋势［J］．探索与争鸣，2012（8）．

［68］李实，丁赛．中国城镇教育收益了的长期变动趋势［J］．中国社会科学，2003（6）．

［69］李实，罗楚亮．中国收入差距究竟有多大：对修正样本结构偏差的尝试［J］．经济研究，2011（4）．

［70］李时宇，冯俊新．城乡居民社会养老保险制度的经济效应：基于多阶段世代交叠模型的模拟分析［J］．经济评论，2014（3）．

［71］李绍光．养老金：现收现付制和基金制的比较［J］．经济研究，1998（1）．

［72］李亚青．城镇职工基本医疗保险的逆向再分配问题研究：基于广东两市大样本数据的分析［J］．广东财经大学学报，2014（5）．

［73］李杨，殷剑锋．中国高储蓄率问题探究：1992－2003年中国资金流量表的分析［J］．经济研究，2007（6）．

［74］李永友，郑春荣．我国公共医疗服务受益归宿及其收入分配效应：基于入户调查数据的微观分析［J］．经济研究，2016（7）．

［75］刘伯红，张永英，李亚妮．从工作与家庭的平衡看公共政策的改革与完善［J］．中华女子学院学报，2010（6）．

［76］刘凤良，吕志华．人力资本对收入分配影响研究进展［J］．经济学动态，2008（6）．

［77］刘苓玲，李培．养老保险制度收入再分配效应文献综述［J］．社会保障研究，2012（2）．

［78］刘长庚，刘娜．中国家庭收入不平等的动态演进：基于Piketty百分位数结构分析［J］．人口与发展，2018（2）．

［79］刘娜．非劳动收入的时间福利：基于中国微观数据的实证［J］．世界经济文汇，2013（4）．

［80］刘娜，刘长庚．居民收入提升与家庭照料约束：市场与家庭联立视

角下收入差距扩大再探因［J］. 财经研究，2014（7）.

［81］刘娜，Anne de Bruin. 家庭收入变化、夫妻间时间利用与性别平等［J］. 世界经济，2015（11）.

［82］刘娜，吴翼. 我国医疗保险制度改革的家庭收入分配效应研究：基于 CHNS 2000—2011 的分析［J］. 湘潭大学学报（哲学社会科学版），2018（1）.

［83］刘穷志，罗秦. 中国家庭收入不平等水平估算：基于分组数据下隐形收入的测算与收入分布函数的选择［J］. 中南财经政法大学，2015（1）.

［84］刘泽云. 女性教育收益率为何高于男性［J］. 经济科学，2008（2）.

［85］柳清瑞，穆怀中. 基于代际交叠模型的养老保险对资本存量和福利的影响［J］. 辽宁大学学报（哲学社会科学版），2003（2）.

［86］刘志伟. 收入分配不公平程度测度方法综述［J］. 统计与信息论坛，2003（5）.

［87］龙朝阳，申曙光，易菲. 基于马克思主义经济学的思考：养老保险一定需要代内收入再分配吗［J］. 经济学家，2011（2）.

［88］陆铭，陈钊. 城市化、城市倾向的经济政策与城乡收入差距［J］. 经济研究，2004（6）.

［89］罗长远，张军. 劳动收入占比下降的经济学解释：基于中国省级面板数据的分析［J］. 管理世界，2009（5）.

［90］罗楚亮. 城镇居民教育收益率及其分布特征［J］. 经济研究，2007（6）.

［91］罗楚亮. 城乡收入差距的变化及其对全国收入差距的影响［J］. 劳动经济研究，2017（1）.

［92］罗楚亮，曹思未. 地区差距与中国居民收入差距（2002—2013）［J］. 产业经济评论，2018（3）.

［93］罗小兰. 最低工资对农村贫困的影响：基于中国农民工的实证分析［J］. 经济科学，2011[a]（3）.

［94］罗小兰. 垄断劳动市场下的最低工资减贫效应：以中国农村为例［J］. 中央财经大学学报，2011[b]（8）.

［95］马双，张劼，朱喜. 最低工资对中国就业和工资水平的影响［J］. 经济研究，2012（5）.

［96］彭浩然，申曙光. 改革前后我国养老保险制度的收入再分配效应比较研究［J］. 统计研究，2007（2）.

[97] 彭树宏. 中国垄断行业与非垄断行业收入决定机制差异 [J]. 中南财经政法大学学报, 2012 (6).

[98] 齐良书. 议价能力变化对家务时间配置的影响: 来自中国双收入家庭的经验证据 [J]. 经济研究, 2005 (9).

[99] 齐良书. 新型农村合作医疗的减贫、增收和再分配效果研究 [J]. 数量经济技术经济研究, 2011 (8).

[100] 曲兆鹏, 赵忠. 老龄化对我国农村消费和收入不平等的影响 [J]. 经济研究, 2008 (12).

[101] 权衡. 公共政策、居民收入流动与收入不平等 [J]. 经济学家, 2004 (6).

[102] 权衡. 收入差距与收入流动: 国际经验比较及其启示 [J]. 社会科学, 2008 (2).

[103] 权衡, 李凌. 上海提高最低工资标准的收入分配效应: 实证与模拟 [J]. 上海经济研究, 2011 (4).

[104] 乔俊峰. 跨越中等收入陷阱的公共政策因应: 韩国做法及启示 [J]. 改革, 2011 (8).

[105] 秦晖. 关于基尼系数与社会分化问题: 与张曙光先生商榷 [J]. 社会学研究, 2000 (5).

[106] 沈冰清, 郭忠兴. 新农保改善了农村低收入家庭的脆弱性吗: 基于分阶段的分析 [J]. 中国农村经济, 2018 (1).

[107] 孙玉栋, 庞伟. 分类个人所得税对收入分配的影响效应 [J]. 税务研究, 2017 (7).

[108] 孙志军. 基于双胞胎数据的教育收益率估计 [J]. 经济学 (季刊), 2014 (4).

[109] 孙中伟, 舒玢玢. 最低工资标准与农民工工资: 基于珠三角的实证研究 [J]. 管理世界, 2011 (8).

[110] 谭晓婷, 钟甫宁. 新型农村合作医疗不同补偿模式的收入分配效应: 基于江苏、安徽两省30县1500个农户的实证分析 [J]. 中国农村经济, 2010 (3).

[111] 唐国华, 许成安. 马克思经济增长理论与中国经济发展方式的转变 [J]. 当代经济研究, 2011 (7).

[112] 田森, 雷震, 潘杰. 收入差距与最优社会医疗保险制度设计: 一个理论模型 [J]. 保险研究, 2016 (11).

[113] 田志伟,胡怡建,宫映华. 免征额与个人所得税的收入再分配效应 [J]. 经济研究, 2017 (10).

[114] 万广华. 不平等的度量与分解 [J]. 经济学（季刊）, 2008 (1).

[115] 万广华,陆铭,陈钊. 全球化与地区间收入差距：来自中国的证据 [J]. 中国社会科学, 2005 (3).

[116] 万相昱,石雪梅,唐亮. 中国城镇居民家庭收入流动性研究 [J]. 劳动经济研究, 2019 (7).

[117] 万莹. 个人所得税对收入分配的影响：由税收累进性和平均税率观察 [J]. 改革, 2011 (3).

[118] 万莹,熊惠君. 2018 年我国个人所得税改革的收入再分配效应 [J]. 税务研究, 2019 (6).

[119] 王弟海. 从收入分配和经济发展的角度看我国的最低工资制度 [J]. 浙江社会科学, 2011 (2).

[120] 王弟海. 垄断劳动力市场、最低工资限制和不平等 [J]. 浙江社会科学, 2008 (11).

[121] 王海港. 中国居民家庭的收入变动及其对长期平等的影响 [J]. 经济研究, 2005[a] (1).

[122] 王海港. 中国居民收入分配的代际流动 [J]. 经济科学, 2005[b] (2).

[123] 王美艳. 中国最低工资制度的设计和执行 [J]. 宏观经济研究, 2013 (7).

[124] 王文涛,曹丹丹. 市场化进程、教育同质性婚配与家庭收入差距 [J]. 经济学动态, 2019 (2).

[125] 王晓军,康博威. 我国社会养老保险制度的收入再分配效应分析 [J]. 统计研究, 2009 (11).

[126] 王小鲁,樊纲. 中国收入差距的走势和影响因素分析 [J]. 经济研究, 2005 (10).

[127] 王鑫,白重恩,吴斌珍. 赡养系数与个人所得税税制改革 [J]. 财经研究, 2012 (1).

[128] 王亚柯,李鹏. 我国养老保险的收入再分配作用研究 [J]. 学术界, 2019 (1).

[129] 王子成. 外出务工、汇款对农户家庭收入的影响 [J]. 中国农村经济, 2012 (4).

[130] 王子成，郭沐蓉. 农民工家庭收入和消费不平等：流动模式与代际差异 [J]. 北京工商大学学报（社会科学版），2016 (3).

[131] 温锐，武力. 新中国收入分配制度的演变、绩效及启示 [J]. 中国社会科学（英文版），2007 (4).

[132] 问泽霞，张晓辛，牛利民. 我国省际农村家庭收入不平等：基于基尼系数的地区分解 [J]. 经济问题探索，2011 (4).

[133] 翁杰，徐圣. 最低工资制度的收入分配效应研究：以中国工业部门为例 [J]. 中国人口科学，2015 (3).

[134] 吴彬彬，李实. 中国地区之间收入差距变化：2002—2013 年 [J]. 经济与管理研究，2018 (10).

[135] 伍山林. 收入分配格局演变的微观基础：兼论中国税收持续超速增长 [J]. 经济研究，2014 (4).

[136] 巫锡炜. 中国城镇家庭户收入和财产不平等：1995—2002 [J]. 人口研究，2011 (11).

[137] 向攀，赵达，谢识予. 最低工资对正规部门、非正规部门工资和就业的影响 [J]. 数量经济技术经济研究，2016 (10).

[138] 肖小勇，李秋萍. 教育、健康与农业生产技术效率实证研究 [J]. 华中农业大学学报（社会科学版），2012 (3)

[139] 谢富胜，陈瑞琳. 最低工资制度能提高底层劳动者的收入吗：基于 2003 - 2012 年中国综合社会调查数据的经验研究 [J]. 中国人民大学学报，2017 (3).

[140] 谢勇. 最低工资制度在农民工就业中的落实情况及影响因素研究 [J]. 经济管理，2010 (3).

[141] 解垩. 与收入相关的健康及医疗服务利用不平等研究 [J]. 经济研究. 2009 (2).

[142] 解垩. 中国卫生筹资的再分配效应 [J]. 人口与发展，2010 (4).

[143] 信长星. 关于就业、收入分配、社会保障制度改革中公平与效率问题的思考 [J]. 中国人口科学，2008 (1).

[144] 邢春冰. 分位回归、教育回报率与收入差距 [J]. 统计研究，2008 (5).

[145] 邢鹂，樊胜根，罗小朋，张晓波. 中国西部地区农村内部不平等状况研究：基于贵州住户调查数据的分析 [J]. 经济学（季刊），2009 (8).

[146] 徐建炜，马光荣，李实. 个人所得税改善中国收入分配了吗：基

于对 1998 – 2011 年微观数据的动态评估 [J]. 中国社会科学, 2013 (6).

[147] 徐梅. 论中国社会养老保险对城市居民收入变动的影响 [J]. 经济经纬, 2008 (4).

[148] 徐梅, 黄雯. 对我国社会养老保险制度的评价: 基于公平性视角 [J]. 技术经济与管理研究, 2014 (9).

[149] 徐宽. 基尼系数的研究文献在过去八十年是如何拓展的 [J]. 经济学 (季刊), 2003 (4).

[150] 严斌剑, 周应恒, 于晓华. 中国农村人均家庭收入流动性研究: 1986 – 2010 [J]. 经济学 (季刊), 2014 (3).

[151] 杨晖. 我国收入分配制度的演进与理念创新 [J]. 兰州大学学报 (社会科学版), 2008 (3).

[152] 杨沫. 新一轮个税改革的减税与收入再分配效应 [J]. 经济学动态, 2019 (7).

[153] 杨穗, 李实. 转型时期中国居民家庭收入流动性的演变 [J]. 世界经济, 2017 (11).

[154] 杨天宇. 中国居民收入再分配过程中的 "逆向转移" 问题研究 [J]. 统计研究, 2009 (4).

[155] 杨宜勇, 池振合. 我国收入分配体制改革 30 年的基本经验 [J]. 中国发展观察, 2008 (11).

[156] 杨宜勇, 池振合. 经济新常态下我国居民收入差距的动态变化 [J]. 区域经济评论, 2017 (1).

[157] 杨震林, 王亚柯. 中国企业养老保险制度再分配效应的实证分析 [J]. 中国软科学, 2007 (4).

[158] 尹志超, 杨阳, 张号栋. 金融普惠和京津冀家庭收入差距: 来自 CHFS 数据的证据 [J]. 北京工商大学学报 (社会科学版), 2017 (3).

[159] 岳希明, 李实. 真假基尼系数 [J]. 南风窗, 2013 (5).

[160] 岳希明, 徐静, 刘谦, 丁胜, 董莉娟. 2011 年个人所得税改革的收入再分配效应 [J]. 经济研究, 2012 (9).

[161] 臧文斌, 赵绍阳, 刘国恩. 城镇基本医疗保险中逆向选择的检验 [J]. 经济学 (季刊), 2012 (1).

[162] 臧文斌, 刘国恩, 徐菲, 熊先军. 中国城镇居民基本医疗保险对家庭消费的影响 [J]. 经济研究, 2012 (7).

[163] 张车伟, 向晶. 代际差异、老龄化与不平等 [J]. 劳动经济研究,

2014（2）.

[164] 张金宝，廖理. 基于区间型数据的城市家庭收入分布与基尼系数测算方法研究 [J]. 数量经济技术经济研究，2013（7）.

[165] 张亮. 改革开放 40 年中国收入分配制度改革回顾及展望 [J]. 中国发展观察，2019（1）.

[166] 张全红. 中国低消费率问题探究：1992—2005 年中国资金流量表的分析 [J]. 当代财经，2009（8）.

[167] 张世伟，贾鹏. 最低工资标准调整的收入分配效应 [J]. 数量经济技术经济研究，2014（3）.

[168] 张世伟，李学. 养老保险制度改革的财政效应和收入分配效应：基于微观模拟的研究途径 [J]. 人口与经济，2008（5）.

[169] 张勇. 中国养老保险制度的再分配效应研究 [J]. 财经论丛，2010（4）.

[170] 张智勇. 农民工最低工资覆盖现状及其效应分析 [J]. 武汉科技大学学报（社会科学版），2010（6）.

[171] 赵斌，麻晓卯. 我国社会医疗保险逆向转移现象研究 [J]. 中国卫生经济，2012（2）.

[172] 赵奕钧. 基于收入分配差异模型的我国医疗保险公平性实证研究 [J]. 统计与决策，2012（20）.

[173] 赵力涛. 中国农村的教育收益率研究 [J]. 中国社会科学，2006（3）.

[174] 赵晓峰，张永辉，霍学喜. 农业结构调整对农户家庭收入影响的实证分析 [J]. 中南财经政法大学学报，2012（5）.

[175] 赵阳阳，王琴梅. 个人所得税调节收入分配差距效果的实证研究：基于中国 31 个省（直辖市、自治区）的比较分析 [J]. 哈尔滨商业大学学报（社会科学版），2013（5）.

[176] 张传勇. 住房差异是否影响了家庭收入不平等？机制、假说与检验 [J]. 南开经济研究，2018（1）.

[177] 郑秉文. 欧债危机下的养老金制度改革：从福利国家到高债国家的教训 [J]. 中国人口科学，2011（5）.

[178] 郑伟，孙祁祥. 中国养老保险制度变迁的经济效应 [J]. 经济研究，2003（10）.

[179] 周钦，田森，潘杰. 均等下的不公：城镇居民基本医疗保险受益

公平性的理论与实证研究 [J]. 经济研究, 2016 (6).

[180] 周绍杰, 张俊森, 李宏彬. 中国城镇居民的家庭收入、消费和储蓄行为: 一个基于组群的实证研究 [J]. 经济学 (季刊), 2009 (4).

[181] 周子良. 中国传统社会中户的法律意义 [J]. 太原理工大学学报 (社会科学版), 2010 (3).

[182] 朱德云, 董迎迎. 财政支出结构对城乡居民收入差距影响的效应分析: 基于包含虚拟变量的省级面板数据的实证分析 [J]. 经济与管理评论, 2015 (3).

[183] 朱火云. 城乡居民养老保险减贫效应评估: 基于多维贫困的视角 [J]. 北京社会科学, 2017 (9)

[184] 朱玲. 政府与农村基本医疗保健保障制度选择 [J]. 中国社会科学, 2000 (4).

[185] 贾冰. 政府稳定偏好下中国收入分配制度变迁研究 [D]. 辽宁大学博士学位论文, 2010.

[186] 贾鹏. 最低工资的就业效应和收入分配效应 [D]. 吉林大学博士学位论文, 2012.

[187] 李志江. 罗尔斯分配正义理论研究 [D]. 复旦大学博士学位论文, 2004.

[188] 马陆艳. 马克思恩格斯社会公平理论及其发展研究 [D]. 电子科技大学博士学位论文, 2013.

[189] 孙文韬. 基于 CHNS 调查数据的居民家庭收入差距分析 [D]. 苏州大学硕士学位论文, 2011.

[190] 童欣. 中国家庭经济行为的制度经济学分析 [D]. 吉林大学博士学位论文, 2010.

[191] 杨威. 分配公平理论及对我国分配现状的检验 [D]. 吉林大学博士学位论文, 2014.

[192] 张璐. 家庭收入差距影响因素分析: 基于微观数据的实证研究 [D]. 山西财经大学硕士学位论文, 2008.

[193] 国家统计局. 2003 - 2016 年全国居民人均可支配收入基尼系数 [DB/OL]. 国家统计局官网, http://www.stats.gov.cn/ztjc/zdtjgz/yblh/zysj/201710/t20171010_1540710.html.

[194] 王萍萍. 关于我国居民收入基尼系数测算的几个问题 [DB/OL]. 新华网, http://news.xinhuanet.com/fortune/2013 - 02/02/c_124313933.htm.

［195］钟伟．中国的收入不公到底有多严重［DB/OL］．新浪财经网．
https：//finance. sina. com. cn/financecomment/20040824/1616972260. shtml.

［196］西南财经大学中国家庭金融调查与研究中心．中国家庭收入不平
等报告［R］．西南财经大学出版社，2012.

［197］姚先国，赵丽秋．中国代际收入流动与传递路径研究：1989 – 2000
［R］．浙江大学劳动保障与社会政策研究中心工作论文，2007.

［198］Becker GS. A Treatise on the Family, Enlarged Edition［M］. Cambridge, MA：Harvard University Press, 1991.

［199］Browning M, Chaiappori PA, Weiss Y. Feminist Economics［M］. Cambridge：Cambridge University Press, 2007.

［200］Brush C, de Bruin A. Advancing Theory Development in Venture Creation［M］. London：Edward Elgar Press, 2014.

［201］Carter MR, Katz EG. Separate Spheres and The Conjugal Contract：Understanding The Impact of Gender Biased Development［M］. Baltimore：Johns Hopkins University Press, 1997.

［202］Chiappori PA. Collective Models of Household Behavior：The Sharing Rule Approach［M］. Baltimore：Johns Hopkins University Press, 1997.

［203］Cowell FA. Measurement of Inequality, in Handbook of Income Distribution［M］. Northholland：North Holland, 2000.

［204］Friedberg L, Webb A. Determinants and Consequences of Bargaining Power in Households［M］. Mimeo：University of Virginia, 2006.

［205］Granovetter M. The Old and New Economic Sociology in Friedland［M］. New York：Aldinge de Gruyter Press, 1990.

［206］Gustafsson B, Sicular T, Li S. Income Inequality and Public Policy in China［M］. Cambridge, UK：Cambridge University Press, 2008.

［207］Haveman R. Earnings Inequality：The Influence of Changing Opportunities and Choices［M］. Washington DC：The AEI Press, 1996.

［208］Mincer J. Labor Force Participation of Married Women：A Study of Labor Supply［M］. New Jersey：Princeton University Press, 1962.

［209］Mincer J. Schooling, Experience and Earning［M］. New York：Columbia University Press, 1974.

［210］Piketty T. Capital in the Twenty-First Century［M］. Cambridge MA：Harvard Univ. Press（Belknap）, 2014.

［211］Polanyi K. The Great Transformation ［M］. New York: Holt Rienhart Press, 1944.

［212］Sen A, JForster. On economic Inequality, London and Norton ［M］. New York: Oxford Univ. Press (Clarendon), 1997.

［213］Shorrocks A. Aggregation Issues in Inequality Measurement ［M］. New York: Physica-Verlag, 1988.

［214］SundrumRM. Income Distribution in Less Developed Counties ［M］. London and New York: Routledge, 1990.

［215］Theil H. Economics and Information Theory ［M］. Amsterdam: North Holland Publishing, 1967.

［216］Woolley F. Control over Money in Marriage ［M］. New York: Cambridge University Press, 2003.

［217］Aaron H. The Social Insurance Paradox ［J］. Canadian Journal of Economics and Political Science, 1966, 32 (3). AgarwalB. Bargaining and Gender Relations: Within and Beyond the Household ［J］. Feminist Economics, 1997, 3 (1).

［218］Alenezi M, Walden M L. A New Look at Husbands'and Wives'Time Allocation ［J］. Journal of Consumer Affairs, 2004, 38 (1).

［219］Aldrich H E, Cliff J E, Venturing J O B, et al. The Pervasive Effects of Family on Entrepreneurship: Toward a Family Embeddedness Perspective ［J］. Journal of Business Venturing, 2003, 18 (5).

［220］Altman M. A Behavioral Model of Labor supply: Casting Some Light into the Black Box of Income-Leisure Choice ［J］. The Journal of Socioeconomics, 2001, 30 (3).

［221］Atkinson A B. On The Measurement of Inequality ［J］. Journal of Economic Theory, 1970, 2 (3).

［222］Atkinson A B. Chapter 13 Income Maintenance and Social Insurance ［J］. Handbook of Public Economics, 1987 (2).

［223］Atkinson A B, Bourguignon F. Introduction: Income distribution and economics ［J］. Handbook of Income Distribution, 2000, 1 (1).

［224］Baxter J. Gender Equality and Participation in Housework: A Cross-National Perspective ［J］. Journal of Comparative Family Studies, 1997, 28 (3).

［225］Baxter J, Hewitt B. Negotiating Domestic Labor: Women's Earnings and Housework Time in Australia [J]. Feminist Economics, 2013, 19 (1).

[226] Becker G S. A Theory of the Allocation of Time [J]. The Economic Journal, 1965, 75 (299).

[227] Behrman J R. Intrahousehold Distribution and The Family [J]. Handbook of Population and Family Economics, 1997, 1 (1).

[228] Benjamin, D. Household Composition, Labor Markets, and Labor Demand: Testing for Separation in Agricultural Household Models [J]. Econometrica, 1992, 60 (2).

[229] Bertocchi G, Brunetti M, Torricelli C. Who Holds the Purse Strings Within the Household? The Determinants of Intra-Family Decision Making [J]. Journal of Economic Behavior and Organization, 2014, 101 (1).

[230] Biddle J E, Hamermesh D S. Sleep and the Allocation of Time [J]. Social Science Electronic Publishing, 1990, 98 (5).

[231] Bird R M, Zolt E M. Redistribution Via Taxation: The Limited Role of The Personal Income Tax in Developing Countries [J]. UCLA Law Review, 2005, 52 (6).

[232] Blinder A S. Wage Discrimination: Reduced Form and Structural Estimates [J]. The Journal of Human Resources, 1973, 8 (4).

[233] Bourguignon F. Decomposable Income Inequality Measures [J]. Econometrica, 1979, 47 (4).

[234] Brown M M. Marriage and Household Decision-Making: A Bargaining Analysis [J]. International Economic Review, 1980, 21 (1).

[235] Browning M, Deaton A, Irish M. A Profitable Approach to Labor Supply and Commodity Demands over the Life-Cycle [J]. Econometrica, 1985, 53 (3).

[236] Brush C G, De Bruin A, Welter F. A Gender-Aware Framework for Women's Entrepreneurship [J]. International Journal of Gender and Entrepreneurship, 2009, 1 (1).

[237] Burchardt T. Time, Income and Substantive Freedom: A Capability Approach [J]. Time and Society, 2010, 19 (3).

[238] Chang H, MacPhailF, DongX. The Feminization of Labor and the Time-Use Gender Gap in Rural China [J]. Feminist Economics, 2011, 17 (4).

[239] Chen Z, Woolley F. A Cournot-Nash Model of Family Decision Making

［J］. Economic Journal, 2001, 111（474）.

［240］ Chiappori P A. Rational Household Labor Supply ［J］. Econometrica, 1988, 56（1）.

［241］ Chiappori P A. Collective Labor Supply and Welfare ［J］. Journal of Political Economy, 1992, 100（3）.

［242］ Chiu W H. Income Inequality, Human Capital Accumulation and Economic Performance ［J］. Economic Journal, 1998, 108.

［243］ Cowell F A. On the Structure of Additive Inequality Measures ［J］. Review of Economic Studies, 1980, 47（3）.

［244］ Cowell F A, Kuga K. Inequality Measurement: An Axiomatic Approach ［J］. 1981, 15（3）.

［245］ Dagum C. A New Approach to The Decomposition of The Gini Income Inequality Ratio ［J］. Empirical Economics, 1997, 22（4）.

［246］ DiamondP[a]. A Framework for Social Security Analysis ［J］. Journal of Public Economics, 1977, 8（3）.

［247］ Diamond P[b]. Insurance Theoretic Aspects of WSorkers'compensation ［J］. Natural Resources Uncertainty & General Equilibrium Systems, 1977, 7（1）.

［248］ Diane P K. China's Retreat from Equality: Income Distribution and Economic Transition（review）［J］. China Review International, 2002, 9（2）.

［249］ Dobbelsteen S, Kooreman P. Financial Management, Bargaining and Efficiency within the Household; an Empirical Analysis ［J］. De Economist, 1997, 145（3）.

［250］ Ehrlich, I., Kim, J. Social Security and Demographic Trends: Theory and Evidence From the International Experience. Review of Economic Dynamics, 2007, 10（1）.

［251］ ElderHW, RudolphPM. Who Makes the Financial Decisions in the Household of Older American? ［J］. Finance Services Review, 2003（12）.

［252］ Fei J C H, Rainis G, Kuo S W Y. Growth and the Family Distribution of Income by Additive Factor Components ［J］. Quarterly Journal of Economics, 1978, 92（1）.

［253］ Fields G S. Accounting for Income Inequality and its Change: A New Method, With Application to the Distribution of Earnings in the United States ［J］. Research in Labor Economics, 2003, 22.

[254] Floro M S. Economic Restructuring, Gender and the Allocation of Time [J]. World Development, 1995, 23 (11).

[255] Foster J E, Shneyerov A A. Path Independent Inequality Measures [J]. Journal of Economic Theory, 2000, 91 (2).

[256] Foster G, Kalenkoski C M. Tobit or OLS? An Empirical Evaluation Under Different Diary Window Lengths [J]. Applied Economics, 2013, 45 (20).

[257] Gershuny J, Robinson J P. Historical Changes in the Household Division of Labor [J]. Demography, 1988, 25 (4).

[258] Ghosh S, Kanbur R. Male Wages and Female Welfare: Private Markets, Public Goods, and Intrahousehold Inequality [J]. Oxford Economic Papers, 2007, 60 (1).

[259] GranovetterM. Mark. Economic Action and Social Structure: The Problem of Embeddedness [J]. American Journal of Sociology, 1985, 91 (3).

[260] Granovetter M. Economic Institutions as Social Constructions: A Framework for Analysis [J]. Acta Sociologica, 1992, 35 (1).

[261] Gronau R. The Theory of Home Production: The Past Ten Years [J]. Journal of Labor Economics, 1997, 15 (2).

[262] Heisig JP. Who Does More Housework: Rich or Poor?: A Comparison of 33 Countries [J]. American Sociological Review, 2011, 76 (1).

[263] Horney M E J. Nash-Bargained Household Decisions: Toward a Generalization of the Theory of Demand [J]. International Economic Review, 1981, 22 (2).

[264] Hussain A, Lanjouw P, Stern N. Income Inequalities in China: Evidence from Household Survey Data [J]. World Development. 1994, 22 (12).

[265] Jennings, J E. and McDougald, M S. Work-Family Interface Experiences and Coping Strategies: Implications for Entrepreneurship Research and Practice [J]. Academy of Management Review, 2007, 32 (3).

[266] Johnson P. Redistributive Effect, Progressivity and Differential Tax Treatment: Personal Income Taxes in Twelve OECD Countries [J]. Journal of Public Economics, 1999, 72 (1).

[267] Kakwani N C. Applications of Lorenz Curves in Economic Analysis [J]. Econometrica, 1977, 45 (3).

[268] Kakwani, N. On the Measurement of Tax Progressivity and Redistribu-

tion Effect of Taxes with Applications to Horizontal and Vertical Equity [J]. Advances in Econometrics, 1984 (3).

[269] Kawaguchi D, Lee J, Hamermesh D S. A Gift of Time [J]. Labour Economics, 2013, 24.

[270] Konrad KA, Lommerud KE. The Bargaining Family Revisited [J]. Canadian Journal of Economics, 2000, 33 (2).

[271] Lerman R I, Yitzhaki S. Income Inequality Effects by Income Source: A New Approach and Applications to the United States [J]. Review of Economics & Statistics, 1985, 67 (1).

[272] Liebig S, Sauer C, Jürgen Schup. The Justice of Earnings in Dual-earner Households [J]. Research in Social Stratification & Mobility, 2012, 30 (2).

[273] Loury G C. Intergenerational Transfers and the Distribution of Earnings [J]. Econometrica, 1981, 49 (4).

[274] LundbergS, PollakRA. Separate Spheres Bargaining and The Marriage Market [J]. Journal of Political Economy, 1993, 101 (6).

[275] Macphail F, Dong X Y. Women's Market Work and Household Status in Rural China: Evidence from Jiangsu and Shandong in the Late 1990s [J]. Feminist Economics, 2007, 13 (3 −4).

[276] Mcdougald J M S. Work-Family Interface Experiences and Coping Strategies: Implications for Entrepreneurship Research and Practice [J]. The Academy of Management Review, 2007, 32 (3).

[277] Mincer J. Investment in Human Capital and Personal Income Distribution [J]. Journal of Political Economy, 1958, 66 (4).

[278] Mincer J. The Distribution of Labor Incomes: A Survey with Special Reference to the Human Capital Approach [J]. Journal of Economic Literature, 1970, 8 (1).

[279] MoodA M, Graybill F A, Boes D C. Introduction to The Theory of Statistics [J]. British Journal of Social Medicine, 1951, 7 (3).

[280] Musgrave R A, Thin T. Income Tax Progression, 1929 − 48 [J]. Journal of Political Economy, 1948, 56 (6).

[281] OaxacaR. Male-Female, Wage Differences in Urban Labor Markets [J]. International Economic Review, 1973, 14 (3).

[282] Offer S, Schneider B. Revisiting the Gender Gap in Time-Use Patterns:

Multitasking and Well-Being among Mothers and Fathers in Dual-Earner Families [J]. American Sociological Review, 2011, 76 (6).

[283] Quisumbing AR, Maluccio JA. Resources at Marriage and Intrahouse Hold Allocation: Evidence From Bangladesh, Ethiopia, Indonesia, and South Africa [J]. Oxford Bulletin of Economics and Statistics, 2003, 65 (3).

[284] Schultz T P. Testing The Neoclassical Model Of Family Labor Supply And Fertility [J]. Papers, 1990, 25 (4).

[285] Sharir S. The Income-Leisure Model: A Diagrammatic Extension [J]. The Economic Record, 1975, 51 (1).

[286] Shorrocks A, Slottje D. Approximating Unanimity Orderings: An Application to Lorenz Dominance [J]. Journal of Economics, 2002, 77 (9).

[287] ShorrocksA. The Class of Additively Decomposable Inequality Measures [J]. Econometrica, 1980, 48 (3).

[288] Shorrocks A. Inequality Decomposition by Fact or Components [J]. Econometrica, 1982, 50 (1).

[289] Shorrocks A. Inequality Decomposition by Population Subgroups [J]. Econometrica, 1984, 52 (6).

[290] Sen A K. Poverty: An Ordinal Approach to Measurement [J]. Econometrica, 1976, 44 (2).

[291] Verbeek M, Nijman T. Can Cohort Data be Treated as Genuine Panel data? [J]. Empirical Economics, 1992, 17 (1).

[292] Victor N. The Emergence of a Market Society: Changing Mechanisms of Stratification in China [J]. American Journal of Sociology, 1996, 101 (4).

[293] WagstaffA and 25 other authors. Redistributive Effect, Progressivity and Differential Tax Treatment: Personal Income Taxes in Twelve OECD Countries [J]. Journal of Public Economics, 1999, 72 (1).

[294] Xie Y, Zhou X. Income Inequality in Today's China [J]. Proceedings of the National Academy of Sciences of the United States of America, 2014, 111 (19).

[295] Chulhee L, Rising Family Income Inequality in the United States, 1968 – 2000: Impacts of Changing Labor Supply, Wages, and Family Structure [R]. NBER Working Paper No. 11836, 2005.

[296] Guvenen, K. Understanding the Evolution of the U. S. Wage Distribution

[R]. NBER Working Paper No. 13096. 2007[a].

[297] Guvenen, K. a Quantitative Analysis of the Evolution of the U. S. Wage Distribution: 1970 – 2000 [R]. NBER Working Paper No. 13095. 2007[b].

[298] LührmannM, MaurerJ. Who Wears the Trousers? A Semiparametric Analysis of Decision Power in Couples [R]. CeMMAP Working Paper No. CWP25/07. 2007.

[299] Qi, L and Dong, X. Housework Burdens, Quality of Market Work Time, and Men's and Women's Earnings in China [R]. San Diego: AEA 2013 Conference, 2013.

[300] Shankha, M. Mortality, Human Capital and Persistent Inequality [R]. Economics Department Working Paper of University of OregonNo. 2003 – 11, 2003.

[301] Viaene, Z. Human Capital Formation, Income Inequality and Growth [R]. CESifo Working Paper No. 512. 2001.

后　　记

本书是国家社科基金重大项目"我国劳动收入份额的变化趋势及新时期的对策研究"（项目批号：18ZDA065）的阶段性成果。

本书的研究选题最早源于我的博士学位论文。在导师刘长庚教授的悉心指导下，我选择了从家庭视角切入展开中国收入分配制度改革效果评估研究。近期，在恩师主持的国家社科基金重大项目"我国劳动收入份额的变化趋势及新时期的对策研究"平台上，我根据博士论文的基本思想和构架，利用最新微观数据库，全面更新实证及经验分析，充实并完善研究内容，完成了本书的写作。

这里，首先要感谢我的导师刘长庚教授。刘老师学识渊博，视野开阔，具有敏锐的洞察力和透彻的分析能力。在攻读博士学位期间，刘老师鼓励我借助各类培训机会强化对专业知识的学习，给予了我莫大支持与慷慨资助。博士毕业后，我仍在诸事上多有请教刘老师，而刘老师一如既往地给予了我指导和帮助。刘老师严谨的科研态度和诲人不倦的治学精神是我从事教师职业的楷模！

在本书的写作过程中，我指导的硕士研究生们在资料搜集和数据梳理上付出了一定时间和精力。其中，颜璐参与了第4章相关工作，谭艳平参与了第6章和第7章相关工作，刘国武参与了第7章和第8章相关工作。经济科学出版社崔新艳编审也为本书的出版付出了辛勤的劳动和努力。在此，一并表示感谢！

本书也是湖南省普通高校哲学社会科学重点研究基地——湘潭大学社会主义经济理论研究中心的研究成果。感谢湘潭大学商学院给予我从事收入分配与家庭经济研究的平台，感谢湖南省"双一流"建设专项经费对本书出版的资助！

在中国实践中，居民大部分收入是以家庭为单位统计的，大部分消费也都是以家庭为单位支出的。本书的研究只是基于家庭视角展开中国经济问题研究的一个尝试，未来我们的团队还将尝试在更多微观经济研究领域中引入家庭视角，以丰富对中国经济事实的理解，亦为相关研究文献提供有益补充。当然，本书仍可能存在着纰漏和不足，欢迎学界同仁与读者提出宝贵意见。

虽然深知繁重的教学、科研任务不应成为忽略家人的借口，但在这一点上我坦诚自己做得很不够。而我的丈夫一直默默给予我理解支持，为我遮风挡雨。儿子虽对我陪伴太少颇有微词，但每逢大任务、重担子来临，他也会和爸爸一样目送我"奔赴火场"。感谢我的丈夫和儿子，没有你们我必将寸步难行！同样感谢无声牵挂着我的父母双亲，给了我最宝贵的生命！

谨以此书献给所有默默支持我的人们！

刘　娜
二〇一九年九月一日于湘潭大学